Introducción al Nuevo Testamento

Louis Berkhof

McAllen, Texas
www.editorialdoulos.com

Editorial Doulos
2024 N 10th St
McAllen, Texas 78501
www.editorialdoulos.com
editor@editorialdoulos.com

Publicado originalmente con el título *New Testament Introduction (or Special Canonics)* Eerdmans-Sevensma Co. A menos que se indique lo contrario, todas las citas bíblicas provienen de la Versión Reina Valera 1960.

Copyright © 2022
Traducido por Martín Bobadilla
Corregido por Rev. Valentín Alpuche y Francisco Campos
All rights reserved.
ISBN-13: 978-1-953911-12-4 (rústica)

Editorial Doulos

Colección de Educación Cristiana y Formación Teológica
Volumen 4

Editorial Doulos se complace en presentar el cuarto volumen de la colección *Educación Cristiana y Formación Teológica*. El propósito de esta colección es de proveer libros que exponen la metodología de la educación cristiana y la formación teológica con el fin de equipar la iglesia para el servicio. La colección reunirá obras de teoría y manuales de práctica siguiendo una línea educativa en que la Palabra de Dios siempre es tomada como la autoridad final en el desarrollo de la mente y la vida del cristiano.

Volumen I
Marvin J. Argumedo. *Construyendo una Educación Teológica: Principios bíblico-teológicos de la educación*

Volumen II
Donald Grey Barnhouse. *Enseñando la Palabra de Verdad: Lecciones prácticas de doctrina cristiana para niños y jóvenes*

Volumen III
Sidney Greidanus. *El Predicador Moderno y el Texto Antiguo: La interpretación y predicación de la literatura bíblica.*

Volumen IV
Louis Berkhof. *Introducción al Nuevo Testamento.*

Adquiéralos en su librería cristiana favorita o en nuestra página de internet: www.editorialdoulos.org. Para más información sobre nuestra editorial comuníquese con nosotros en:

Editorial Doulos
2024 N 10th St
McAllen, Texas 78501
(956) 682-9895
editor@editorialdoulos.org

CONTENIDO

	Prefacio	7
Capítulo 1	Prolegómenos	9
Capítulo 2	Los Evangelios en General	26
Capítulo 3	El Evangelio de Mateo	63
Capítulo 4	El Evangelio de Marcos	78
Capítulo 5	El Evangelio de Lucas	93
Capítulo 6	El Evangelio de Juan	107
Capítulo 7	Los Hechos de los Apóstoles	122
Capítulo 8	Las Epístolas en General	135
Capítulo 9	Las Epístolas de Pablo	146
Capítulo 10	La Epístola a los Romanos	152
Capítulo 11	La Primera Epístola a los Corintios	165
Capítulo 12	La Segunda Epístola a los Corintios	177
Capítulo 13	La Epístola a los Gálatas	186
Capítulo 14	La Epístola a los Efesios	199
Capítulo 15	La Epístola a los Filipenses	211
Capítulo 16	La Epístola a los Efesios	221
Capítulo 17	La Primera Epístola a los Tesalonicenses	231
Capítulo 18	La Segunda Epístola a los Tesalonicenses	240
Capítulo 19	Las Epístolas Pastorales	249
Capítulo 20	La Primera Epístola a Timoteo	258
Capítulo 21	La Segunda Epístola a Timoteo	265
Capítulo 22	La Epístola a Tito	270
Capítulo 23	La Epístola a Filemón	275
Capítulo 24	La Epístola a los Hebreos	279
Capítulo 25	La Epístola General de Santiago	294
Capítulo 26	La Primera Epístola General de Pedro	307
Capítulo 27	La Segunda Epístola General de Pedro	321
Capítulo 28	La Primera Epístola General de Juan	332
Capítulo 29	La Segunda y Tercera Epístolas Generales de Juan	341
Capítulo 30	La Epístola General de Judas	349
Capítulo 31	El Apocalipsis de Juan	356

Prefacio

Este pequeño trabajo sobre *Introducción al Nuevo Testamento* es el resultado de la labor hecha en y para el aula, y está dirigido primeramente a mis propios estudiantes. No es y no pretende ser un trabajo de investigación original, sino que depende en gran medida de la labor de hombres tales como Davidson, Reuss, Weiss, Westcott, Lightfood, Godet, Holtzmann, Julischer, Zahn, y otros. La deuda con ellos será evidente en sus páginas.

En cuanto a la metodología, he seguido en parte mi propio método, tanto en virtud de principios, que generalmente no son reconocidos en trabajos de Introducción, como por consideraciones prácticas. Hasta donde lo han permitido los límites del trabajo, se han seguido las directrices dadas por el Dr. Kuyper en su Enciclopedia de Sagrada Teología (en holandés e inglés); se ha tratado no solo el lado humano, sino también el divino de las Sagradas Escrituras.

Al escribir este libro, ha sido mi constante empeño hacer un trabajo que introduzca a los estudiantes a los libros del Nuevo Testamento, como de hecho han sido transmitidos a la iglesia, y no como algún crítico u otro quisiera que fueran. Por lo tanto, las cuestiones críticas, aunque no ignoradas, no son tan importantes en sus páginas como a menudo se hace en trabajos de Introducción; el elemento constructivo positivo tiene una prioridad decisiva sobre el apologético; y el factor humano que operó en el origen y composición de las Escrituras no se estudia a expensas del divino.

Se imprimieron un número limitado de copias, en parte en atención al deseo expresado por algunos de mis estudiantes de ahora y del pasado, y en parte porque decidí usarlo como un libro de texto en el futuro, ya que ninguno de los pequeños trabajos sobre Introducción, como los de Dods,

Pullan, Kerr, Barth, Peak y otros, aunque excelentes algunos de ellos a su propio modo, me dio lo que deseaba. Si el libro puede en alguna pequeña medida ser instrumento para guiar a otros a una mayor apreciación, e incluso a un mejor entendimiento de los escritos del Nuevo Testamento, estaré muy agradecido.

L. Berkhof
Grand Rapids, Michigan
30 de noviembre de 1915

CAPÍTULO 1
Prolegómenos

··· ᛞᛰ ···

1. Nombre e idea

El nombre *Introducción* o *Isagógica* (del griego εἰσαγωγή) no siempre denotó el sentido de hoy día. Como lo usa el monje Adriano (cerca de 440) y Casiodoro (cerca de 570), designa una conglomeración de asuntos retóricos, arqueológicos, geográficos e históricos que pueden ser útiles en la interpretación de la Escritura. En el curso del tiempo, la connotación de la palabra ha cambiado. Michaelis (1750) fue el primero en usarlo en su sentido actual, al titular su trabajo dedicado a las cuestiones históricas y literarias del Nuevo Testamento, *Einleitung in die gottlichen Schriften des neuen Bundes* (Introducción a las Divinas Escrituras del Nuevo Pacto). El estudio de Introducción se limitó gradualmente a una investigación del origen, composición, historia y significado de la Biblia como un todo (Introducción General), o de sus libros por separado (Introducción Especial). Pero como designación de esta disciplina, el nombre *Introducción* no cuenta con la aprobación general. Se ha señalado –y correctamente– que el nombre es muy comprehensivo, ya que hay otras disciplinas que introducen al estudio de la Biblia; y que no expresa el carácter esencial de la disciplina, sino solo de sus usos prácticos.

Se han hecho varios intentos para proporcionar un nombre que esté más en armonía con el contenido central y el principio unificador de este estudio. Pero las opiniones diferían en cuanto al carácter esencial de la disciplina. Algunos académicos, como Reuss, Crednes y Hupfeld, al enfatizar su naturaleza histórica, la designarían con un nombre algo parecido al ya empleado por Richard Simon en 1678, cuando bautizó su obra con el nombre de: *"Critical History of the Old Testament"* (Historia Crítica del Antiguo Testamento). De este modo, Hupfeld dice: *"Der eigentliche und allein richtige Name der Wissenschaft in ihrem heutigen Sinn ist demnach Geschichte der heiligen Schrif ten Alten und Neuen Testaments." Begriff und Methode des sogenannten biblischen Finleitung"* [«El verdadero y único nombre correcto de la ciencia en su sentido actual es, por lo tanto, la historia de las escrituras del Antiguo y Nuevo Testamento»]. Introducción al concepto y método del llamado liderazgo bíblico pág.12. Reuss organizó su trabajo completo sobre este principio. Sin embargo, muchos académicos objetaron que una historia de la literatura bíblica es ahora, y quizá para siempre, una imposibilidad y que tal tratamiento necesariamente conduce a una coordinación de los libros canónicos y apócrifos. Y esto es lo que encontramos en la historia de Reuss. Así que la gran mayoría de los académicos del Nuevo Testamento, como Bleek, Weiss, Davidson, Holtzmann, Julicher, Zhan y otros, prefieren mantener el antiguo nombre, con o sin el calificativo "histórico-crítico".

Otra importante restricción acerca del nombre sugerida por Hupfeld, es que pierde de vista el carácter teológico de esta disciplina. Holtzmann afirma correctamente: "Als Glied des Organismus der theologischen Wissenschaften ist die biblische Einleitung allerdings nur vom Begriffe des Kanons aus zu begreif en, nur in ihm findet sie ihre innere Einheit" [«Sin embargo, como miembro del organismo de las ciencias teológicas, la Introducción Bíblica solo puede entenderse desde el concepto del canon, solo en él encuentra su unidad interna»], *Historisch-critische Finleitung in das Neue Testament* (Introducción Crítica al Nuevo Testamento pág.11). Esta consideración especial también lleva a Kuyper a preferir el nombre de *Canónica Especial* (*Encyclopaedie der Heilige Godgeleerdheid* III pág.22ss). Idealmente, este nombre es probablemente el mejor; ciertamente es mejor que los otros, pero por razones prácticas parece preferible continuar con el nombre generalmente reconocido de *Introducción*. No hay una objeción seria a esto, si recordamos su deficiencia, y tenemos en mente que *verba valent usu*.

2. Función

¿Cuál es la función propia de esta disciplina? De acuerdo con De Wette, debe responder las preguntas: "Was ist die Bibel, und wie ist sie geworden was sie ist?" (¿Qué es la Biblia y cómo se convirtió en lo que es?). Hupfeld objeta a la primera pregunta de que no tiene lugar en una investigación histórica; por lo tanto, la cambiaría un poco y establecería el problema de la siguiente manera: "*Was waren* die unter den Namen des Bibel vereinigten Schriften *ursprunglich*, und wie sind sie *geworden* was sie jetzt sind?" [¿Cuáles fueron las escrituras recopiladas bajo el nombre de Biblia y cómo se convirtieron en lo que son ahora?] Begriff u. Meth. pág.13. Ahora se entiende y se admite generalmente que el estudio debe investigar las cuestiones sobre la autoría, la composición, la historia, el propósito y la canonicidad de los diferentes libros de la Biblia.

Sin embargo, una diferencia de opinión se hace evidente tan pronto como preguntamos si la investigación debe estar limitada a los libros canónicos o debe incluir también los apócrifos. La respuesta a esa pregunta dependerá necesariamente de la posición de uno. Aquellos que consideran la Introducción como un estudio puramente histórico de la literatura hebrea y cristiana antigua, mantendrán con Raibiger and Reuss que los libros apócrifos también deben recibir la debida consideración. Por otro lado, aquellos que desean mantener el carácter teológico de esta disciplina y creen que encuentra su unidad en la idea del canon, excluirán a los apócrifos de la investigación.

Una diferencia similar se obtiene con referencia a la cuestión de si solo el lado humano o divino de los libros canónicos debe ser objeto de estudio. Es perfectamente obvio que, si se considera la disciplina como puramente histórica, el factor divino que opera en la composición de los libros de la Biblia y que les da su significado canónico permanente, no puede entrar en consideración. La Palabra de Dios debe entonces ser tratada como composiciones puramente humanas. Esta es la posición asumida por casi todos los escritores sobre la materia de Introducción, y Hupfeld cree que aun así es posible mantener el carácter teológico de la disciplina. Begriff u. Meth. PÁG.17. Sin embargo, nos parece que esto es imposible, y con Kuyper mantenemos que debemos estudiar no sólo lo humano, sino que debe considerarse también el lado divino de los libros bíblicos, especialmente por su inspiración e importancia canónica.

Finalmente, la concepción del objetivo final de este estudio también varía. Muchos académicos son de la opinión de que es el propósito final de la Introducción, determinar en una forma histórico-crítica qué parte de los escritos bíblicos son creíbles y, por lo tanto, constituyen la Palabra de Dios. La razón humana es puesta como un árbitro sobre la revelación divina. Esto, por supuesto, no puede ser la posición de aquellos que creen que la Biblia es la Palabra de Dios. Esta creencia es nuestro punto de arranque y no nuestra meta en el estudio de la Introducción. Así comenzamos con un postulado teológico, y nuestro objetivo es exponer el verdadero carácter de la Escritura, a fin de explicar por qué la Iglesia universal la honra como la Palabra de Dios; fortalecer la fe de los creyentes y reivindicar la afirmación de los libros canónicos en contra de los asaltos del racionalismo.

Definición: *La Introducción es la disciplina bibliológica que investiga el origen, composición, historia y propósito de los textos de la Escritura, en su aspecto humano; y su inspiración e importancia canónica, en el aspecto divino.*

3. Principios rectores

Hay ciertos principios fundamentales que nos guían en nuestra investigación, que es conveniente establecer desde el principio, para que nuestra posición sea perfectamente clara. Por el bien de la brevedad, no buscamos establecerlos mediante una larga argumentación.

1. Para nosotros, la Biblia como un todo y en todas sus partes es la mismísima Palabra de Dios, escrita por hombres ciertamente, pero orgánicamente inspirada por el Espíritu Santo; y no un producto natural del desarrollo religioso del hombre, no meramente la expresión de la conciencia religiosa subjetiva de los creyentes. Descansando, como finalmente lo hace, en el testimonio del Espíritu Santo, ninguna cantidad de investigación histórica puede sacudir esta convicción.

2. Al ser esta nuestra posición, nosotros aceptamos inquebrantablemente que todos los diversos libros de la Biblia nos informan con respecto a su autoría, destino, composición, inspiración, etc. Solo en casos donde el texto está evidentemente corrompido, dudaremos en aceptar su dictado como final. Esto aplica igualmente a todas las partes de la Palabra de Dios.

3. Ya que no creemos que la Biblia es el resultado de un desarrollo puramente natural, sino que la consideramos como el producto de la revelación sobrenatural y una revelación que frecuentemente mira más allá del presente inmediato, no podemos permitir a los así llamados argumentos *zeitgeschichtliche* (contemporáneos) la fuerza que a menudo se supone que tienen.

4. A pesar del hábito prevalente en muchos estudiosos del Nuevo Testamento de desacreditar lo que los primeros Padres de la iglesia dicen respecto a los libros de la Biblia, debido al carácter acrítico de sus obras, aceptamos esas primeras tradiciones como confiables hasta que se pruebe claramente que no lo son. El carácter de esos primeros testigos garantiza esta posición.

5. Consideramos el uso de estas hipótesis de trabajo como perfectamente legítimas dentro de ciertos límites. Pueden rendir un buen servicio cuando la evidencia histórica falla, pero incluso entonces pueden no ser contrarios a los datos disponibles, y el carácter problemático de los resultados a que nos conducen siempre debe ser tenido en cuenta.

6. No se da por sentado que los problemas de la Introducción al Nuevo Testamento sean insignificantes, y que todas las dificultades que presentan en sí mismas puedan ser fácilmente clarificadas. Cualquiera que sea nuestra posición, cualquiera que sea nuestro método de proceder en el estudio de estos problemas, en ocasiones tendremos que admitir nuestra ignorancia y a menudo encontrar razones para confesar que conocemos solo en parte.

4. Lugar enciclopédico

Hay poca uniformidad en las enciclopedias teológicas con respecto al lugar adecuado de esta disciplina. Todas ellas la ubican correctamente entre el grupo exegético (bibliológico) de la disciplina teológica, pero su relación con otros estudios del grupo es cuestión de disputa. El arreglo usual es el de Hagenbach, seguido en nuestro país por Schaff, Crooks, Hurst y Weidner, a saber: la Filología Bíblica, que trata con las *palabras*, y la Arqueología Bíblica que, en su sentido más amplio, trata con las *cosas* de la Biblia; la Introducción Bíblica, que trata con los *acontecimientos* y la Crítica Bíblica, que proporciona la *prueba* de la Escritura; la Hermenéutica Bíblica, con lo relacionado a la *teoría*, y la Exégesis Bíblica, con respecto a la *práctica* de la interpretación. El orden de Rabiger es inusual: Hermenéutica, Lingüística, Crítica, Antigüedades, Historia Bíblica, Isagógica, Exégesis y Teología Bíblica. La disposición de Kuyper y Cave es preferible a cualquiera de estas. Ubican la Introducción (Canónica) primero, como perteneciente al aspecto formal de la Escritura como libro y luego los estudios que se refieren al aspecto formal y material del contenido de la Biblia.

5. Revisión histórica

Aunque los principios de la Isagógica del Nuevo Testamento ya se encuentran en *Orígenes, Dionisio* y *Eusebio*, y en el tiempo de la Reforma se prestó atención a ella por *Paginus, Sixto de Siena* y *Serario* entre los Católico Romanos; por

Walther de parte de los luteranos; y por los académicos reformados, *Rivetus* y *Heidegger; Richard Simon* se considera generalmente como el padre de este estudio. Sus obras hicieron época a este respecto, aunque hacían referencia principalmente al lenguaje del Nuevo Testamento. Minimizó el elemento divino en la Escritura. Michaelis, quien en su *Einleitung in die gottlichen Schriften des neuen Bundes* (Introducción a las Escrituras Divinas del Nuevo Pacto), 1750, produjo la primera Introducción en sentido moderno, aunque algo dependiente de Simón, no compartió del todo su visión racionalista. Sin embargo, en las siguientes ediciones de su obra gradualmente se relajó en la doctrina de la inspiración, y no le dio ningún valor al *Testimonium Spiritus Sancti* (Testimonio del Espíritu Santo).

La siguiente contribución significativa a la ciencia fue hecha por Semler en su *Abhandlung vonfreier Untersuchung des Kanons* (Tratado sobre la Investigación Libre del Canon), 1771-1775. Rompió con la doctrina de la inspiración y sostuvo que la Biblia no *era*, sino que *contenía* la Palabra de Dios, la cual podía ser descubierta solamente por la luz interna. Todas las cuestiones de autenticidad y credibilidad tenían que ser investigadas *voraussetzungslos* (sin presuposiciones). *Eichhorn* también se apartó decididamente de los puntos de vista tradicionales y fue el primero en fijar su atención en el problema Sinóptico, por lo cual buscó la solución en su *Urevangelium* (Evangelio Original), 1804-1827. Al mismo tiempo, el problema juanino fue colocado en primer plano por muchos académicos, especialmente por *Bretschneider*, 1820. Un agudo defensor de los puntos de vista tradicionales surgió en el erudito Católico Romano *Hug*, quien luchó contra las críticas racionalistas con sus propias armas.

Mientras tanto la *Mediating School* (la Escuela Mediática) hizo su aparición bajo el liderazgo de Schleiermacher. Los críticos pertenecientes a dicha escuela buscaron un punto medio entre las posiciones del racionalismo y los puntos de vista tradicionales. Estaban divididos naturalmente en dos partes: el ala naturalista, inclinada hacia la posición de Semler y Eichhorn, y el ala evangélica, inclinados decididamente hacia el tradicionalismo. De la primera clase, el exponente más capaz fue *De Wette*, aunque su trabajo fue decepcionante en cuanto a resultados positivos, mientras que *Credner*, siguiendo en general la misma línea, enfatizó la idea histórica en el estudio de la Introducción. La otra ala fue representada por *Guericke, Olshausen* y *Neander*.

La crítica del Nuevo Testamento de la *Tubingen School* (Escuela de Tubinga) surgió con *F.C. Baur,* 1792-1860 quien aplicó el principio hegeliano de desarrollo a la literatura del Nuevo Testamento. De acuerdo con él, el origen del Nuevo Testamento también encuentra su explicación en el proceso triple de tesis, antítesis y síntesis. Hubo acción, reacción y compromiso. Pablo defendió su posición en las cuatro grandes epístolas (Romanos, 1 y 2 Corintios y Gálatas), las únicas producciones genuinas del apóstol. Esta posición es atacada por el Apocalipsis, la única obra de Juan. Y todos los otros escritos del Nuevo Testamento fueron escritos por otros, más que por sus supuestos autores, en interés de la reconciliación; el Cuarto Evangelio y la Primera Epístola de Juan resultando una mezcla de los diferentes partidos. Entre los seguidores inmediatos de Baur tenemos especialmente a *Zeller, Schwegler* y *Kostlin*. Los siguientes partidarios de la escuela, tales como *Hilgenfeld, Hoisten* y *Davidson*, modificaron los puntos de vista de Baur considerablemente, mientras que académicos alemanes posteriores, como *Pfleiderer, Hausrath, Holtsmann, Weizsacker* y *Julicher*, rompieron con la teoría distintiva de Tubinga y se entregaron independientemente a un racionalismo crítico. El retoño silvestre de la escuela de Tubinga fue *Bruno Bauer*, quien rechazó incluso las cuatro epístolas consideradas como genuinas por F.C. Baur. No tuvo seguidores en Alemania, pero después su visión encontró apoyo en los escritos de la escuela alemana de *Pierson, Naber, Loman* y *Van Manen*, y en la crítica del académico suizo *Steck*.

La oposición al radicalismo de la escuela de Tubinga se

volvió evidente en dos direcciones. Algunos académicos, como *Bleek, Ewald Reuss* sin la intención de regresar a la posición tradicional descartaron el elemento subjetivo de la teoría de Tubinga, el principio hegeliano de tesis, antítesis y síntesis, en conexión con la supuesta batalla del segundo siglo entre las facciones petrina y paulina. *Ritschl* también se separó de la tendencia de Tubinga, pero substituyó igualmente un principio de crítica aplicando su *Werthurtheile* (Juicios de valor) a la autenticación de los libros de la Biblia. No tenía, como afirmaba, ningún interés en preservar meras declaraciones objetivas. Lo que tenía para él el valor de la revelación divina se consideró auténtico. Algunos de sus más prominentes seguidores son *Harnack, Schurer* y *Wendt*.

La reacción evangélica contra los caprichos subjetivos de Tubinga también hizo su aparición en *Ebrard, Dietlein, Thiersch, Lechier* y la escuela de *Hofmann*, quién defendió la autenticidad de todos los libros del Nuevo Testamento. Sus discípulos son *Luthardt, Grau, Nosgen* y *Th. Zahn*. Los trabajos de *Beischlag* y *B. Weiss* son también bastante conservadores. Además de los escritos de hombres tales como *Lighfoot, Westcott, Ellicott, Godet, Dods, Pullan*, etc., mantienen con gran habilidad la posición tradicional con respecto a los libros del Nuevo Testamento.

6. Literatura selecta
Incluye las obras referidas en el texto. Para que la lista pueda servir como guía para los estudiantes, se indican tanto la edición como la importancia de los libros.

I. Libros sobre Introducción, diccionarios bíblicos y obras relacionadas

ALEXANDER, *The Canon of the Old and New Testaments*, Philadelphia 1851. Conservador.

ANDREWS, *The Life of our Lord upon the Earth*, New York 1894. Excelente para discusiones cronológicas e históricas.

BAIJON, *Geschiedenis van de Boeken des Nieuwen Verbonds,* Groningen 1901. Erudito con un punto de vista liberal.

BARTH, *Finleitung in das Neue Testament,* Gutersloh 1908; 2da. Edición desde su publicación. Bueno y conservador.

BAUR, *Church History of the first three Centuries,* Londres 1878-1879. Brillante pero escrito con una tendencia racionalista.

BERNARD, *The Progress of Doctrine in the New Testament,* Nueva York 1864; 4ta. Edición1878. Una obra conservadora valiosa.

BLASS, *Crammatik des neutestamentlichen Griechisch,* Gottingen 1911. Sustituye a Winer y Bultmann, pero no los hace inútiles. Una obra excelente.

BLEEK, *Einleitung in das Neue Testament,* 4ta. Edición por Mangold, Berlin 1886. Traducción al inglés por W. Urwick, Londres 1870. Una de las mejores obras sobre la introducción al Nuevo Testamento. Posición moderadamente liberal.

BUCKLEY, *Introduction to the Synoptic Problem,* Londres 1912. Producto de la combinación de hipótesis.

CLARK, GEO. W., *Harmony of the Acts of the Apostles,* Philadelphia 1897. Obra muy útil.

DAVIDSON, S., *Introduction to the Study of the New Testament,* Londres 1894. Erudito, pero extremadamente racionalista y verboso.

DAVIS, *A Dictionary of the Bible,* Philadelphia 1903. El mejor diccionario de la Biblia en un solo volumen.

DEISSMANN, *Light from the Ancient East,* Londres 1911. Muy valioso por la nueva luz que arroja sobre el lenguaje del N.T.

DEISSMANN, *St. Paul, a Study in Social and Religious History,* Londres 1912. Un retrato encantador y vívido de Pablo y su mundo.

DODS, *An Introduction to the New Testament,* Londres. Un manual útil.

FARRAR, *The Life and Work of St. Paul*, Londres 1879. Instructivo y escrito en un bello estilo, pero no siempre se caracteriza por la sobriedad.

GODET, *Introduction to the New Testament*, I Pauline Epistles, Edinburgh 1894; II *The Collection of the Four Gospels and the Gospel of St. Matthew*, Edinburgh 1899. Erudito y conservador, dedica mucho espacio a los contenidos de los libros.

GODET, *Bijbelstudien over het Nieuwe Testament*, Amsterdam. Contiene introducciones a los evangelios y al Apocalipsis.

GREGORY, D. S., *Why Four Gospels*, Nueva York 1907. La obra de un erudito conservador, valioso en la diferenciación de los evangelios.

GREGORY, C. R., *Canon and Text of the New Testament*, Nueva York 1907. Una obra erudita, moderadamente conservadora.

HASTINGS, *Dictionary of the Bible*, dealing with its Language, Literature and Contents, New York 1900-1904. Contiene introducciones valiosas a los libros de la Biblia. Las que pertenecen al Nuevo Testamento se caracterizan por una mayor moderación que las que están relacionadas al Antiguo; estas últimas son a menudo extremadamente racionalistas, las primeras por lo general moderadamente conservadoras.

HAUSRATH, *History of New Testament Times: The Life of Jesus 2 vols.*, Edinburgh 1878-80; *The Life of the Apostles 4 vols.*, Edinburgh 1895. Una obra docta, llena de información, pero extremadamente racionalista.

HILL, *Introduction to the Life of Christ*, Nueva York 1911. Una declaración concisa de los problemas que introducen al estudio de la vida de Cristo.

HOLDSWORTH, *Gospel Origins*. Nueva York 1913. Aunque difiere algo de la obra de Buckley, también defiende la *Combinación de hipótesis*.

HOLTZMANN, *Historisch-critische Finleitung in das*

Neue Testament, Freiburg 1892. Quizá el más importante representante de la posición racionalista en el estudio del Nuevo Testamento. Muy docta y rica en materia histórica.

JULICHER, *Einleitung in des Neue Testament*, Leipzig 1906. Una obra erudita, escrita desde un punto de vista racionalista.

KING, *The Theology of Christ's Teaching*, Nueva York 1903. Conservador y muy instructivo, débil en tratamiento genético.

KERR, *Introduction to New Testament Study*, Nueva York 1892. Un manual conservador.

KUYPER, *Encyclopaedie der Heilige Godgeleerdheid*, Amsterdam 1894.

LUTHARDT, *St. John the Author of the Fourth Gospel*, Edinburgh 1875. Una talentosa defensa conservadora, contiene una amplia bibliografía por C. R. Gregory.

MCGIFFERT, *The Apostolic Age*, Nueva York 1910. Una obra erudita pero racionalista.

MOFFAT, *An Introduction to the Literature of the New Testament*. New York 1911. Muy talentosa, pero viciada por principios racionalistas.

NORTON, *Genuineness of the Gospels* (abridged), Boston 1890. Una defensa talentosa de los evangelios. El autor se apega a la *Hipótesis tradicional*.

PEAKE, *A Critical Introduction to the New Testament*, Nueva York 1910. Bien escrita, talentosa, pero sigue la línea de la crítica negativa.

PULLAN, *The Books of the New Testament*, Londres 1901. Una manual muy útil, conservador.

PURVES, *Christianity in the Apostolic Age*, Nueva York 1900. La obra de un erudito. En cuanto a punto de vista es la antípoda del libro de McGiffert.

RAMSAY, *Historical Commentary on the Galatians*, Londres 1899.

RAMSAY, *St. Paul the Traveler and the Roman Citizen*, Londres 1903.

RAMSAY, *The Church in the Roman Empire*, Londres 1893.

RAMSAY, *Luke the Physician (and other Studies)*, Nueva York 1908. Las obras de Ramsay tienen su propio encanto: son originales e informan, basados en un amplio conocimiento histórico y arqueológico, y en general escritas en un espíritu conservador.

REAL-ENCYOLOPAEDIE, Hauck, Leipzig 1896-1909. Contiene material muy valioso para el estudio del Nuevo Testamento, pero muchos de sus artículos están estropeados por su tendencia destructiva.

REUSS, *History of the New Testament*, Boston 1884. La obra de un gran erudito, su método es peculiar, su posición moderadamente racionalista.

SALMON, *Historical Introduction to the Books of the New Testament*, Nueva York 1889. La antípoda de la introducción de Davidson, muy talentosa, pero padece de carencia de método.

SCHURER, *Geschichte des Jüdischen Volkes im Zeitalter Jesu Christi*, Leipzig 1901-1911. El mejor trabajo sobre el tema, pero, debido a su tendencia liberal, debe ser usado con cuidado.

SIMCOX, *Writers of the New Testament*, Londres 1890. Contiene una discusión lúcida del estilo de los escritores del Nuevo Testamento.

STEVENS, *Johannine Theology*, Nueva York 1894.

STEVENS, *Pauline Theology*, Nueva York 1903. Ambas obras son estimulantes y útiles, pero deben ser usadas con criterio.

URQUHART, *The Bible, its Structure and Purpose*, Nueva York 1904.

URQUHART, *The New Biblical Guide*, Londres. Escrita por un firme defensor de la Biblia, en estilo popular. A menudo útil, especialmente el último trabajo, en aclarar dificultades, pero en ocasiones demasiado confiado y fantasioso.

VAN MELLE, *Inleiding tot het Nieuwe Testament*, Utrecht

1908. Un muy buen manual, de espíritu conservador.

VON SODEN, *Urchristliche Literaturgeschichte*, Berlin 1905. Racionalista.

WEISS, *Manual of Introduction to the New Testament*, Londres 1888. Una de las mejores introducciones al Nuevo Testamento. Moderadamente conservador.

WEISS, *Theology of the New Testament*, Edinburgh 1892-1893. En general el mejor trabajo sobre el tema.

WESTCOTT, *Introduction to the Study of the Gospels*, Boston 1902. Muy útil en la diferenciación de los evangelios, defiende la *hipótesis tradicional*.

WESTCOTT, *The Canon of the New Testament*, London 1881. Uno de los mejores trabajos sobre el canon del Nuevo Testamento

WESTCOTT and HORT, *The New Testament in the original Greek; Introduction and Appendix*, Nueva York 1882. El indispensable compañero del testamento griego, si uno desea las razones de las lecturas adoptadas.

WREDE, *The Origin of the New Testament*, Londres 1909. Muy breve y radical.

WRIGHT, *A Synopsis of the Gospels in Greek*, London 1903. La más talentosa presentación de la *hipótesis tradicional*.

ZAHN, *Einleitung in das Neue Testament*, Leipzig 1900; 3. Aufi. 1906; Traducción al inglés, Edinburgh 1909. Una obra de inmenso aprendizaje, lo mejor en la Introducción del Nuevo Testamento desde un aspecto conservador.

II. Comentarios

ALEXANDER, Commentaries on *Matthew*, New York 1867; *Mark*, New York 1870; *Acts* 4ta. Edición. New York 1884. Obras valiosas, que contienen un aprendizaje sólido y completamente conservador.

ALFORD, *The Greek Testament*, Cambridge 1894; Vol I, 7a edición.; Vol. II, 7a edición.; Vol. III, 5ta edición.; Vol. IV, 5ta edición. Un trabajo realmente grandioso; breve, lúcido, académico, conservador, que incorpora los resultados de la erudición alemana, pero con cierta independencia, aunque en algunas partes se apoya bastante en Meyer. Sigue siendo muy útil, aunque no actualizado. Contiene valiosos prolegómenos.

BARDE, *Kommentaar op de Handelingen der Apostelen*, Kampen 1910. Un buen comentario, escrito en un espíritu conservador

BEET, Commentaries on *Romans*, 10a edición.; *I and II Corinthians*, 7a edición; *Galatians*, 6ta edición.; y *Ephesians, Philippians, Colossians*, 3ra edición, todos London 1891-1903. Buenos comentarios de un erudito metodista; conservador, pero debe usarse con cuidado, especialmente en pasajes relacionados con la elección, la doctrina de las últimas cosas, etc.

BIESTERVELD, *De Brief van Paulus aan de Colossensen*, Kampen 1908. Una obra excelente.

BROWN, J., Expositions of *Galatians*, Edinburgh 1853; *Hebrews*, Edinburgh 1862; and *I Peter*, Edinburgh 1866. Obras sólidas de inspiración puritana, erudita pero algo difusa.

CALVIN, Commentaries in *Opera*, Vols. 24-55. Hay una muy buena traducción al inglés de la Calvin Translation Society. Calvino fue sin duda el mayor exégeta entre los reformadores. El valor de su trabajo exegético es generalmente reconocido por los eruditos actuales.

EADIE, Commentaries on *Galatians*, 1869; *Ephesians*, 1883; *Colossians*, 1884; *Philippians*, 1884; *Thessalonians*, 1877, all at Edinburgh. Obras talentosas y confiables de un erudito presbiteriano.

EDWARDS T. C., Commentary on *I Corinthians*, 3ra edición. London 1897. Un comentario bueno y erudito, aunque a veces un poco exagerado.

ELLICOTT, Comentarios sobre *I Corinthians*, Andover 1889; *Galatians*, 1867; *Ephesians*, 1884; *Philippians* and *Colossians*, 1861; *Thessalonians*, 1866; *Pastoral Epistles*, 1869, todas en London. Comentarios gramaticales muy talentosos, conservadores.

Expositor s Greek Testament, London 1912. Un trabajo

muy académico sobre el orden del Testamento Griego de Alford; siendo más reciente, reemplaza a este último. El punto de vista es en general moderadamente conservador; contiene introducciones valiosas.

GODET, Comentarios sobre *Luke*, 1875; *John*, 1877; *Romans*, -1886; *I Corinthians*, 1886-7, todos en Edinburgh. Muy talentosos y confiables.

GREYDANUS, *De Openbaring des Heeren aan Johannes*, Doesburg. Un buen comentario popular.

HODGE, Commentaries on *Romans*, 2d edit. 1886; *I Corinthians*, 1860; *II Corinthians*, 1860; *Ephesians*, 1886. Comentarios admirables, especialmente el de Romanos.

International Critical Commentary, New York, en curso de publicación. Algunos volúmenes de valor excepcional; otros de mérito inferior. Caracterizado por una tendencia racionalista, especialmente los volúmenes sobre el A.T.

LANGE, *A Commentary on the Holy Scriptures, Critical, Doctrinal and Homiletical*. En general, un trabajo útil; el Nuevo Testamento mucho mejor que el Antiguo. A menudo sufre por falta de claridad, y a veces se pierde en especulaciones místicas. Su material homilético tiene poco valor.

LIGHTFOOT, Commentaries on *Galatians*, 1895; *Philippians*, 1895; *Colossians* and *Philemon*, 1895, todos en London. Comentarios muy capaces, que contienen valiosas disertaciones. Conservador.

MEYER (Lunemann, Huther and Dusterdieck), *Commentary on the New Testament*, New York 1890. Meyer es reconocido como el príncipe de los comentaristas gramaticales. Partes del vol. 8 y vols. 9, 10, 11, contienen el trabajo de Lunemann, Huther y Dusterdieck, que aunque es bueno, no está a la altura del trabajo de Meyer. Punto de vista: moderadamente conservador. Última edición alemana de Weiss, Haupt y otros, ya no es obra de Meyer.

OLSHAUSEN, *Commentary on the New Testament*, New York 1860-72. Bastante bien. Se destaca en la interpretación orgánica de las Escrituras; pero su misticismo a menudo se vuelve salvaje.

Pulpit Commentary, London 1880 sqq. Este, como su nombre lo indica, es mucho más homilético que exegético; sin embargo, contiene una exposición real.

STIER, *The Words of the Lord Jesus*, New York 1864. Muy útil, pero a menudo fantasioso y difuso; devoto, pero frecuentemente caracterizado por un gran deseo de encontrar un significado más profundo en las Escrituras.

STRACK UND ZOCKLER, *Kurzgefasster Commentar zu den Schriften des Alten und Neuen Testaments, sowie zu den Apokryphen*, Munchen 1886-93 Uno de los mejores comentarios alemanes recientes. Moderadamente conservador.

VINCENT, *Word Studies in the New Testament*, New York 1887-91. Contiene material útil.

WESTCOTT, Commentaries on the *Gospel of John*, 1890; the *Epistle to the Hebrews*, 1892; and the Epistles of John, 1905, todos en London. Todo muy erudito y confiable.

ZAHN, *Kommentar zum Neuen Testament* (varios colaboradores), Erlangen 1903 sqq., todavía en curso de publicación. Constituirá uno de los mejores comentarios conservadores del Nuevo Testamento.

CAPÍTULO 2
Los Evangelios en General

··· ℘☙ ···

El título de los evangelios
La forma más corta del título es κατὰ Ματθᾶιον, κατὰ Μάρχον, etc. El Textus Receptus y algunos de los manuscritos tienen τὸ κατὰ Ματθᾶιον εὐαγγέλιον, pero la mayor parte de los manuscritos leen εὐαγγέλιον κατὰ Ματθᾶιον, etc.

La palabra εὐαγγέλιον ha pasado a través de tres etapas en la historia de su uso. En los autores griegos antiguos significaba *una recompensa por traer buenas noticias*; también, *agradecimiento por las buenas noticias traídas*. Después, en el griego posterior indicaba las *buenas nuevas en sí mismas*. Y finalmente se empleó para denotar *los libros en que el evangelio de Jesucristo se presenta en forma histórica*. Se usa muy ampliamente en el Nuevo Testamento, y siempre en el segundo sentido, significando las buenas nuevas de Dios, el mensaje de salvación. Este significado también es preservado en el título de los evangelios. El primer rastro de la palabra que indica un evangelio escrito se encuentra en la *Didajé*, la Enseñanza de los Doce Apóstoles, descubierto en 1873 y con toda probabilidad compuesto entre los años 90 y 100 d.C. Este contiene la siguiente exhortación en 15:3: «y reprendeos los unos a los otros, no en ira, sino en paz *como halláis en el evangelio*». Aquí la palabra ευαγγελιον se refiere evidentemente al registro escrito. Se aplica muy explícita y repetidamente al relato escrito de la vida de Cristo cerca de la mitad del segundo siglo. El plural *euanggelia*, significa los cuatro evangelios; se encuentra primero en Justino Mártir, cerca del 152 d.C.

La expresión κατὰ Ματθᾶιον, κατὰ Μάρχον, etc., ha sido frecuentemente malinterpretada. Algunos mantienen que κατὰ simplemente indicaba una relación genitiva, así que podemos leer: el evangelio de Mateo, el evangelio de Marcos, etc. Pero si esta es la idea deseada, ¿por qué no se usó el genitivo simple, tal como es empleado por Pablo cuando expresa una idea similar, τὸ εὐαγγέλιόν μου, Romanos 2:16; 16:25? Además, no se puede sostener que la preposición *kata* es equivalente al hebreo *Lamedh* de posesión, porque la Septuaginta nunca traduce esta por κατὰ. Otros deducen del uso de esta expresión que los evangelios no fueron escritos por la persona que se menciona, sino que fueron formados de acuerdo con el Evangelio que ellos predicaron. Pero en esta interpretación parece muy peculiar que el segundo y el tercer evangelio no fueran llamados κατὰ Πέτρον y κατὰ Παῦλον, considerando que fueron diseñados según su tipo de predicación. La expresión debe ser explicada con base en la consciencia de la Iglesia de que no hay sino un solo Evangelio de Jesucristo, e indica que en estos escritos tenemos ese Evangelio, como fue elaborado (i.e. por escrito) por las personas cuyos nombres llevan.

Es muy evidente que la iglesia primitiva captó la idea de la unidad del evangelio. Es cierto, el plural de ευαγγελιον se emplea en ocasiones, pero el singular prevalece. Justino Mártir habla de las memorias que se llaman evangelios, pero también se expresa así: «los preceptos en lo que es llamado el Evangelio», «está escrito en el Evangelio». Ireneo en uno de sus escritos establece su tema como: «*El Evangelio es esencialmente cuádruple*». Clemente de Alejandría habla de «la Ley, los Profetas y el Evangelio», y Agustín de «los cuatro Evangelios, o más bien, los cuatro libros del único Evangelio».

La palabra inglesa *gospel* se deriva del anglosajón *godspell*, compuesto de *god*=God y *spel*=story, indicando así la historia de la vida de Dios en carne humana. Sin embargo, no es improbable que la forma original de la palabra anglosajona fue godspell, de *god*=good y *spel*=story, siendo una traducción literal del griego εὐαγγέλιον. Denota las buenas nuevas de salvación en Cristo para un mundo condenado.

El número de los evangelios reconocido por la iglesia primitiva

En vista del hecho de que el primer siglo cristiano produjo muchos evangelios además de aquellos incluidos en nuestro canon, y de que muchos en el presente niegan la autoridad de alguno o de todos nuestros cuatro Evangelios, es importante saber, cuántos recibió la iglesia primitiva como canónicos. Los Padres apostólicos, aunque citan frecuentemente los evangelios, no mencionan a sus autores, ni los enumeran. Por lo tanto, testifican de la substancia y la canonicidad de los evangelios, pero no –excepto indirectamente– de su autenticidad y número.

Con toda probabilidad, la evidencia más temprana de que la iglesia de las primeras edades aceptó los cuatro Evangelios que ahora poseemos como canónicos, la proporciona la Peshitta, que data probablemente de la primera mitad del segundo siglo. Y, siendo una traducción, apunta al hecho de que incluso antes de su origen, nuestros cuatro evangelios fueron recibidos en el canon, mientras que todos los demás fueron dejados fuera. Otro testigo temprano se encuentra en el fragmento de Muratori, una obra mutilada cuyo verdadero carácter no puede ahora ser determinado, y que fue escrito probablemente cerca del 170 d.C. Comienza con las últimas palabras de una oración que aparentemente pertenece a una descripción del Evangelio de Marcos, y luego nos dice que «el Evangelio de Lucas ocupa el tercer lugar en orden, habiendo sido escrito por Lucas, el médico, compañero de Pablo». Después de hacer esta declaración, procede a asignar el cuarto lugar al «Evangelio de Juan, un discípulo del Señor». La conclusión parece perfectamente justificada de que los primeros dos Evangelios, de los cuales se ha perdido la descripción, son los de Mateo y Marcos. Un testigo importante, realmente el primero de un Evangelio cuádruple, es decir. de un Evangelio que es cuatro y, sin embargo, uno, es

Taciano, el asirio. Su Diatesarón fue la primera armonía de los Evangelios. La fecha exacta de su composición no se conoce; el significado de su nombre es obviamente [el Evangelio] por los Cuatro. Esto, sin duda, apunta hacia el hecho de que se basó en los cuatro Evangelios, y también implica que esos cuatro fueron nuestros evangelios canónicos, ya que constituían la única colección en existencia que no necesitaba otra descripción que "los Cuatro". El testimonio de Eusebio está en armonía con esto cuando dice: "Taciano, el ex líder de los Encratitas, habiendo juntado en alguna forma extraña una combinación y colección de los Evangelios, le dio el nombre de *Diatesarón*, y la obra todavía es parcialmente actual". *Church History, IV,* 29. Un testimonio muy importante para nuestros cuatro Evangelios se encuentra en los escritos de Ireneo (c. 120-200) y de Tertuliano (c. 130-150). El primero fue un discípulo de Policarpo, quien a su vez había disfrutado de la instrucción personal del apóstol Juan. Predicó el evangelio a los Galos y en 178 sucedió a Potino como obispo de Lyon. En uno de sus libros tiene un largo capítulo titulado: *"Pruebas de que no puede haber ni más ni menos que cuatro Evangelistas"*. Considerando a los evangelios como una unidad, los llamó "el Evangelio con cuatro Caras". E investigó para encontrar razones místicas de esta forma cuádruple, mostrando de esta manera qué tan fuerte estaban persuadidos él y su época de que no había sino cuatro Evangelios canónicos. Compara el evangelio cuadriforme (τετράμορφον) con las cuatro regiones de la tierra, con los cuatro espíritus universales, con los querubines con cuatro caras, etc. El testimonio de Tertuliano es igualmente explícito. Este famoso padre de la Iglesia recibió una educación liberal en Roma, vivió en la obscuridad pagana hasta cerca de sus treinta o cuarenta años, cuando se convirtió y entró al ministerio. Amargado por el trato que recibió de manos de la Iglesia, entró al redil de los montanistas cerca del principio del tercer siglo. Escribió numerosas obras en defensa de la religión cristiana. En su obra contra Marción dice, después de afirmar que el Evangelio de Lucas se había mantenido desde su primera publicación: «la misma autoridad de las iglesias apostólicas mantendrá a los otros Evangelios que tenemos, en la sucesión adecuada a través de ellos y de acuerdo con su uso, quiero decir aquellos de [los apóstoles] Mateo y Juan, aunque lo que fue publicado por Marcos también se puede mantener que sea de Pedro, cuyo intérprete fue Marcos: porque la narrativa de Lucas también se adscribe generalmente a Pablo; ya que es permisible que lo que los eruditos publican se considere su obra maestra». Tal como aquellos que vivieron antes de él, Tertuliano apeló al testimonio de la antigüedad como prueba de la canonicidad de nuestros cuatro Evangelios y de los otros libros escriturales; y su apelación nunca fue contradicha. Otro testimonio significativo es el de Orígenes, el gran maestro de Alejandría de quien Eusebio registra que en el primer libro de sus comentarios sobre el evangelio de Mateo afirma que él sólo tiene conocimiento de cuatro Evangelios, como sigue: «He aprendido por tradición con respecto a los cuatro Evangelios, que son incontrovertidos en la Iglesia de Dios extendida bajo el cielo, que según Mateo, que fue alguna vez un publicano pero después un apóstol de Jesucristo, fue escrito primero... que según Marcos segundo... que según Lucas tercero... que según Juan el último de todos». *Church History VI*, 25. Eusebio mismo, que fue el primer historiador de la Iglesia cristiana, al dar un catálogo de los escritos del Nuevo Testamento, dice: «Primero entonces debemos colocar el santo cuaterno de los evangelios».

Del testimonio que hemos ahora revisado, parece perfectamente justificada la conclusión de que la Iglesia de los primeros tiempos conoció cuatro y solo cuatro Evangelios canónicos, y que estos cuatro son los mismos que ella ha reconocido desde entonces. Es cierto que el hereje Marción reconoció solo el evangelio de Lucas, y esto en su forma mutilada, pero su actitud hacia los evangelios encuentra una explicación clara en su prejuicio dogmático.

El carácter literario de los evangelios

Los evangelios tienen un carácter literario propio, son *sui generis*. No hay otro libro o grupo de libros en la Biblia con los cuales puedan ser comparados. Hay cuatro y, sin embargo, uno en un sentido muy esencial; expresan cuatro lados del único εὐαγγέλιον de Jesucristo. Al estudiarlos, surge naturalmente la pregunta de cómo debemos concebirlos. No necesitamos ahora argumentar que no son meras colecciones de mitos y fábulas, con o sin una base histórica, como muchos racionalistas nos quieren hacer creer. Ni es necesario demostrar ampliamente que no son cuatro biografías de Jesús. Si sus autores planearon que fuera así, sería muy decepcionante. Sin embargo, existe otra idea equivocada contra la cual debemos cuidarnos, porque es muy predominante en los círculos de aquellos que aceptan estos escritos incuestionablemente como parte de la Palabra de Dios, y puesto que es un verdadero obstáculo para un buen entendimiento de estos inapreciables registros. Nos referimos a la convicción de que, los escritores de los Evangelios tuvieron la intención de preparar para las siguientes generaciones, historias más o menos completas de la vida de Cristo. Al leer estos escritos pronto encontramos que, considerados como historias, dejan mucho que desear. En primer lugar, nos dicen comparativamente poco de la riqueza y variedad de la vida de Cristo, de la ellos cual sabían mucho, Cp. Juan 20:30; 21:25. Los hechos históricos narrados por Juan, por ejemplo, solo representan la obra de unos pocos días. Su evangelio sería una vida de Jesús con huecos profundos. Lo mismo es cierto de los otros evangelios. En segundo lugar, los materiales, excepto aquellos al principio y al final de la vida de Cristo, no están ordenados en orden cronológico. Cualquier duda posible que tengamos en este punto pronto se disipa, cuando comparamos los Evangelios. Los mismos hechos son a menudo narrados en conexiones completamente diferentes. Estrechamente relacionado con esto hay una tercera característica que merece atención. No se rastrea la relación ocasional de los importantes eventos que son narrados, excepto en pocos casos, y, sin embargo, esto es lo que uno espera en las historias. Y finalmente si realmente estaban destinados a ser historias, ¿por qué fue necesario que tuviéramos cuatro historias?

Los armonicistas proceden generalmente sobre la errónea concepción a la que nos referimos. Estaban conscientes de que había grandes lagunas en todos los Evangelios, pero pensaban que podían remediar las cosas al suministrar desde un Evangelio lo que faltaba en el otro. Así la relación entre los Evangelios fue concebida como suplementaria. Pero su trabajo estaba condenado al fracaso; hacía violencia a las composiciones exquisitas en que operaban, y arruinaba la belleza característica de esas producciones literarias. Siempre fueron inciertos en cuanto al verdadero orden de eventos, y no sabían cuál de los evangelistas era la mejor guía cronológica. Algunos prefirieron Mateo, otros escogieron a Marcos, y aun otros siguieron a Lucas. Y después de todos sus esfuerzos para combinar los cuatro Evangelios en una narrativa única continua, con los hechos colocados en el orden exacto en que ocurrieron, su trabajo debe ser declarado un fracaso. Los Evangelios no son historias de la vida de Cristo, ni forman, tomados juntos, una historia.

Pero ¿qué son, si no son biografías ni historias? Son cuatro representaciones, o mejor, un retrato cuádruple del Salvador, una representación cuádruple del κήρυγμα, un testimonio cuádruple sobre nuestro Señor. Se dice que el gran artista Van Dyke preparó un retrato triple de Carlos I para el escultor, para que este último pudiera elaborar un retrato absolutamente fiel del rey. Estos tres retratos fueron necesarios, sus diferencias y acuerdos fueron requeridos para dar una representación verdadera del monarca. Así es en el caso de los Evangelios. Cada uno de ellos nos dan un cierto punto de vista del Señor, y solo los cuatro juntos nos presentan su retrato perfecto, revelándolo como el Salvador del mundo. El κήρυγμα apostólico había tomado un gran vuelo. Su contenido central fue la cruz y la resurrección. Pero en conexión con esto, las palabras, los hechos del Salvador y su historia también formaron el tema de la predicación de los apóstoles. Y cuando este κήρυγμα apostólico fue reducido a escritura, se encontró necesario darle una forma cuádruple, que pudiera responder a las necesidades de cuatro clases de gente, a saber, judíos, romanos, griegos y a las necesidades de aquella gente que confesó a Cristo como Señor; necesidades que eran típicas de los requerimientos espirituales de todas las edades futuras. Mateo escribió para los judíos y caracterizó a Cristo como el gran Rey de la casa de David. Marcos compuso su Evangelio para los romanos y representó al Salvador como el obrero poderoso, triunfando sobre el pecado y el mal. Lucas al escribir su Evangelio tuvo en mente las necesidades de los griegos y retrató a Cristo como el hombre perfecto, el Salvador universal. Y Juan, redactó su Evangelio para aquellos que ya tenían un conocimiento salvífico del Señor y necesitaban de un entendimiento más profundo del carácter esencial de Jesús, enfatizando la divinidad de Cristo, la gloria que fue manifestada en sus obras. Cada Evangelio es completo en sí mismo y nos presenta cierto aspecto de la vida del Señor. Sin embargo, es solo el Evangelio cuádruple que nos proporciona una imagen completa y perfecta de Aquel, a quien conocerlo es la vida eterna. Y solo cuando captamos las distintas características que están reflejadas en los evangelios y vemos cómo se combinan armoniosamente en la más noble de todas las vidas, la vida de Cristo, que hemos encontrado la verdadera armonía de los Evangelios.

El problema sinóptico
Los primeros tres evangelios se conocen como los sinópticos, y sus autores son llamados los sinoptistas. El nombre se deriva del griego σύν y ὄψις, y se aplica a estos evangelios, ya que ellos, a diferencia del cuarto, nos dan una visión común de la vida de nuestro Señor. Pero a pesar de la gran similitud

por la cual se caracterizan estos evangelios, también revelan notables diferencias. Este extraordinario acuerdo, por un lado, y estas disimilitudes por el otro, constituyen uno de los problemas literarios más difíciles del Nuevo Testamento. La cuestión es si podemos explicar el origen de estos evangelios, de tal manera que podamos explicar tanto las estrechas semejanzas y las diferencias a menudo sorprendentes.

En primer lugar, el plan general de estos evangelios exhibe un acuerdo notable. Solo Mateo y Lucas contienen una narración de la infancia de nuestro Señor y los relatos de ellos son muy distintos, pero la historia del ministerio público de Cristo sigue el mismo orden en todos los sinópticos. Tratan sucesivamente de la preparación del Señor para el ministerio, Juan el Bautista, el bautismo, la tentación, el regreso a Galilea, la predicación en sus aldeas y ciudades, el viaje a Jerusalén, la entrada a la ciudad santa, la predicación ahí, la pasión y la resurrección. También se organizan los detalles que se ajustan a este plan general de una manera muy uniforme, excepto en algunos lugares, especialmente en el primer evangelio. Las diferencias más notables en el arreglo del material resultan de la narración de una larga serie de eventos conectados con el ministerio de Galilea, que es peculiar a Mateo y Marcos, Mateo 14:22-16:12; Marcos 6:45-8:26, y de la historia de otras series de eventos relacionados al viaje a Jerusalén que se encuentra solo en Lucas 9:51-18:14.

Pero no solo hay similitud en líneas generales de los evangelios; los incidentes particulares que se narran son también, en muchos casos, iguales en substancia y similares, si no idénticos en forma. La cantidad de acuerdos que encontramos a este respecto se presenta por Norton, *Genuineness of the Gospels* pág. 373, y por Wescott, *Introduction to the Study of the Gospels* pág. 201, de la siguiente manera: Si el total del contenido del evangelio se representa por 100, se obtiene el siguiente resultado:

Marcos tiene   7 peculiaridades y −93 coincidencias
Mateo tiene 42 peculiaridades y −58 coincidencias

Lucas tiene 59 peculiaridades y −41 coincidencias

Si la extensión de todas las coincidencias es representada por 100, su distribución proporcional sería:

Mateo, Marcos y Lucas	53
Mateo y Lucas	21
Mateo y Marcos	20
Marcos y Lucas	6

Aún otra estimación, a saber, por versículos, es sugerida por Reuss, *History of the New Testament*, I pág.177:
Mateo de cada 971 versículos tiene 330 peculiares a él.
Marcos de cada 478 versículos tiene 68 peculiares a él.
Lucas de cada 1151 versículos tiene 541 peculiares a él.

Los primeros dos tienen de 170 a 180 versículos que faltan en Lucas, Mateo y Lucas, de 230 a 240 faltantes en Marcos, Marcos y Lucas cerca de 50 faltantes en Mateo. El número común a los tres es de 330 a 370.

Las anteriores afirmaciones se refieren al tema de los sinópticos. Tomados en sí mismos pueden darnos una idea exagerada de la similitud de estos evangelios. Como correctivo es necesario tener en mente que las coincidencias verbales, aunque ciertamente son notables, sin embargo, son considerablemente menos de las que uno esperaría. El Dr. Schaff y su hijo, después de algunos cálculos basados en el *Synopticon* de Rushbrookes, obtuvieron los siguientes resultados:

"La proporción de palabras peculiares a los sinópticos es de 28,000 de un total de 48,000, más de la mitad.
En Mateo 56 palabras de cada 100 son peculiares.
En Marcos 40 palabras de cada 100 son peculiares.
En Lucas 67 palabras de cada 100 son peculiares.

El número de coincidencias comunes a los tres es menor que el número de divergencias.

Mateo coincide con los otros dos evangelios en 1 palabra de 7.

Marcos coincide con los otros dos evangelios en 1 palabra de 4 ½.

Lucas coincide con los otros dos evangelios en 1 palabra de 8.

Pero comparando los evangelios de *dos en dos,* es evidente que Mateo y Marcos tienen más en común, y Mateo y Lucas son más divergentes.

> Media mitad de Marcos se encuentra en Mateo.
> Un cuarto de Lucas se encuentra en Mateo.
> Un tercio de Marcos se encuentra en Lucas.

La conclusión general de estas cifras es que los tres evangelios difieren ampliamente de la materia común, o triple tradición, Marcos menos y Lucas más (casi el doble que Marcos). Por otro lado, tanto Mateo como Lucas están más cerca de Marcos que Lucas y Mateo entre sí". *Church History,* I pág.597.

En conexión con lo precedente, deberíamos tener en mente que esos acuerdos verbales son mayores, no en la narrativa, sino en las partes recitativas de los evangelios. Cerca de una quinta parte de ellos se encuentra en la porción narrativa del evangelio, y cuatro quintas partes en los recitales de las palabras de nuestro Señor y otros. Sin embargo, esta declaración creará una impresión falsa, a menos que tengamos en mente la proporción en la cual las partes narrativas se encuentran con el elemento recitativo, el cual es como sigue:

	Narrativo	*Recitativo*
Mateo	25	75
Marcos	50	50
Lucas	34	66

De lo dicho hasta ahora es perfectamente claro que los sinópticos presentan un intrincado problema literario. ¿Es posible explicar el origen de tal manera que se tengan en cuenta tanto las semejanzas como las diferencias? Durante el último siglo muchos eruditos se han aplicado con diligencia cuidadosa a la ardua tarea de resolver este problema. La solución ha sido buscada siguiendo diferentes líneas, muchas hipótesis han sido abordadas, de la cuales solo mencionaremos las cuatro más importantes.

En primer lugar, está la que ha sido llamada (aunque no del todo correctamente) *la teoría de la dependencia mutua (Benutzungshypothese, Augustine, Bengel, Bleek, Storr)*. De acuerdo con esta teoría, un evangelio depende de otro, así que el segundo toma prestado del primero, y el tercero tanto del primero como del segundo. En esta teoría, por supuesto, son posibles seis permutaciones, a saber:

    Mateo, Marcos, Lucas.
    Mateo, Lucas, Marcos.
    Marcos, Mateo, Lucas.
    Marcos, Lucas, Mateo.
    Lucas, Mateo, Marcos.
    Lucas, Marcos, Mateo.

En cada forma posible esta teoría ha encontrado defensores, pero no cuenta con gran favor en el presente. Cierto, parece explicar el acuerdo general de una forma muy simple, pero han surgido serias dificultades cuando uno busca determinar cuál de los evangelios fue el primero, cuál el segundo y cuál el tercero. Esto es perfectamente evidente por la diferencia de opinión entre los defensores de esta hipótesis. De nuevo falla en explicar las divergencias; no explica por qué un escritor adopta el lenguaje de su predecesor(es) hasta cierto punto, y de pronto lo abandona. Sin embargo, últimamente se admite tácitamente que contiene un elemento de verdad.

En segundo lugar, se debe mencionar *la hipótesis de la tradición oral (Traditions-hypothese, Gieseler, Westcott, Wright)*. Esta teoría comienza con la presuposición de que el evangelio existió primero que todo en una forma no escrita. Se asume que los apóstoles contaron repetidamente la historia de la vida de Cristo, preocupándose especialmente de los incidentes más importantes de su carrera, y a menudo reiterando las mismas palabras de su bendito Señor. Estas narrativas y palabras fueron captadas con entusiasmo por oídos dispuestos y atesorados en recuerdos fieles y retentivos, los judíos haciendo de ello una práctica de retener cualquier cosa que aprendieran en la forma exacta en que lo recibían. Así surgió una tradición estereotipada que sirvió como la base de nuestros cuatro evangelios actuales. Han surgido muchas objeciones en contra de esta teoría. Se dice que, como resultado de la predicación de los apóstoles en lengua vernácula, la tradición oral fue encarnada en el lenguaje *arameo*, y por lo tanto no puede ser explicada por las coincidencias verbales en los evangelios griegos. Una vez más se insiste en que cuanto más estereotipada fue la tradición, más difícil se vuelve explicar las diferencias entre los sinópticos. ¿Alguien sería capaz de alterar tal tradición sobre su propia autoridad? Además, esta hipótesis no ofrece explicación de la existencia de la tradición doble, triple y duplicada, es decir, la tradición que está incorporada en los tres evangelios y la que se encuentra solo en dos de ellos. La mayoría de los eruditos ahora ha abandonado esta teoría, aunque tiene ardientes defensores incluso en el presente. Y no hay duda, debe ser tomada en cuenta en la solución de este problema.

En tercer lugar, tenemos la *hipótesis del evangelio primitivo* (Urevangeliums-Hypothese), del cual los tres evangelios sinópticos extrajeron su material. De acuerdo con G.E. Lessing, este evangelio, que contiene un relato breve de la vida de Jesús para el uso de misioneros itinerantes, fue escrito en el lenguaje popular de Palestina. Sin embargo, Eichhorn estando de acuerdo con él, sostuvo que fue traducido al griego, trabajado y enriquecido de varias formas, y pronto tomó forma en muchas redacciones, que se convirtió en la fuente de nuestros evangelios actuales. Hay muy poco acuerdo entre los defensores de esta teoría con respecto al carácter exacto de esta fuente original. Al presente encuentra poco favor en círculos científicos, pero ha sido descartada por varias razones. No hay rastro en lo absoluto de tal evangelio original, ni alguna referencia histórica a él, lo que parece peculiar en vista de su significado único. Y si se postula la existencia de dicha fuente, ¿cómo deberíamos explicar su alteración arbitraria?, ¿cómo surgieron estas diferentes recensiones? Es evidente que el problema no se resuelve con esta teoría, sino que simplemente se movió a otro lugar. Además, mientras que en su forma original esta hipótesis explicaba muy bien el acuerdo, pero no las diferencias encontradas en los sinópticos, en su forma final era muy artificial y complicada para inspirar confianza y parecer algo así como una solución natural al problema sinóptico.

En cuarto lugar, la llamada *doble fuente*, o *teoría de los dos documentos* (*Combinations-hypothese*, Weisse, Wilke, Holtzmann, Wendt) merece atención, ya que es hoy día la teoría favorita de los eruditos del Nuevo Testamento. Esta hipótesis sostiene que, para explicar el fenómeno de los evangelios, es necesario postular la existencia de al menos dos documentos primitivos, y reconoce el uso de un evangelio en la composición de los otros. La forma actual en la cual esta teoría es más ampliamente aceptada es la siguiente: El evangelio de Marcos fue el primero en ser escrito y, ya sea en la forma en la cual ahora lo tenemos, o en una forma un poco distinta fue la fuente de la triple tradición. Para la doble tradición, que es común a Mateo y Lucas, estos escritores usaron una segunda fuente que, por falta de conocimiento definitivo al respecto, es simplemente llamada Q (del alemán *Quelle*). Esta Q puede haber sido el λόγια de Mateo mencionado por Papías, y fue probablemente una colección de *dichos de nuestro Señor*. Las diferencias entre Mateo y Lucas en la cuestión de la doble tradición encuentran su explicación en el supuesto de que, mientras Mateo tomo directamente de Q, Lucas obtuvo el material correspondiente de Q y de otras fuentes, o de un evangelio primitivo basado en Q. En el último supuesto la relación de Mateo y Lucas hacia Q sería como sigue:

Pero aun así debe ser supuesto el uso de algunas fuentes inferiores tanto por Mateo como por Lucas. La teoría de la doble fuente presupone la existencia de una literatura precanónica bastante amplia.

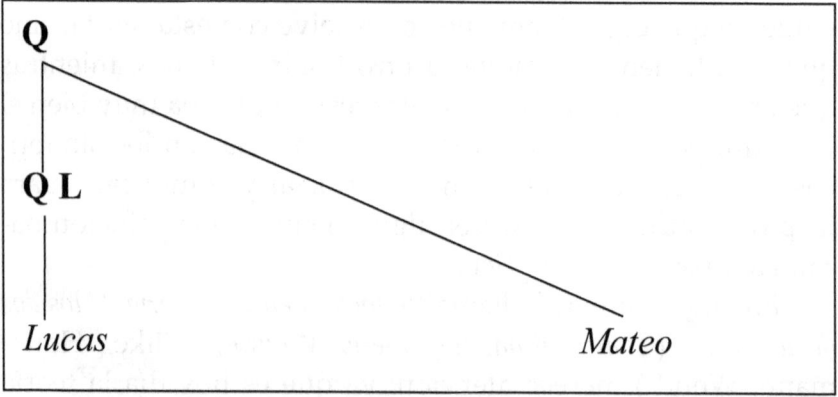

También hay algunas objeciones evidentes a esta teoría. La suposición de que los λόγια de Mateo no fue algo más que el hebreo o arameo original de nuestro Mateo griego no tiene base; no tiene un fundamento histórico. Además, la teoría no ofrece explicación del hecho de que los escritores en algunos casos copiaron fielmente su original, y en otros alteraron el texto más bien libremente o incluso se apartaron de él completamente. Y el postular el desarrollo de una literatura del evangelio algo extensa previa a la composición de Mateo y Lucas, naturalmente ha llevado a la posición de que nuestros evangelios fueron escritos tardíamente, y por lo tanto con toda probabilidad no por sus presuntos autores. Además, también nos requiere creer que Lucas incluyó el evangelio de Marcos en el número de intentos de historias del evangelio que su evangelio debía reemplazar.

Ninguna de las teorías mencionadas hasta ahora ha probado ser satisfactoria. Aún hay mucha incertidumbre y confusión en el estudio del problema sinóptico; no parecemos ahora estar más cerca de su solución de lo que estuvimos hace cincuenta años. El gran objetivo siempre ha sido explicar el origen de los sinópticos sin tomar en cuenta el factor sobrenatural que entró en su composición. No dudamos ahora del valor de estos estudios; ya nos han enseñado muchas cosas buenas con respecto al origen de estos evangelios, pero han probado en sí mismos ser insuficientes para conducir a una solución final del problema. Por supuesto, es una locura desaparecer este problema apelando simplemente a la agencia sobrenatural del Espíritu Santo. Es cierto, si uno cree en la inspiración mecánica de la Biblia, no existe problema sinóptico. Sin embargo, es muy diferente para aquellos que creen que las Escrituras han sido inspiradas en una forma orgánica. Cuanto más naturalmente concibamos el origen de estos escritos, es mejor, si tan solo no perdemos de vista la operación del factor divino, de la dirección, de la influencia guía del Espíritu Santo. Cp. Kuyper, *Encyclopedie* III pág.51ss. No es suficiente decir con Urquhart, *New Biblical Guide* VII pág. 357, que la clave del problema se encuentra en el hecho de que todos los evangelios sinópticos son obra de un autor, y que cada libro sirve a un propósito distinto. Sin embargo, esta declaración contiene dos importantes verdades que debemos continuamente tener en mente.

En cualquier intento por explicar las similitudes de los sinópticos se debe tener en cuenta la influencia de la tradición oral. Es muy natural suponer que, ya que los apóstoles por algún tiempo trabajaron juntos en Jerusalén con Pedro a la cabeza, una tradición particular, quizá una tradición de tipo petrina se volvió propiedad común de estos primeros predicadores y de sus primeros oyentes. Y porque la vida de Cristo entró como un elemento muy importante en la vida de sus apóstoles, y sintieron el supremo significado de sus palabras, es también razonable asumir que su objetivo era inculcar las enseñanzas de nuestro Señor en sus oyentes en la forma exacta en que se las dio. Es igualmente racional suponer que, en un tiempo comparativamente temprano, el deseo de escapar a la incertidumbre que siempre acompaña a la transmisión oral los guio a la composición de breves narrativas del evangelio, conteniendo especialmente los dichos y discursos de nuestro Señor. Estas suposiciones están en completa armonía también con los versículos de apertura del evangelio de Lucas: "*Puesto que ya muchos han tratado de poner en orden la historia* de las cosas que entre nosotros han sido ciertísimas, *tal como nos lo enseñaron los que desde el principio lo vieron con sus ojos, y fueron ministros de la palabra*, me ha parecido también a mí, etc..." Algunos de estos documentos tempranos quizá habían sido escritos en arameo y otros en griego. El trabajo preliminar provisto y utilizado por los escritores de nuestros evangelios, explica en una forma muy natural la mayor parte de acuerdos que se encuentran en los sinópticos. Y aquellos que no pueden ser explicados de esa manera pueden haber resultado directamente de la influencia guía del Espíritu Santo, que dirigió a los escritores también en la elección de sus palabras. Estos tres evangelios son en un sentido muy real la obra de un autor.

Al buscar explicar las diferencias que se encuentran en los evangelios sinópticos, debemos tener en mente primero que todo, que no son historias, sino recuerdos, argumentos históricos. Al componerlos, cada uno de los escritores tuvo su propio propósito. Mateo, escribiendo para los judíos, hace su objetivo presentar a Cristo como el Rey, el gran Hijo de David; Marcos destinando su evangelio a los romanos, intenta dibujar una imagen vívida del Obrador poderoso, conquistando las fuerzas del mal; y Lucas, dirigiéndose a los griegos y ajustando su evangelio a sus necesidades, busca describir a Cristo como el Salvador universal, como una persona con amplias simpatías. Esta diversidad de objetivos representa una gran extensión de las variaciones exhibidas en los evangelios, es decir, por un lado las omisiones y por otro las adiciones, por diferencias en la distribución y arreglo del material, etc. Los escritores de los evangelios seleccionaron de la gran masa de tradiciones tempranas el material que fue adecuado para su propósito y lo usaron con ventaja. La diferencia entre los sinópticos no es accidental, no es el resultado del uso casual de ciertas fuentes. Y cuando las enseñanzas idénticas de Cristo se encuentran a veces en diferentes formas, debemos recordar, primero, que el Señor pudo haber pronunciado la misma verdad en diferentes ocasiones en distintas formas, y segundo, que los sinópticos no siempre dan las palabras del Salvador exactamente iguales, sino que fueron guiadas por el Espíritu Santo del tal manera que dan una representación exacta de las enseñanzas del Señor, quizá en una forma mejor adaptada a su propósito de lo que habría sido el original. Cf Kuyper, *Diet. Dogm., Locus de Sacra Scriptura* II, pág.131ss; Gregory, *Why Four Gospels*; Van Leeuwen, *Literatuur en Schriftuur* pág.14 ss.; Urquhart, *New Biblical Guide VII* pág.328-428.

Para un estudio más extenso del problema sinóptico referimos a: Norton, *Genuineness of the Gospels*; Westcott, *Introduction to the Study of the Gospels*; Arthur Wright, *A Synopsis of the Gospels in Greek*; Holdsworth, *Gospel Origins*; Buckley, *Introduction to the Synoptic Problem*; Hill, *Introduction to the Life of Christ*; Reuss, *History of the New Testament* I pág.163-218 (donde se refiere a la más importante literatura alemana), y a las varias introducciones de Davidson, Weiss, Zahn, Julicher, Salmon, y otros.

La relación del evangelio de Juan con los sinópticos

Después de señalar el notable acuerdo entre los evangelios sinópticos y hacer referencia a algunas de las tentativas de explicaciones de esta característica, debemos considerar la igualmente notable diferencia que existe entre los sinópticos, por un lado, y el evangelio de Juan, por el otro. Esta diferencia es tan grande que incluso las mentes no entrenadas la sienten inmediatamente. Así que surge naturalmente la pregunta: ¿cómo podemos explicarla? Este es en sustancia el problema juanino. Las diferencias que se encuentran pueden ser convenientemente ordenadas bajo dos encabezados: 1. Diferencias con respecto al curso externo de eventos en el ministerio del Señor, y 2. Diferencias con respecto a la forma y contenido de las enseñanzas de Cristo.

I. DIFERENCIAS CON RESPECTO AL CURSO EXTERNO DE EVENTOS EN EL MINISTERIO DEL SEÑOR.

a. Según los sinópticos, la escena principal de la actividad del Señor es Galilea. Él va a esta provincia del norte inmediatamente después del encarcelamiento de Juan el Bautista, y aparentemente no regresa a Judea hasta la última pascua. La representación que se encuentra en el evangelio de Juan es muy distinta. Muy poco se dice sobre el ministerio de Galilea, mientras que la actividad de Cristo en Judea se destaca en sus páginas. Mucho de la obra de la cual habla Juan fue hecha en Jerusalén.

b. Los primeros tres evangelios mencionan solo una pascua en su narrativa del ministerio público de Cristo, a saber, al final de su vida. Esto conduce a muchos a la convicción de que el ministerio público del Señor se limitó a un periodo de un año. En el evangelio de Juan, por otro lado, encontramos definitivamente mencionadas tres pascuas, mientras que una cuarta probablemente se menciona en 5:1. A juzgar por esto, la extensión del ministerio del Señor fue al menos de dos o posiblemente tres años.

c. La gente con la cual Jesús trató primeramente no es la misma en los sinópticos que en el evangelio de Juan. En los primeros tres evangelios vemos a Jesús moviéndose a lo largo del campesinado galileo y predicándoles el evangelio del reino; mientras que, en el cuarto, los judíos (por los cuales Juan quiere decir los líderes del pueblo, es decir, sacerdotes principales, escribas y fariseos) están generalmente en primer plano, y ciertos individuos, que no son mencionados o son solo nombres, en los sinópticos son muy prominentes, como Felipe, Natanael, la mujer samaritana, María Magdalena y Tomás.

d. La actitud de los judíos hacia Jesús parece ser muy distinta en los evangelios sinópticos que en el evangelio de Juan. De acuerdo con los sinópticos, Jesús se presenta al principio con gran éxito. Las multitudes acuden a él, se deleitan al escucharlo y se maravillan de sus enseñanzas y obras. Y es solo después de que ha mostrado claramente que no ha venido para establecer un reino terrenal que se extingue, y que comienza a preparar a sus discípulos para su próximo sufrimiento y muerte. El evangelio de Juan hace aparecer que, desde el principio el ministerio de Cristo en Jerusalén, los corazones de los judíos fueron llenos de un odio que creció gradualmente, alcanzado su tono más alto después de la resurrección de Lázaro, y que finalmente derivó en la crucifixión del Señor de gloria.

e. Hay también muchos detalles en los cuales el evangelio de Juan está en desacuerdo con los sinópticos. Solo mencionaremos un par de los ejemplos más importantes. En los evangelios sinópticos encontramos la limpieza del templo al final de ministerio público de Cristo, mientras que Juan pone esta al principio. Luego también hay una representación de la muerte del Señor. Los sinópticos transmiten la impresión de que Cristo comió la pascua en la tarde del 14 de Nisán, y que por lo tanto fue crucificado el 15, mientras que el evangelio de Juan parece decir con igual claridad que comió un día antes del tiempo habitual y que murió a la misma hora, cuando el simbólico cordero pascual era degollado.

II. Diferencias con respecto a la forma y contenido de las enseñanzas de nuestro Señor.

a. Hay una notable diversidad en la forma en que se emite la enseñanza de Jesús. En los sinópticos tenemos dichos cortos penetrantes del Señor que, en algunos casos están conectados y en otros no, con lo que precede inmediatamente o sigue. En el evangelio de Juan, por otro lado, encontramos discursos largos y elaborados, estrechamente conectados con las señales, los milagros de nuestro Señor. Los primeros tres evangelios contienen un buen número de parábolas, que están extrañamente ausentes del cuarto evangelio, donde tenemos en vez de ellas unas pocas alegorías, tales como la puerta del redil, el buen pastor y la vid verdadera. El estilo del evangelio de Juan también es muy distinto del de los sinópticos. Es un estilo más hebraico, en él las declaraciones son breves, la construcción es simple y las frases están usualmente conectadas con la conjunción *y*. Este estilo se transmite también a través de los discursos de Cristo, así que en algunos casos es muy difícil, si no imposible, decir dónde terminan las palabras del Señor y comienzan las del evangelista, o viceversa. Nótese esto especialmente en el tercer capítulo.

b. Igualmente hay una gran diferencia en los contenidos de la enseñanza del Señor. En los sinópticos el tema central en el que Cristo se extiende es el Reino de Dios. Habla de su origen, su naturaleza, sus temas, su Rey, sus requerimientos, su justicia, sus enemigos y su futura gloria. En vano nos volvemos hacia el cuarto evangelio por una línea de pensamiento correspondiente. El reino de Dios se menciona, pero una sola vez ahí, a saber, en la conversación de nuestro Señor con Nicodemo. Cristo mismo es el tema principal de los discursos que se encuentran en el evangelio de Juan. El Señor habla de su origen celestial, de su carácter esencial y de su regreso a la gloria. Se presenta a sí mismo a los judíos como el Mesías, el Hijo de Dios, el maná celestial, el agua de vida, el verdadero libertador, la luz del mundo, el buen Pastor, la resurrección y la vida, etc. En los sinópticos encontramos que Jesús solo ocasionalmente, y luego hacia el final de su ministerio, habla de sí mismo. En conexión con esto podemos remarcar que la autorevelación de Cristo tanto por sus palabras y obras difiere grandemente en los sinópticos y en el cuarto evangelio. En los primeros Jesús comienza hablando del reino y hace una pequeña mención del Rey. Solo gradualmente revela su verdadero carácter y no es hasta que está muy avanzado el curso de su ministerio público que Pedro es conducido a la confesión: "Tú eres el Cristo, el Hijo del Dios viviente". Solo en la última semana de su vida abandona toda reserva y habla claramente de sí mismo como el Mesías enviado por Dios. Sin embargo, en el evangelio de Juan todo es claro desde el principio. Juan el Bautista señala a Cristo como "el Cordero de Dios que quita el pecado del mundo", a la mujer samaritana Jesús le dice: "Yo soy Él", y a los judíos que asisten a la fiesta sin nombre les habla claramente de la relación única en la que se encuentra con el Padre. Esto está estrechamente conectado con otro hecho. En los evangelios sinópticos la humanidad de Cristo se hace muy prominente. Lo contemplamos ahí primeramente como el Salvador que toma nuestra naturaleza, comparte nuestras debilidades, y es tentado como nosotros, aunque sin pecado. El cuarto evangelio, por otro lado, pone de relieve la divinidad de Cristo. Notamos esto al mismo comienzo del evangelio: "En el principio era el verbo, y el verbo estaba con Dios, y el verbo era Dios". Este evangelio nos impacta con las señales que Cristo dio para revelar su gloria, y con los discursos que hablan extensamente de su naturaleza esencial, de su descender de la gloria, su ser en gloria y su regreso a la gloria que poseyó desde la fundación del mundo, y suena en nuestros oídos mientras escuchamos la confesión de Tomás: "Mi Señor y mi Dios".

Hay muchos críticos en la actualidad que magnifican estas diferencias convirtiéndolas en discrepancias, y encuentran en ellas un terreno sobre el cual rechazar la autoría de Juan. Mantienen que el cuarto evangelio es un tratado escrito con una marcada tendencia teológica, inspirado por la controversia sobre la persona de Cristo en el segundo siglo. El gran obstáculo para ellos es la muy clara enseñanza contenida en este evangelio con respecto a la divinidad de Cristo. Esta, sostienen, solo puede ser el fruto de preconcepciones teológicas. Y el gran deseo de parte del autor de establecer esto más allá de toda sombra de duda se dice para explicar muchas de las otras características especiales que caracterizan este evangelio. Esta explicación contiene tanto una falsedad como una verdad.

Un cuidadoso estudio del evangelio de Juan, un estudio que tome en consideración su verdadero carácter, no confirma la opinión de que las muchas diferencias entre el evangelio de Juan y los sinópticos equivalen a discrepancias. Tampoco revela diferencias que no puedan ser explicadas de una forma perfectamente natural. Deseamos señalar, primero que todo, que no solo hay desemejanzas sino también correspondencias entre estos evangelios. Los incidentes que encontramos mencionados en todos los evangelios son los siguientes: El bautismo de Juan, la alimentación de los cinco mil, la caminata en el mar, la unción en Betania, la entrada triunfal, la última Cena, la traición, el juicio, la crucifixión, la sepultura y la resurrección. Por supuesto, en algunos casos los detalles de la narrativa varían. Además de estos paralelos narrativos, hay muchos pasajes en los cuales encontramos imágenes, dichos o palabras que encuentran su contraparte en los evangelios sinópticos. Davidson dice que cerca de un tercio del material en Juan concuerda con el de los sinópticos.

Es evidente de lo anterior que la diversidad es mayor que la similitud, y la gran pregunta es: ¿cómo podemos explicar estas diferencias? Al señalar la forma en la cual debemos buscar una solución a este problema llamamos la atención a varios detalles.

1. No debemos perder de vista el verdadero carácter del es-

crito de Juan. Ni uno ni otro de los evangelios están destinados a ser historias completas de lo que el Señor hizo y dijo durante su vida en la carne. Si está fuera su afirmación, sería decepcionante en extremo, ya que todo lo que Juan narra sucedió en unos pocos días. Como los sinópticos, el evangelio de Juan es un boceto del Señor, testifica de Él desde un particular punto de vista, y representa una fase del χήρυγμαι apostólico. Debemos tener en cuenta el principio de selección y el arreglo selectivo en la composición de esta obra. Fue el objetivo de Juan describir al Señor desde un particular punto de vista. Por consiguiente, escogió de una gran masa de tradición apostólica, ya sea oral o escrita, los materiales que se adecuaban mejor a su propósito, y los arreglo en la forma más efectiva, tomando en consideración, tanto como fue posible, el orden cronológico en el cual ocurrieron los eventos. Esta verdad general debe tenerse en cuenta continuamente si vamos a entender las diferencias entre el evangelio de Juan y los sinópticos.

2. Sin embargo, el gran factor controlador en la construcción de este evangelio fue el objetivo del escritor. Por lo tanto, es necesario que tengamos algún entendimiento de esto. Felizmente no necesitamos adivinarlo porque Juan mismo nos dice el propósito que tuvo al escribir su evangelio. Dice en 20:31 "Pero éstas se han escrito para que creáis que Jesús es el Cristo, el Hijo de Dios, y para que creyendo, tengáis vida en su nombre". Según esta declaración, el apóstol tuvo un doble objetivo, uno teórico y otro práctico, el primero inmediato, el otro ulterior. El objetivo teórico del evangelista fue doble: quería mostrar de una manera convincente que el Jesús histórico fue el Cristo enviado por Dios para la salvación del mundo, y que este Cristo no fue solo un hombre, sino el mismo Hijo de Dios, que en su estado preexistente compartió la gloria divina, una gloria que irradiaba incluso mientras habitaba entre los hombres en la forma de siervo, y que brillará de nuevo con esplendor celestial después de haber ter-

minado su tarea. Además, fue el deseo del escritor presentar a este Cristo, a este Hijo de Dios a sus lectores, de tal manera que pudieran ser guiados a creer en Él, y que ellos, estando unidos a Él, la fuente de vida por fe, pudieran tener vida eterna. Por supuesto, con esta finalidad a la vista, Juan seleccionó aquellas señales y discursos del Señor que mejor se adaptaron para resaltar su gloria y guiar a otros a la fe en Él. Casi parece decirnos esto él mismo, cuando concluye su narración del primer milagro realizado por nuestro Señor en Caná con las palabras: "Este principio de señales hizo Jesús en Caná de Galilea, y *manifestó su gloria; y sus discípulos creyeron en él*". Juan ve los milagros de los cuales habla como *semeia* (señales) que exhiben la grandeza divina de Cristo. Y se limita casi exclusivamente a aquellos que puede decir definitivamente que llevan a los hombres a creer en Cristo, o de los cuales Cristo mismo señala el significado simbólico en sus discursos, como:

- La transformación del agua en vino en Caná ("y sus discípulos creyeron en Él").
- La sanidad del hijo del noble en Caná (Capernaum) ("y creyó él con toda su casa").
- La sanidad del paralítico en el estanque de Betesda (Cristo el restaurador de la vida).
- La alimentación de los cinco mil cerca de Betsaida (Cristo el alimento espiritual, el maná celestial).
- La restauración de la vista al ciego en Jerusalén (Cristo la luz del mundo).
- La resurrección de Lázaro en Betania (Cristo la resurrección y la vida).

En armonía también con su objetivo, el evangelista registró tales discursos del Señor para servir como explicación de la semeia (señales) para resaltar la relación única en la que Cristo se encuentra con el Padre, para acentuar la autoridad de Cristo, para enfatizar el carácter divino de su misión, etc. Además, introduce a varios individuos para mostrar cómo Jesús laboró para llevarlos a la convicción de que Él era el Cristo, el Hijo de Dios, como, por ejemplo, Natanael, Nicodemo, la mujer samaritana y Tomás.

Ahora, si tenemos esto en cuenta, muchas de las diferencias entre este evangelio y los sinópticos son explicadas inmediatamente. El objetivo de Juan siendo lo que es, habla naturalmente de Cristo más que del reino de Dios, introduce lo que acentúa la divinidad de nuestro Señor, y resalta lo más posible lo que Cristo reveló de sí mismo como el Mesías desde el mismo principio de su carrera pública. Pero al hacer esto de una manera histórica, no puede representar a los campesinos galileos sino solo a los líderes de los judíos en Jerusalén como recipientes de esta revelación, porque fue solo para ellos, que estaban versados en las Escrituras, que Cristo habló tan explícitamente desde el comienzo, y fue primeramente para ellos que expresó su pensamiento en discursos profundos más que en parábolas. Esto a su vez determina el tiempo en que Juan habla en su evangelio y también explica cómo es que menciona muchas fiestas, porque fue casi exclusivamente en estas ocasiones que Jesús visitó Jerusalén y estuvo en contacto con los escribas y los principales sacerdotes. Esto también arroja luz sobre la diferencia de actitud de los judíos hacia Jesús. Por un largo tiempo los galileos estuvieron apegados a Cristo y maravillados con sus palabras y obras; el espíritu de oposición se despertó en ellos especialmente hacia el final de las obras de Cristo entre ellos, mayormente por las maquinaciones de los fariseos que vinieron de Jerusalén. Los líderes de los judíos en Judea, por otro lado, odiaron a Jesús casi desde el principio de su ministerio público. Su odió iba emparejado con el conocimiento que recibían de Cristo.

3. Cada intento de resolver el problema juanino debe tomar en cuenta el hecho de que, Juan estaba familiarizado con los

otros evangelios y evitó tanto como era congruente con su objetivo, la repetición de los hechos que eran ya generalmente conocidos. No tenemos duda de que Juan había leído los otros evangelios antes de escribir el suyo. Hay ciertas características en su evangelio que solo podemos entender sobre tal suposición. Según 21:19, Juan escribió su evangelio después de la muerte de Pedro y, por lo tanto, comparativamente tarde. Ahora, ciertamente, no sería tan extraño, en su propio mundo de pensamiento como para no conocer los Evangelios que ya habían sido compuestos. Entonces encontramos que en muchos lugares el evangelista confía en el conocimiento previo de sus lectores. No describe la institución de la Cena en su evangelio, sin embargo, claramente asume en Juan 6:51-58 que sus lectores estaban familiarizados con ella. Aunque no da una descripción de la ascensión, procede sobre la asunción de que este hecho es bien conocido, Juan 6:62; 20:17. Cp. además, Juan 1:40; 3:24; 6:70 etc. En muchos casos en los cuales las personas presentadas en el evangelio mal entienden al Señor, el escritor no consideró necesario explicar a sus lectores lo que Jesús realmente quiso decir, porque sabía que ellos mismos serían capaces de corregir el error, cp. Juan 7:35-36; 3:4; 4:15; 6:52. También es una consideración muy importante a este respecto que Juan no se digna responder a las objeciones que se presentan contra la Mesianidad de Cristo. Ver, por ejemplo, Juan 1:45-46; 7:41-42; 7:52. El evangelista no da una sola pista de la solución a la dificultad repetidamente planteada. Podemos entender esto solo sobre la suposición de que estuvo consciente del hecho de que sus lectores conocían por los otros evangelios cómo resolver el problema. Juan evidentemente leyó los otros evangelios y esto explica cómo pudo evitar en gran medida lo que ya habían aportado al conocimiento de la gente.

4. Finalmente también se debe tener en mente que la individualidad del autor está estampada en su producción literaria. Juan tuvo un profundo espíritu meditativo, que bebió

profundamente de la fuente de vida. Buscó la causa principal en la carrera de nuestro Salvador; reflexionó en el trasfondo oculto de la misteriosa y maravillosa vida de su Señor. Fue el mejor calificado de todos los apóstoles para describir la grandeza divina del Señor. Y no fue pequeño su logro, ya que presentó las profundas verdades en la manera más simple. La simplicidad de su lenguaje es una característica muy notable del cuarto evangelio. Se debe en parte, sin duda, a la idiosincrasia de Juan, y en parte a su hábito de contemplar al cristianismo en sus relaciones más fundamentales. No tiene por qué sorprendernos que encontremos el mismo estilo en los discursos de Cristo, porque estos también son en gran medida el estilo de Juan. Ni Juan ni los otros evangelistas siempre nos dan las palabras exactas de Jesús. Es cierto que generalmente emplea el discurso directo al introducir las palabras del Salvador, pero esto es simplemente una costumbre oriental y no implica que las palabras fueron usadas exactamente en esa forma. Pero el Espíritu de Dios guió tanto al escritor que reprodujo, aunque posiblemente en una forma ligeramente distinta, las verdades exactas que Jesús buscó inculcar en sus oyentes. Y este Espíritu, que también es el Espíritu de Cristo, respondiendo por estas palabras, las hace las verdaderas palabras de Cristo, como si hubieran sido una reproducción exacta de las palabras que Jesús había usado al dirigirse a los judíos.

La inspiración de los evangelios
Durante el siglo pasado, el origen humano de los evangelios ha sido cuidadosamente investigado. Con gran paciencia e ingenio cada capítulo y versículo de estas escrituras ha sido escrutado y referido a su supuesta fuente última. Sin embargo, la discusión del factor divino que operó en la composición de estos libros ha estado notablemente ausente de estos estudios. Y esta negligencia no es el resultado del azar, sino de un plan deliberado. Un gran número de eruditos hoy día no creen en alguna inspiración especial de estos escritos;

otros, que no desean negar su inspiración divina, sin embargo mantienen que su reclamo de esta prerrogativa debe ser rechazada en la investigación histórica de su origen.

En el siglo anterior, muchos acostumbraron a etiquetar a los evangelios despectivamente como narraciones ficticias, escritas por unos pocos fanáticos religiosos, que mintieron deliberadamente sobre Jesús. Esta opinión cruda y sin bases no encuentra gran favor hoy día. La gente rechaza intuitivamente esta posición y siente que debe adoptar una actitud respetuosa hacia los evangelios. Ahora consideran a los evangelios como el producto de la invención reverente y, en parte, inconsciente de la Iglesia, o como la expresión de la consciencia colectiva y el estado de ánimo colectivo de la primera comunidad cristiana. Aun así, por supuesto, son simplemente producciones humanas que contienen además de una gran cuota de verdad, una gran cantidad de materia mítica y legendaria.

Contra esta posición sostenemos que los evangelios fueron escritos por hombres que fueron inspirados por el Espíritu Santo, y que son por lo tanto relatos absolutamente fiables y autoritativos de la vida de nuestro Señor. Son registros inspirados. Constituyen uno de los frutos más preciosos de la inspiración apostólica, ya que son una y todas las encarnaciones literarias del kerigma apostólico. La sustancia de lo que los apóstoles predicaron está contenida en esos escritos. Ahora también, como los profetas en la antigua dispensación, los apóstoles en la nueva dispensación fueron inspirados por el Espíritu Santo. Esto es muy evidente del Nuevo Testamento. Considere las promesas que nuestro Señor le dio a sus discípulos. Mateo 10:19-20: "porque en aquella hora os será dado lo que habéis de hablar. Porque no sois vosotros los que habláis, sino el Espíritu de vuestro Padre que habla en vosotros". Juan 14:26: "Mas el Consolador, el Espíritu Santo, a quien el Padre enviará en mi nombre, él os enseñará todas las cosas, y os recordará todo lo que yo os he dicho". Juan 16:13, 14: "Pero cuando venga el Espíritu de verdad, él os guiará a toda la verdad; porque no hablará por su propia cuenta, sino que hablará todo lo que oyere, y os hará saber las cosas que habrán de venir. El me glorificará; porque tomará de lo mío, y os lo hará saber". Nótese también que estas promesas tuvieron su cumplimiento inicial en el día de Pentecostés. Leemos en Hechos 2:4: "Y fueron todos llenos del Espíritu Santo, y comenzaron a hablar en otras lenguas, según el Espíritu les daba que hablasen". Y después de este día, los apóstoles estaban conscientes de ser guiados por el Espíritu de Dios. Pablo dice en 1 Corintios 2:11-13: "Porque ¿quién de los hombres sabe las cosas del hombre, sino el espíritu del hombre que está en él? Así tampoco nadie conoció las cosas de Dios, sino el Espíritu de Dios. Y nosotros no hemos recibido el espíritu del mundo, sino el Espíritu que proviene de Dios, para que sepamos lo que Dios nos ha concedido, lo cual también hablamos, no con palabras enseñadas por sabiduría humana, sino con las que enseña el Espíritu, acomodando lo espiritual a lo espiritual". Y en 2 Corintios 13:2b, 3: "y ahora ausente lo escribo a los que antes pecaron, y a todos los demás, que si voy otra vez, no seré indulgente; pues buscáis una prueba de que habla Cristo en mí, el cual no es débil para con vosotros, sino que es poderoso en vosotros". Estos pocos pasajes, que pueden ser fácilmente multiplicados, deben ser suficientes por el momento.

Algunos que admiten la inspiración de los profetas, no creen que también los apóstoles fueron inspirados, porque en su caso no escuchan la fórmula familiar "así dice el Señor", ni observan el fenómeno característico que acompañó a la inspiración de los profetas. No distinguen entre los diferentes tipos de inspiración. Hay especialmente tres puntos de interés entre la inspiración de los profetas y de los apóstoles:

1. Bajo el Antiguo Pacto el Espíritu Santo no habitaba en la Iglesia, pero operaba en los creyentes desde afuera. Así fue también en el caso de los profetas. El Espíritu Santo tomó

posesión de ellos, algunas veces suprimió su personalidad hasta cierto grado, y entonces empleó su consciencia para su propósito. Sin embargo, en la nueva dispensación tuvo su morada en la Iglesia, y primero que todo en los apóstoles, quienes iban a ser el fundamento de la Iglesia, y entonces, identificándose el Espíritu en gran medida con la vida consciente de ellos, los usó como instrumentos para producir su revelación.

2. En el caso de los profetas, fue la entrada de un elemento extraño, un poder extraño en sus vidas y algo extraordinario en su carrera lo que los impulsó a profetizar. Fue un poder que no pudieron resistir porque vino como un fuego ardiente dentro de ellos. Con los apóstoles, por otro lado, fue el Espíritu que moraba en su interior en relación con su tarea oficial que los guio a hablar la Palabra de Dios. La inspiración de los profetas fue intermitente, la de los apóstoles, continua en el desarrollo de sus deberes apostólicos.

3. Los profetas a menudo hablaron de cosas desconocidas y no vistas, mientras que los apóstoles disertaron sobre cosas que sabían y vieron. En conexión con esto, el Espíritu Santo no operó a través de la misma facultad tanto en los profetas como en los apóstoles. En los primeros fue la imaginación, en los últimos el entendimiento, especialmente la memoria y la reflexión, que constituyeron el medio de la revelación divina. Por consiguiente, los profetas generalmente hablaron en un lenguaje poético y simbólico, mientras que los apóstoles como regla vistieron su pensamiento en prosa ordinaria. En el caso de los evangelios, la inspiración de los apóstoles tuvo sobre todo el carácter de un ὑπόμνησις (recordatorio). Cp. Juan 14:26.

Esta inspiración apostólica dio nacimiento al χήρυγμα (proclamación) de los apóstoles, pero no da cuenta aún de los registros infalibles que tenemos de estos en los evangelios. Además de lo apostólico, debemos tomar en consideración una inspiración separada gráfica o transcriptiva si vamos a entender completamente el origen divino de los evangelios. Los autores fueron guiados por el Espíritu de Dios en la composición de estos escritos, al dar a la predicación de los apóstoles una forma escrita definitiva. Fueron guiados en la selección de su material y de su arreglo adecuado, y en la elección de sus palabras y expresiones, de modo que sus registros son realmente una parte de la Palabra de Dios para la Iglesia de todas las edades. Surge naturalmente la pregunta de si tenemos algunas razones para pensar que los evangelios fueron inspirados. En respuesta, diríamos que las tenemos, aunque no nos halaguemos con la idea de que estas razones convencerán a alguien que no tiene interés en aceptar las Escrituras como la misma Palabra de Dios.

1. El contenido de los evangelios testifica su origen divino. Encontramos en ellos un cuádruple retrato del Salvador. Hay muchas diferencias en las imágenes individuales, sin embargo, juntas forman una gran unidad. Cuatro escritores, cada uno retratando la vida de Cristo en su propia forma, en gran medida sin conocer los escritos de los demás o basarse en ellos, de tal forma que sus retratos individuales se combinen perfectamente en un todo armonioso– es maravilloso, solo puede ser entendido si asumimos que estos cuatro escritores fueron guiados infaliblemente por el mismo Espíritu supervisor. Los evangelios son verdaderamente la obra de un autor. Y la vida que es dibujada en ellos es una vida divina, insondable, misteriosa, que sobrepasa la comprensión humana. Y, sin embargo, esa vida incomparable, esa vida divina ha sido retratada fielmente, con una visión tan profunda de su carácter real y de sus profundidades ocultas, en una forma simple, natural y sencilla que ha sido la maravilla de las edades. ¿Puede un hombre, sin ayuda de un poder superior, describir tal vida? No, solo quienes fueron inspirados por el Espíritu Santo, estuvieron a la altura de la tarea.

2. Dando por sentado la inspiración del Antiguo Testamento, que está demostrada conclusivamente por las palabras de Jesús y los apóstoles, sentimos que demanda un complemento inspirado. Cubre el periodo de la preparación que es profética de una finalización futura, el tiempo en que la Iglesia estuvo en su infancia, que apunta hacia la madurez de una era por venir. Está lleno de profecías que esperan un cumplimiento; contiene la sombra que es proyectada antes de que venga el cuerpo, volviéndose más perceptible a medida que avanzan las edades, hasta que al fin parece como si el cuerpo apareciera, sin embargo, no es así– el Antiguo Testamento requiere un complemento. Y en armonía con él, este complemento también debe ser inspirado. ¿De qué serviría la inspiración del Antiguo Testamento si aquello en que culmina no es inspirado? La garantía divina sería deficiente.

3. Al menos dos de cuatro evangelios fueron escritos por los apóstoles, quienes, al hablar a sus contemporáneos, estaban inspirados por el Espíritu de Dios. Ahora bien, sería una anomalía que debieran ser guiados por el Espíritu Santo en su testimonio oral de Cristo, y estar sin esa guía divina al perpetuar su testimonio para las futuras edades. Fue la voluntad de Dios que la gente hasta el final del mundo debiera creer en Él a través de la palabra de los apóstoles, Juan 17:20; 1 Juan 1:3. Por tanto fue de gran importancia que debiera haber un registro infalible de su testimonio.

4. Hay algunos pasajes escriturales que apuntan a la inspiración de los registros evangélicos. El veterano Lightfoot (*Works* IV pág.1193, 114, XII pág.7, y siguiéndolo Urquhart, *The Bible its Structure and Purpose* I Capág.5) encuentra una prueba para la inspiración del evangelio de Lucas en 1:3, donde ellos traducirían las palabras παρηχολουθηχότι ἄνωθεν como "habiendo tenido perfecto conocimiento de todas las cosas *desde arriba*". Esta interpretación es favorecida por el hecho de que ἄνωθεν tiene este significado en ocho de

trece veces que ocurre en el Nuevo Testamento, y en tres de las instancias restantes significa *de nuevo*, a pesar de que se traduce "desde el principio" solo aquí y en Hechos 26:4. El propósito expreso de Lucas al escribir su evangelio también encaja extremadamente bien con la interpretación *"desde el principio"*. Es, escribe a Teófilo, "para que conozcas bien *la verdad* de las cosas en las cuales has sido instruido". Sin embargo, el verbo παραχολουθέω, que significa *seguir cuidadosamente*, y así, *obtener conocimiento*, argumenta decisivamente en contra de dicho propósito. Lo que es de gran importancia para nosotros es el hecho de que el evangelio de Lucas es citado como ἡ γραφή en 1 Timoteo 5:18, donde leemos: "Pues la Escritura dice: «No pondrás bozal al buey que trilla», y «Digno es el obrero de su salario". El único lugar en toda la Biblia donde la última cita se encuentra es Lucas 10:7. Finalmente llamamos la atención a 2 Pedro 3:15, 16, donde el apóstol dice: "como también nuestro amado hermano Pablo, según la sabiduría que le ha sido dada, os ha escrito, casi en todas sus epístolas, hablando en ellas de estas cosas; entre las cuales hay algunas difíciles de entender, las cuales los indoctos e inconstantes tuercen, *como también las otras Escrituras*, para su propia perdición". Aquí encontramos que los escritos de Pablo son puestos al mismo nivel con otros escritos inspirados, que Pedro llama, "las otras Escrituras". Hay una buena razón para creer que esta expresión se refiere a los libros del Antiguo Testamento, y a aquellos del Nuevo Testamento que ya estaban compuestos, cuando Pedro escribió su segunda epístola, entre los que podemos reconocer a los evangelios de Mateo y Lucas.

5. El hecho de que la iglesia primitiva desde el principio aceptó estos evangelios como canónicos, también es prueba de su carácter inspirado, porque en ellos la consciencia comunal de la iglesia se expresa a sí misma con respecto a estos escritos, y se dice de los creyentes en su existencia colectiva que ellos, enseñados por el Espíritu Santo, saben todas

las cosas. Dean Alford dice: "Los apóstoles siendo levantados para un propósito especial de *testigos de la historia del evangelio*, y estas memorias habiendo sido universalmente recibidas por la iglesia primitiva como la personificación de su testimonio, no veo escape de la inferencia de que nos llegan con *autoridad inspirada*". The Greek Testament, vol.1, Prolegomena Secton VI.

6. Finalmente el Espíritu Santo testifica en el corazón de cada creyente del divino carácter de los evangelios, de modo que sienten seguridad de que estos escritos contienen la verdadera Palabra de Dios. Bajo la influencia del Espíritu Santo se dan cuenta de que estos evangelios también ministran a las profundas necesidades de su vida espiritual, se dan cuenta de su infinito valor, se maravillan de su exquisita belleza y encuentran cada vez más en ellos las palabras de vida eterna. Así que no pueden sino decir su "amén" a los contenidos de estos libros.

El significado canónico del evangelio como un todo
Los evangelios están, por supuesto, estrechamente relacionados con las escrituras del Antiguo Testamento. Describen de una manera vívida la etapa inicial de la plenitud del tiempo, mostrando cómo todas las profecías que apuntaban a Cristo y a una dispensación nueva y más espiritual comenzó a ser cumplida. Sin embargo, más que ampliar esta relación, describiremos aquí brevemente la función peculiar de los evangelios en la revelación del Nuevo Testamento. Estos escritos están relacionados con el resto del Nuevo Testamento, como el Pentateuco con los siguientes libros del Antiguo Testamento. Ambos son de carácter fundamental, sientan las bases sobre las cuales se levanta una imponente superestructura. En el caso de los evangelios, esto se indica claramente por las palabras de apertura de Lucas en los Hechos de los apóstoles: "En el primer tratado, oh Teófilo, hablé acerca *de todas las cosas que Jesús comenzó a hacer y a enseñar*". En este

pasaje la palabra ἤρξατο no es pleonástica, como se sostuvo por algunos, sino enfática. De acuerdo con esta palabra, el evangelio contiene la narración solo de lo que Jesús *comenzó* a hacer y a enseñar, lo cual probaría ser el fundamento sólido y el principio germinal de todo lo que continuaría haciendo sobre la tierra (a través de sus apóstoles) y en el cielo. Los evangelios solo marcan una etapa inicial en la revelación del Nuevo Testamento; carecen de un carácter definitivo. La forma, el método y la sustancia de Cristo enseñando en los evangelios, todo lleva la estampa de una etapa incipiente. Todo el que lee los evangelios y los compara con las epístolas se sorprende por la manera sencilla en que Cristo presenta sus enseñanzas a la multitud. Dio su instrucción primeramente en forma de parábolas y proverbios. Ahora bien, es la esencia del discurso proverbial que se aparte de eventos particulares, y por lo tanto se adapta mejor a la expresión de verdades generales fundamentales. Porque las parábolas y proverbios exponen la verdad en una forma vívida y concreta, fueron muy apropiados para enseñar a aquellos que se iniciaban en las verdades espirituales de la nueva dispensación. Ya que generalmente descubren la verdad parcialmente, estimulan el espíritu de investigación.

¡Ciertamente una forma muy adecuada de instruir a los principiantes! Notamos que los discípulos gradualmente anhelaron una forma distinta de instrucción, y hacia el final de su vida Cristo les dice: "Estas cosas os he hablado en alegorías; la hora viene cuando ya no os hablaré por alegorías, sino que claramente os anunciaré acerca del Padre" Juan 16:25. El método de la obra de Jesús apunta a la misma conclusión general. Su enseñanza tiene un carácter fragmentario. Dice una palabra aquí y otra palabra allá, ahora conversa con esta persona y después con esa otra, tal como un misionero entre los gentiles es capaz de hacer, expresando las verdades profundas en una forma esporádica. Doctrinas importantes fueron pronunciadas de este modo sin algún intento de relacionarlas con otras verdades. Todo esto está en perfecta armonía con el carácter inicial de la obra de Cristo. Los contenidos de la enseñanza de Cristo también son primitivos y fundamentales. Muchas de las más importantes verdades, de hecho, enseñadas en los evangelios, no están elaboradas, ni expuestas en todo su significado, como, por ejemplo, la doctrina de la expiación, la justificación por fe, del perdón de pecados, de la realeza de Cristo, etc. Otras verdades fueron suprimidas, porque, como dice el Señor mismo, incluso los mejores de sus oyentes no eran capaces de sobrellevarlas, Juan 16:12.

Las obras de Cristo fueron también preparatorias. Sus milagros incluidos en ellas la promesa de obras aún mayores en el futuro. Dice a sus discípulos: "El que en mí cree, las obras que yo hago, él las hará también; y aun mayores hará, porque yo voy al Padre". Juan 14:12. Ahora bien, los escritores de los evangelios simplemente narraron esta obra inicial de Cristo como la recordaron. No mencionan las grandes obras que siguieron después de que Cristo hubo ido al cielo, ni tampoco (excepto en casos muy raros) buscan reflexionar o buscan interpretar la vida y las enseñanzas del Salvador. Esto queda por ser hecho en escritos posteriores.

CAPÍTULO 3
El Evangelio de Mateo

... ☙☸ ...

Contenido
El evangelio de Mateo puede ser dividido en cinco partes:

I. *El Advenimiento del Mesías*, Mateo 1:1-4:11. Mateo prueba mediante la genealogía legal que Cristo fue el Hijo de David, el Hijo de la promesa, que, en armonía con las profecías, nació de una virgen en Belén y que su camino fue preparado por Juan el Bautista, y registra su bautismo y tentación.

II. *La Proclamación Pública del Reino del Mesías*, Mateo 4:12-16:12. Aquí encontramos a Jesús, después de que Juan es preso, escogiendo a sus primeros discípulos y comenzando su obra en Galilea, Mateo 4:12-4:25. Entonces sigue un ejemplo espléndido de la enseñanza de Cristo en el Sermón del Monte, en el cual la ley del nuevo reino se promulga, y su justicia y vida son contrastadas con las de los fariseos y escribas, Mateo 5-7. Esto es seguido por la descripción de una serie de milagros, intercalado con enseñanzas breves del Señor y el llamado de Mateo, dando clara evidencia del poder y misericordia de Jesús y estableciendo su autoridad para establecer el nuevo reino y proclamar sus leyes, Mateo 8:1-9:38. Después tenemos un catálogo de los doce apóstoles y su comisión para anunciar el reino que viene a la casa de Israel, Mateo 10. Se destaca que las enseñanzas y los milagros de Jesús llevan a un serio cuestionamiento por parte de Juan el Bautista, a la abierta oposición del lado de los fariseos y escribas, y a la interferencia de sus parientes, Mateo 11:1-12:50; que como resultado Cristo substituye la enseñanza parabólica por la enseñanza llana, 13:1-53, y esa oposición finalmente culmina en su rechazo por la sinagoga de Nazaret, por Herodes y por los líderes espirituales del pueblo, tanto de Jerusalén como de Galilea, llevando en cada caso a no realizar sus obras de gracia y también a una exposición y condenación de la hipocresía y maldad de los líderes de la nación, Mateo 13:54-16:12.

III. *La Declaración Clara y Pública de la Mesianidad*, Mateo 16:13-23:39. En esta sección el evangelista muestra cómo Cristo instruye a sus discípulos con respecto a la Mesianidad. El Señor extrae de ellos su confesión explícita como Mesías, Mateo 16:13-20, y les enseña en una triple forma que debe sufrir y morir, pero que resucitará. En conexión con estos anuncios tenemos la narración de la transfiguración y la sanación del endemoniado epiléptico, y la instrucción con respecto a las relaciones civiles y religiosas y los deberes de los discípulos, como el pago del tributo al templo, la abnegación, la humildad, el espíritu de amor y perdón del verdadero discipulado, el divorcio, la actitud adecuada hacia los niños, el peligro de las posesiones terrenales, el carácter misericordioso de la recompensa en el Reino de Dios, y el espíritu ministerial que se requiere de sus seguidores, Mateo16:21-20:28. En Jerusalén Él también se vindica, entra a la ciudad como el Hijo de David y asume la autoridad mesiánica en el templo. Resalta claramente el futuro rechazo de Israel, responde las preguntas de prueba de sus enemigos y pronuncia los siete ayes sobre los fariseos y escribas Mateo 20:29-23:39.

IV. *El Sacrificio del Mesías Sacerdote*, Mateo 24:1-27:66. Mateo demuestra que Cristo, ahora que es rechazado por los judíos, prepara a sus discípulos para su muerte sacrificial desplegando la doctrina de su futura venida en gloria y enseñándoles la verdadera postura de sus seguidores al aguardar el día de su venida, Mateo 24:1-25:46. Entonces describe cómo Cristo genera su sacrificio, después de comer el Cordero pascual, siendo traicionado por Judas, condenado por el Sanedrín y Pilato, y muriendo en la cruz Mateo 26:1-27-66.

V. *El Triunfo del Mesías Salvador y Rey*. El autor resalta que Jesús al resucitar de entre los muertos establece completamente su declaración de Mesianidad. Se proporciona abundante evidencia de la resurrección y se muestra claramente que al final Cristo es investido con autoridad mesiánica.

Características

1. En cuanto a la forma, encontramos en primer lugar, un arreglo característicamente judío de las cosas en este evangelio. La genealogía en el capítulo 1 consiste en tres grupos de generaciones de catorce cada una. Hay siete bienaventuranzas, capítulo 5, siete peticiones en la oración del Señor, capítulo 6, un grupo de siete parábolas, capítulo 13, y siete ayes sobre los fariseos y escribas, capítulo 23. En cuanto al estilo de Mateo, en segundo lugar, se puede decir que es más suave que el de Marcos, aunque no tan vívido. Pero está teñido de hebraísmos, de hecho, menos que el lenguaje de Lucas, pero más que el de Marcos. Es más impersonal, carece de individualidad. Su individualismo del lenguaje consiste en su mayoría en el uso frecuente de ciertas palabras y frases. La fórmula hebraica de transición καὶ ἐγένετο y καὶ ἰδού ocurre repetidamente, y el simple τότε se usa constantemente, especialmente con un tiempo histórico. Además, se encuentran las siguientes expresiones características: ἡ βασιλεία τῶν οὐρανῶν en vez del más común ἡ β. τοῦ θεοῦ; ἵνα πληρωθῇ τὸ ῥηθὲν ὑπό χυρίου διὰ τοῦ προφητοῦ, o una forma abreviada de esta expresión, y ὅπως en vez de ἵνα.

2. El arreglo de este material en este evangelio también difiere considerablemente del de los otros sinópticos. La narrativa no es continua, sino que es interrumpida por cinco grandes discursos, que no se encuentran en los evangelios de Marcos y Lucas, a saber, el Sermón del Monte, capítulos 5-7, la elección de los apóstoles, capítulo 10, las parábolas del reino, capítulo 13, el discurso sobre la iglesia, capítulo 18, y los discursos finales escatológicos de Cristo sobre el juicio

final, capítulos 23-25. Después de cada uno de estos discursos, encontramos las palabras: "Y sucedió que cuando Jesús hubo terminado (hizo un final de, terminó) estos dichos, etc.

3. En cuanto al contenido, las siguientes peculiaridades merecen nuestra atención: En primer lugar, el evangelio de Mateo tiene un aspecto más judío, que los otros sinópticos. Su tema predominante es el Mesías y su Reino. Todos los discursos de los que hablamos hacen referencia a este reino, y se resalta claramente que la misión de Cristo es solo para judíos y que el establecimiento de su gobierno será una restauración del trono caído de David. Cp. la genealogía, capítulo 1 y también Mateo 2:2, 10:5-6, 19:28, etc. Sin embargo, no debemos pensar que excluye positivamente la idea de la salvación para los gentiles; claramente sostiene una esperanza para ellos e incluso anuncia que el reino será quitado de Israel por su infidelidad. Cp. Mateo 2:1-13, 8:10-12, 15:28, 21:43, 22:1-14. En segundo lugar, el primer evangelio alude al Antiguo Testamento con más frecuencia que cualquier otro: enfatiza el hecho de que el Nuevo Testamento revela el cumplimiento de las promesas del Antiguo Testamento, que Cristo nació, se reveló a sí mismo y realizó su obra como los profetas de antaño habían predicho. Mateo contiene más de 40 citas, mientras que Marcos tiene 21 y Lucas 22. El uso característico de ἵνα (ὅπως) πληρωθῇ en las citas prueba que Mateo tenía un gran interés en la divina teleología en la historia. Y, en tercer lugar, Mateo mira las cosas en su aspecto más general y pone menos atención a los detalles menores que Marcos tanto adoraba.

Autoría
El título atribuye el primer evangelio a Mateo. Es evidente del testimonio de Ireneo, Tertuliano, Orígenes, Eusebio y muchos otros, que esto expresa la opinión de la Iglesia primitiva, todos apuntan a Mateo como el autor. El evangelio mismo muestra inequívocamente, por su fisonomía judía,

que su autor fue un judío, incluso que era un judío palestino, porque cita del hebreo y no de la Septuaginta. Sin embargo, no contiene evidencia directa de la autoría de Mateo, aunque hay un par de puntos de diferencia entre él y los otros sinópticos que se explican mejor sobre la suposición de que Mateo lo escribió. Cuando comparamos las listas de los doce apóstoles en Mateo 10:2-4, Marcos 3:16-19 y Lucas 6:14-16, notamos que solo en el primer evangelio el nombre de Mateo es seguido por un título menos honorable "el publicano", y que tiene el orden, "Tomás y Mateo" en vez de, "Mateo y Tomás". La autoría apostólica de este evangelio es negada por muchos críticos racionalistas, tales como Davidson, Julicher y Baljon. Sus razones para rechazarlo son las siguientes:

1) La leyenda, el malentendido y la irrelevancia son muy notorias en este evangelio, que no sería el caso si el escritor hubiera sido un testigo ocular de Jesús. La referencia a narrativas, tales como la historia de los hombres sabios, la huida a Egipto, y el asesinato de los inocentes, capítulo 2, la doble alimentación milagrosa, Mateo 14:16-21, 15:32-38, la historia de Jesús entrando a Jerusalén sobre dos animales, Mateo 21:2, 7, la abertura de los sepulcros en la resurrección de Cristo, Mateo 27:52, el establecimiento de una guardia en el sepulcro y su soborno, etc.

2) El evangelio de Mateo es depende mucho de Marcos, no solo en la elección de los materiales y su arreglo sino en el detalle verbal, para ser la obra de un apóstol.

3) El autor nunca indica mediante el uso de los pronombres *yo* o *nosotros* que fue un testigo ocular de las cosas que narra.

En respuesta a estas objeciones se puede decir que la incredulidad de alguien en los milagros no prueba que sean falsos, y que las aparentes dificultades a que hace referencia se explican fácilmente con una buena exégesis. La dependencia de Mateo de Marcos (en lugar de lo contrario como lo creyó la escuela de Tubinga) es de hecho aceptada por un gran número de eruditos hoy día, pero no está probada absolutamente. E incluso si así fuera, no sería una denigración para Mateo. El estilo impersonal objetivo es el que prevalece en los libros históricos de la Biblia y es irrelevante como objeción de la autoría del apóstol. Nuestra información con respecto a Mateo es muy escasa. Leemos primero sobre él en conexión con el llamado de seguir a Jesús, Mateo 9:9-10, Marcos 2:14-15, Lucas 5:27-29. No hay razón para dudar de que el Mateo del primer evangelio es el Leví del segundo y del tercero. Posiblemente su nombre fue cambiado por el Señor después de su llamado al discipulado, tal como el de Pedro y Pablo. En Marcos se dice ser el hijo de Alfeo, el que algunos identifican con Alfeo, el padre del apóstol Santiago. Pero esta identificación en sí no es recomendable ya que podemos asumir que, si Santiago y Mateo, de hecho, hubieran sido hermanos, esto se habría declarado en su caso, como en el de Andrés y Pedro, Juan y Santiago. Perteneció a la despreciada clase de los publicanos y, por tanto, no podía haber sido un judío muy estricto. Cuando Jesús lo llamó, hizo una gran fiesta para el Señor, a la que también invitó a muchos publicanos y pecadores. Clemente de Alejandría lo describe como un asceta riguroso, viviendo "de semillas y hierbas sin carne". No es imposible que por una reacción muy natural su vida pecaminosa cambió a una de gran austeridad. Un velo de obscuridad cubre la carrera apostólica de Mateo. La tradición dice que permaneció en Jerusalén con los otros apóstoles por cerca de doce años después de la muerte del Señor, trabajando entre sus compatriotas. Cuando la obra terminó, se dice, predicó el evangelio a otros, según una opinión popular en Etiopía. Probablemente falleció de muerte natural.

Composición

I. *Lenguaje Original*. Una cuestión ardientemente debatida es la que respecta al lenguaje en el cual Mateo escribió originalmente su evangelio. La dificultad del problema surge del hecho de que el testimonio externo y la evidencia interna parecen estar en desacuerdo. Como resultado, el campo está muy dividido, algunos eruditos defienden ardientemente el hebreo, otros con igual celo un original griego. El testimonio temprano con respecto a esta materia es el de Papías y dice lo siguiente: "Mateo compuso los oráculos (λόγια) en el dialecto hebreo, y cada uno los interpretó como pudo". Es claro del original que, en esas palabras, el énfasis recae en la frase "en el lenguaje hebreo". Pero Papías no se encuentra solo en esta afirmación; una declaración similar se encuentra en Ireneo: "Mateo entre los hebreos también publicó un evangelio escrito en su propio lenguaje". Se dice que Panteno fue a la India, donde encontró "el escrito de Mateo en letras hebreas". Orígenes, citado por Eusebio, dice también que "el primer evangelio fue escrito por Mateo... quien lo entregó a los creyentes judíos, compuesto en lenguaje hebreo". Eusebio mismo hace la siguiente declaración: "Porque Mateo, habiendo predicado primero a los hebreos, cuando estaba a punto de ir con otras personas, les entregó en su propio idioma el evangelio escrito por él mismo". Jerónimo también declara que "Mateo escribió un evangelio de Jesucristo en Judea en lenguaje hebreo y cartas para el beneficio de aquellos de la circuncisión que creyeron. Quién lo tradujo después al griego, es incierto". A estos testimonios deben agregarse los de Atanasio, Cirilo de Jerusalén, Epifanio, Ebed-Jesu y Crisóstomo.

Por otro lado, se señala que el evangelio griego actual no causa la impresión de ser una traducción, sino que tiene toda la apariencia de ser una obra original, ya que: 1) La hipótesis de la traducción falla en explicar la identidad vista en ciertas partes de los evangelios sinópticos. 2) Mientras que el autor mismo, en efecto, cita del texto hebreo del Antiguo Testamento, las citas de nuestro Señor son casi uniformemente tomadas de la Septuaginta. ¿Es concebible que este sea el caso en un evangelio hebreo? 3) El evangelio contiene traducciones de palabras hebreas, como: "Y llamarás su nombre Emanuel, que traducido es: Dios con nosotros", Mateo 1:23; "un lugar llamado Gólgota, que significa: Lugar de la Calavera", Mateo 27:33. 4). Hay ciertas explicaciones de las costumbres palestinas y de acontecimientos habituales que habrían sido superfluos en un evangelio hebreo, naturalmente dirigido para los nativos de Palestina, por ejemplo, en Mateo 22:23; 27:8,15; 28:15.

La conclusión a que lleva esta evidencia se corrobora por los siguientes hechos: 1) Con toda probabilidad, nadie ha visto ha visto el evangelio hebreo de Mateo, y ahora ningún rastro de él puede ser encontrado. 2) Todas las citas de Mateo en los Padres de la Iglesia primitiva son tomadas del actual evangelio griego. 3) El evangelio de Mateo siempre estuvo en pie de igualdad con los otros evangelios y es citado tanto como los otros. Esta evidencia tanto externa como interna ha dado lugar a muchas teorías, que se pueden enunciar brevemente de la siguiente manera:

1) Mateo escribió su evangelio en hebreo y alguien más lo tradujo al griego. Esta posición fue sostenida por la Iglesia en general hasta el tiempo de la Reforma. Desde entonces muchos eruditos protestantes tomaron otro punto de vista, porque Roma defendió la máxima autoridad de la Vulgata señalando que el Mateo griego fue también una mera traducción. Los ataques del racionalismo sobre el así llamado Mateo de segunda mano, y el carácter dudoso de una parte del testimonio antiguo, también sirvieron para desacreditar esta teoría. Sin embargo, a pesar de esto, algunos de los eruditos más hábiles la han defendido hasta el presente. La idea prevaleciente entre ellos es que el Mateo griego no es una traducción literal en todas partes, sino una nueva redacción. Según Westcott, este evangelio da por escrito la contraparte griega del evangelio hebreo, que había tomado forma en la tradición oral desde el principio. Zahn lo considera como el

fruto maduro de la interpretación del original hebreo en las congregaciones a las que Papías se refiere.

2) Nunca hubo un original hebreo, sino que Mateo escribió su evangelio en el lenguaje griego. El evangelio actual no es una traducción, sino una obra original. Aquellos que sostienen este punto de vista son de la opinión de que el testimonio de Papías y de aquellos que lo siguieron fue un auténtico error, debido en parte a la ignorancia y, en parte, a confundir el evangelio de Mateo con el evangelio ebionita según los hebreos.

3) Mateo no escribió ni un evangelio hebreo ni uno griego, sino, en todo caso, una obra llamada por Papías, los λόγια, que debe haber sido una colección de los dichos o discursos del Señor. De acuerdo con algunos, estos λόγια están perdidos, pero deben probablemente ser identificados con una de las supuestas fuentes (Q) de nuestros evangelios actuales. Otros, como Godet y Holdsworth, creen que la obra contiene los discursos que encontramos en el evangelio de Mateo y que fue por lo tanto incorporada en nuestro evangelio actual.

4) El evangelista después de escribir su evangelio en hebreo con miras a sus compatriotas, posiblemente cuando había dejado Palestina para trabajar en otro lugar, tradujo o más bien proveyó una nueva recensión de este evangelio en lenguaje griego con vistas a los judíos de la diáspora. El primero se perdió pronto y fue reemplazado por el segundo.

Al formular nuestra opinión con respecto a esta cuestión, deseamos establecer primero que todo que no tenemos suficiente razón para desacreditar el testimonio de la Iglesia primitiva. Es cierto que Eusebio dice de Papías que fue "un crédulo, de mente débil, aunque hombre piadoso", pero en conexión con esto debemos tener en cuenta: 1) Que Eusebio dice esto en relación con las opiniones milenaristas de Papías que fueron odiosas al historiador, 2) Que él mismo en otro lado testifica que Papías fue un hombre "en alto grado elocuente y erudito y sobre todo experto en las Escrituras", y 3) Que los peculiares puntos de vista de Papías no necesariamente afectaron su veracidad, ni invalidaron su testimonio de un hecho histórico. Debemos también recordar que es inconsistente creer en Papías cuando dice que Mateo escribió el evangelio, y desacreditar su testimonio adicional de que el apóstol escribió en hebreo, como hacen algunos eruditos. Es, en efecto, casi seguro que Panteno estuvo equivocado, cuando pensó que había encontrado el evangelio hebreo en la India, y que Jerónimo trabajó bajo una ilusión, cuando imaginó que lo había traducido en Cesarea. Lo que vieron fue probablemente una corrupción del hebreo original, conocido como, "el evangelio según los hebreos". Pero este posible error no invalida el otro testimonio independiente de Jerónimo y todos los de los primeros Padres en el sentido de que Mateo escribió el evangelio en hebreo.

En segundo lugar, deseamos señalar que Papías al hablar de los λόγια de Mateo indudablemente se refirió a su evangelio. La palabra λόγια no significa discursos o dichos, como actualmente a menudo se afirma. Se encuentra cuatro veces en el Nuevo Testamento, a saber, en Hechos 7:38, Romanos 3:2, Hebreos 5:12, 1 Pedro 4:11, y en cada uno de estos lugares tiene el significado clásico de *oráculos*. Se aplica a las declaraciones divinas de Dios en su Palabra. En los últimos escritos la palabra se emplea generalmente para indicar escritos inspirados. No hay razón para pensar que Papías usó la palabra en el sentido de λόγοι. Si, además de esto, tomamos en consideración de que con toda probabilidad el testimonio de Ireneo se basa en Papías y que toma la palabra como refiriéndose al evangelio de Mateo, la suposición es que Papías tenía el evangelio en mente. El significado de su testimonio es, por lo tanto, que el primer evangelio fue escrito en hebreo. La así llamada fuente de los Logia es una criatura de la imaginación.

En tercer lugar, la evidencia interna de nuestro evangelio actual prueba conclusivamente que este no es una mera traducción de un original hebreo. La evidencia aducida parece más que suficiente. El Mateo griego puede ser y muy probablemente es, *en sustancia,* una traducción del original hebreo; sin embargo, debe considerarse en muchos aspectos una nueva recensión del evangelio. La pérdida del hebreo original y la substitución general de él por la versión griega se explica fácilmente por la dispersión de los judíos después de la destrucción de Jerusalén, y por la temprana corrupción del evangelio hebreo en los círculos ebionitas y nazarenos.

En cuarto lugar, parece más plausible que Mateo mismo, poco después de que había escrito el evangelio hebreo, lo tradujo, ajustándose en muchos aspectos a las necesidades de los judíos que estaban dispersos en distintos países. Cierto, la tradición temprana no habla de esto, y Jerónimo incluso dice que no se sabía quién lo tradujo al griego. Esto favorece la idea de que fue hecho muy tempranamente. Además, nuestro evangelio griego fue conocido desde el principio como el evangelio κατὰ Μαθθαῖον, tal como el segundo y el tercero como el evangelio κατὰ Μάρκον y κατὰ Λουκᾶν. Tal como está, es también citado universalmente por los Padres que están acostumbrados a mencionar a sus autores. El caso de Mateo sería análogo al de Josefo.

II. *Lectores y propósito.* El evangelio de Mateo fue indudablemente destinado a los judíos. Esto es establecido expresamente por Ireneo, Orígenes, Eusebio, Gregorio Nacianceno, y otros. Este testimonio es corroborado por la evidencia interna. La genealogía de Jesús se remonta solo a Abram, el padre de la raza hebrea, y en armonía con los dogmas de los judíos la Mesianidad de Cristo se prueba por los profetas. El evangelio completo impresiona a uno como siendo motivado por las exigencias de los judíos tanto en Palestina como fuera de ella. En ninguno de los otros evangelios se expone la falsa posición de los escribas y fariseos. Fue el propósito de Mateo convencer a los judíos de que Jesús era el Cristo, el gran Rey davídico prometido por los profetas. Sabía que, si esto podía mostrarse claramente, serían ganados para el Salvador. Este propósito es muy evidente en el evangelio. La genealogía legal de Cristo es trazada hasta Abram, y se resalta claramente que la profecía se cumplió en la forma del nacimiento de Cristo, Mateo 1:23, el lugar de la natividad, Mateo 2:6, la huida a Egipto, Mateo 2:15, el asesinato de inocentes, Mateo 2:18, la residencia en Nazaret, Mateo 2:23, el ministerio de su precursor, Mateo 3:3, 11:10, el traslado a Capernaum, Mateo 4:15-16, la curación de los enfermos, Mateo 8:17, la disposición humilde y reservada, Mateo 12:18-21, la enseñanza por parábolas, Mateo 13:34-35, su entrada en Jerusalén, Mateo 21:4-5, el rechazo de los edificadores, Mateo 21:42, siendo hijo y Señor de David, Mateo 22:44, la deserción de sus discípulos, Mateo 26:31, el precio de su traición, Mateo 27:9, la división de sus vestidos, Mateo 27:35 y el grito de agonía, Mateo 27:46. Solo Mateo registra los dichos del Señor: "no he venido para abrogar, sino para cumplir" Mateo 5:17 y "No soy enviado sino a las ovejas perdidas de la casa de Israel" Mateo 15:24. Para él Jerusalén es la "ciudad santa", "el santo lugar" y "la ciudad del gran Rey". En siete ocasiones diferentes, llama al Señor "el Hijo de David". En armonía con los profetas, Cristo el Rey es más prominente en su evangelio, aunque por supuesto el carácter profético y sacerdotal del Señor también se revela claramente.

III. *Tiempo y Lugar*. Poco se puede decir en cuanto al tiempo cuando Mateo escribió su evangelio, y que las pocas indicaciones que tenemos del tiempo son bastante inciertas, porque no sabemos, si tienen relación con el original hebreo o con el actual evangelio griego. La tradición generalmente señala al evangelio de Mateo como el primero. Ireneo hace una declaración definitiva, a saber: Mateo publicó entre los hebreos un evangelio en su propio lenguaje, mientras que Pedro y Pablo predicaron el evangelio en Roma y fundaron una Iglesia ahí". Esto debe haber sido en algún lugar entre el 63-67 D.C.

Algo se puede deducir a este respecto de los contenidos del evangelio. No podemos, como hacen algunos, inferir de Mateo 22:7 que fue compuesto después de la destrucción de Jerusalén, porque entonces tendríamos que asumir que nuestro Señor no pudo haber predicho este evento. Además, este argumento impugna la veracidad del evangelista. Una prueba de lo contrario, es decir, de que este evangelio fue escrito antes de la destrucción de Jerusalén, se encuentra en Mateo 24:15, donde encontramos en un discurso del Salvador esta cláusula parentética del escritor: "el que lee entienda", en conexión con la advertencia del Señor a los habitantes de Judea de huir a las montañas cuando vieran la abominación de la desolación en el lugar santo. La misma inferencia deducen algunos del discurso escatológico de Cristo en los capítulos 24-25, donde el principio de dolores, la destrucción de Jerusalén, y el regreso del Señor en gloria son puestos uno junto al otro, sin alguna distinción de tiempo; y el escritor no revela ni por una sola palabra ningún conocimiento del hecho de que la destrucción de Jerusalén estaría separada en tiempo del regreso del Señor. Pero este, al ser un argumento de silencio, es bastante precario. La fecha asignada a este evangelio por la crítica racionalista varía aproximadamente del 70 al 125 D.C. En cuanto al lugar donde se escribió el evangelio, Atanasio dice que se publicó en Jerusalén, Ebed Jesu, en Palestina; y Jerónimo, en Judea, para el bien de aquellos en Judea que creyeron. No hay nada en el mismo evangelio que contradiga esto. Sin embargo, es muy probable, que el evangelio griego fuera escrito en algún otro lado.

IV. *Método*. La cuestión que surge es si Mateo usó fuentes en la composición de su evangelio. La opinión prevalente al presente es que el escritor de este evangelio, quien haya sido, se basó principalmente en dos fuentes, a saber, en los λόγια de Mateo para los discursos del Señor, y en el evangelio de

Marcos para la porción narrativa de su obra. Sin embargo, se considera necesario suponer algunas otras fuentes menores. Así Weiss, Julicher, Baljon, Peake, Bucley, Bartlet (en Hastings D.B.) y otros. Contra estos, ver Davidson y Salmon. La opinión de Zahn es que Marcos empleó el Mateo hebreo en la composición de su evangelio, y que el escritor de nuestro Mateo griego en cambio usó el evangelio de Marcos. La gran diversidad de opinión entre los estudiosos del Nuevo Testamento a este respecto muestra claramente que es imposible determinar con algún grado de certeza qué fuentes empleó Mateo. Todo lo que podemos decir es 1) Que con toda probabilidad el Mateo hebreo dependió solo de la tradición oral, 2) Que nuestro Mateo griego se basa en el hebreo, y 3) Que no es imposible que Mateo haya leído el evangelio de Marcos antes de componer el actual evangelio griego.

Importancia Canónica
El evangelio de Mateo se ha aceptado como canónico desde los primeros tiempos. Hay muchos rastros de su uso, especialmente del Sermón del Monte en la Didaché. Luego lo encontramos claramente citado en la epístola de Bernabé, que cita diez pasajes con la significativa fórmula "está escrito". Esto prueba que el evangelio fue usado y reconocido como canónico en la primera parte del segundo siglo. Además, es testificado abundantemente hasta el principio del tercer siglo, cuando cesa toda controversia, habiendo arriba de 21 testigos en ese tiempo, así que este evangelio es uno de los libros mejor atestiguados en el Nuevo Testamento. Entre estos testigos están las antiguas versiones latinas y siriacas que contienen este evangelio, Padres de la Iglesia primitiva que lo refieren como autoridad o lo citan, y herejes que, incluso mientras atacan la verdad, tácitamente admiten el carácter canónico del evangelio.

Este libro se coloca adecuadamente al mismo principio del Nuevo Testamento. Forma parte del fundamento en el cual la estructura del Nuevo Testamento debía ser creada. Y entre los evangelios, que juntos constituyen este fundamento, se coloca correctamente en primer lugar. Es, por así decirlo, una conexión entre el Antiguo Testamento y el Nuevo. Como el Antiguo Testamento hace referencia solo a los judíos, así el evangelio de Mateo está escrito para el pueblo del antiguo pacto. Y se vincula claramente al Antiguo Testamento por su continua referencia a los profetas. El valor espiritual permanente de este evangelio es que expone claramente a Cristo como el que se prometió en la antigüedad, y, en armonía con la literatura profética, especialmente como el gran Rey divino, ante quien la Iglesia de todas las edades debe postrarse en adoración.

CAPÍTULO 4
El Evangelio de Marcos

... ଓୋ୦ଓ ...

Contenido

Podemos dividir el contenido del evangelio de Marcos, que trata a Cristo como el poderoso Obrador, en cinco partes:

I. *El Advenimiento del poderoso Obrador*, 1:1-2:12. Jesús es anunciado como el Poderoso por Juan el Bautista, y proclamado como el Hijo de Dios por el Padre, Marcos 1:1-13. Después de llamar a algunos de sus discípulos, enseñó a las multitudes de Galilea como aquel que tiene autoridad, realizó milagros poderosos entre ellos, como la expulsión de demonios, la sanidad de la suegra de Pedro, la limpieza del leproso, etc., y mostró su autoridad para perdonar pecados, Marcos 1:14-2:12.

II. *El Conflicto del Obrero Poderoso*, 2:12-8:26. En relación con la fiesta de Leví, con el hecho de que los apóstoles no ayunaron y que arrancaron trigo en el día de reposo, Jesús instruye a los fariseos con respecto al propósito de su venida y al carácter moral de los requerimientos de su Reino, Marcos 2:13-3:8. La curación del hombre con la mano seca produjo la envidia de fariseos y herodianos, lo que causó que Jesús se retirara. El Señor ahora escoge doce apóstoles y continúa sus obras poderosas, de manera que incluso sus amigos y familiares buscaban refrenarlo, y sus enemigos afirmaban que las hacía por el poder del diablo, Marcos 3:9-35. Después lo encontramos enseñando al pueblo con respecto al origen, el crecimiento silencioso, independiente de los esfuerzos del hombre, y la futura fortaleza del Reino de Dios, Marcos 4:1-34. Su poder divino brilla al calmar el mar, al curar a los endemoniados en tierra de Gadara y a la mujer con el flujo de sangre, y en la resurrección de la hija de Jairo, Marcos 4:36-5:43. No encuentra fe en Nazaret, y ahora envía a los doce a las ciudades de Galilea, Marcos 6:1-13. Herodes, al escuchar de Cristo, se asombra de él, creyendo que es Juan el Bautista, a quien había decapitado, Marcos 6:14-29. Se retira con los doce al desierto, alimenta a los cinco mil, y después muestra su poder sobre la naturaleza caminando sobre el mar, Marcos 6:30-56. Lo acosan los fariseos porque sus discípulos comen el pan con las manos sucias, Marcos 7:1-23. Ahora cura a la hija de la mujer sirofenicia y al hombre sordo y mudo en Decápolis, donde también alimenta a los cuatro mil, Marcos 7:24-8:9. Una vez más los fariseos le piden una señal. Dejándolos, restaura la vista de un hombre ciego en Betsaida, Marcos 8:10-26.

III. *La Demanda del Obrero Poderoso*, 8:27-13:37. El Señor muestra la necesidad de su sufrimiento, conduce a sus discípulos a confesarlo como el Mesías, y señala lo que se requiere de ellos, Marcos 8:27-38. Su poder y gloria son vistos en la transfiguración y en el milagro que sigue a estos, Marcos 9:1-29. Luego viene una segunda revelación de su futuro sufrimiento, seguida por las enseñanzas con respecto a la humildad y las ofensas, Marcos 9:30-50. En Perea, Cristo, tentado por los fariseos, da su opinión sobre la cuestión del divorcio, entonces bendice a los niños pequeños y señala la forma de vida al joven rico, Marcos 10:1-31. Por tercera vez revela su futuro sufrimiento, y prepara a sus discípulos para una vida de servicio, Marcos 10:32-45. En Jericó restaura la vista a Bar-Timeo. Después entra a Jerusalén en medio de hosanas, maldice la higuera y limpia el templo, Marcos 10:46-11:26. En el templo revela su superioridad respondiendo a las preguntas de los fariseos, saduceos y herodianos, y se señala a sí mismo como el Señor de David, Marcos 11:27-12:44. Luego habla de su venida en gloria, Marcos 13.

IV. *El Sacrificio del Obrero Poderoso*, 14:1-15:47. Se hacen los preparativos para la muerte de Jesús por el Sanedrín y Judas, por un lado, y por el otro por María de Betania, Marcos 14:1-11. Se come la pascua y se instituye la Cena del Señor, Marcos 14:26-52. Entonces el Señor es juzgado y condenado por el Sanedrín y Pilato, finalmente es crucificado, Marcos 14:53-15:47.

V. *El Obrero Poderoso como Conquistador de la Muerte*, 16:1-20. Las mujeres van al sepulcro en el primer día de la semana y son dirigidas por los ángeles para ir a Galilea, Marcos 16:1-8. El Señor aparece muchas veces, da promesas benditas, y al final asciende al cielo, Marcos 14:9-20.

Características
Hay ciertas características por las cuales se distingue el evangelio de Marcos de los otros evangelios:

1. La peculiaridad más sorprendente del segundo evangelio es su carácter descriptivo. Es el objetivo constante de Marcos retratar las escenas de las que habla en colores vivos. Hay muchas observaciones minuciosas en su obra que no se encuentran en los otros sinópticos, muchas de las cuales señalan su carácter autóptico (es decir, sus propias observaciones). Menciona la mirada de enojo que Cristo arrojó sobre los hipócritas que lo rodeaban, Marcos 3:5; relata los milagros realizados inmediatamente después de la transfiguración con mayor circunstancialidad que los otros evangelios, Marcos 9:9-29; cuenta que Jesús *tomó a los niños pequeños en sus brazos* y los bendijo, Marcos 9:36; 10:16; resalta que Jesús, al mirar al joven rico, lo amó, Marcos 10:21, etc.

2. Este evangelio contiene comparativamente poco de la enseñanza de Jesús; más bien resalta la grandeza de nuestro Señor señalando sus obras poderosas, y al hacer esto no sigue el orden cronológico exacto. La enseñanza está subordi-

nada a la acción, aunque no podemos mantener que se ignora del todo. Marcos, aunque considerablemente más pequeño que Mateo, contiene todos los milagros narrados por este último excepto cinco, y además tiene tres que no se encuentran en Mateo. De los dieciocho milagros en Lucas, Marcos tiene doce y otros cuatro.

3. En el evangelio de Marcos muchas palabras de Cristo que fueron dirigidas contra los judíos se dejan fuera, como las que encontramos en Mateo 3:7-10; 8:5-13; 15:24, etc. Por otro lado, se explican más costumbres judías y más palabras arameas que en el primer evangelio, por ejemplo, Marcos 2:18; 7:3; 14:12; 15:6, 42; 3:17; 5:41; 7:11, 34; 14:36. El argumento de la profecía no tiene aquí el amplio lugar que tiene en Mateo.

4. El estilo de Marcos es más vívido que el de Mateo, aunque no tan suave. Se deleita en el uso de palabras como εὐθύς o εὐθέως; y πολύς, prefiere el uso del presente y el imperfecto que el aoristo, y a menudo usa el perifrástico εἶναι con un participio en vez del verbo finito. Se encuentran muchos latinismos en su evangelio, como κεντυρίων, κορδάντης, κράββατος, πραιτώριον, σπεκουλάτωρ y φραγελλοῦν.

Autoría
Como en el caso de Mateo, dependemos completamente del testimonio externo para el nombre del autor del segundo evangelio. Y la voz de la antigüedad es unánime al atribuirlo a Marcos. El testimonio más antiguo para este efecto es el de Papías, que dice: "Marcos, el intérprete de Pedro, escribió cuidadosamente todo lo que recordaba, aunque no [registró] en el orden que fue dicho o hecho por Cristo. Porque no escuchó al Señor ni lo siguió, pero posteriormente, como he dicho, [se unió a] Pedro, que solía elaborar su enseñanza para satisfacer las [inmediatas] necesidades [de sus oyentes]; y no haciendo una narrativa conectada de los discursos del

Señor. Así que Marcos no cometió ningún error, ya que escribió algunos detalles tal como se le venían a la mente. Porque prestó atención a una cosa: no omitir ninguno de los hechos que escuchó, y no declarar nada falso en [la narración] de los mismos". Muchos otros Padres de la Iglesia, como Ireneo, Clemente de Alejandría, Tertuliano, Orígenes, Jerónimo, Eusebio, y otros, siguieron sus pasos; no hay una voz que disienta.

No podemos extraer ni una simple pista del evangelio en sí mismo en cuanto a la identidad del autor. Puede ser que el joven no identificado que siguió a Jesús en la noche de la traición, Marcos 14:51-12, y quien, despojado de su ropa huyó desnudo en la obscuridad de la noche, fuera el autor mismo. La casa de la madre de Marcos fue al menos posteriormente un lugar de reunión para los discípulos del Señor, Hechos 12:12; de modo que no es improbable que Jesús y sus discípulos comieran la Cena Pascual ahí, y que Marcos, al oírlos partir, dejara su cama y fuera tras ellos. Esto explicaría inmediatamente la familiaridad del autor con este interesante hecho.

Algunos estudiosos han expresado dudas en cuanto a la identidad de Marcos, el evangelista, y Juan Marcos, el compañero de Bernabé y Pablo. Sin embargo, la opinión general consensuada favorece esto. Partiendo del supuesto de que este punto de vista es correcto, encontramos que Marcos es mencionado primero en relación con la liberación de Pedro de la prisión en 44 d.C. Después de dejar los muros de la prisión el apóstol fue a "a casa de María la madre de Juan, el que tenía por sobrenombre Marcos", Hechos 12:12. Por la forma en que Lucas presenta a su madre, deducimos que Marcos fue una persona bien conocida cuando se escribieron los Hechos. El hecho de que Pedro le llama su hijo, 1 Pedro 5:13, naturalmente lleva a la suposición de que en sus primeros años tenía frecuente relación con el apóstol y que fue guiado a través de la mediación de Pedro al conocimiento salvífico de la verdad. Fue primo de Bernabé y por tanto judío, incluso probablemente de una familia sacerdotal, Hechos 4:36. Cuando Bernabé y Pablo emprendieron su primer viaje misionero, Marcos los acompañó hasta que llegaron a Panfilia, cuando por algo desconocido, al parecer una razón represible, se regresó. Al principio del segundo viaje misionero tenía la intención de acompañar a los apóstoles de nuevo, pero Pablo rechazó aceptar sus servicios. Entonces acompañó a su tío a Chipre. Cuando escuchamos de nuevo de Marcos, cerca de diez años después, Pablo habla de él como uno de los pocos "compañeros de trabajo que han sido de consuelo para él", Colosenses 4:10; Filemón 24. En su última carta, el apóstol habla de Marcos una vez más, y en una forma tan elogiosa como para demostrar que Marcos ha ganado completamente su confianza, 2 Timoteo 4:11. Lo último que escuchamos de Marcos en la Escritura es cuando Pedro envía los saludos de Marcos, su hijo, a los cristianos de Asia menor, 1 Pedro 5:13. Estos cuatro pasajes nos llevan a la siguiente reconstrucción de su historia posterior: Estuvo con Pablo durante el primer encarcelamiento de los apóstoles en Roma y después intentó visitar a la congregación de Colosas. No tenemos razón para dudar que llevó a cabo este propósito. Después de que Pablo dejó a Marcos, estaba en Roma con Pedro, que al escribir a los cristianos de Asia Menor asume que conocen a Marcos. Aparentemente hizo otra visita a Asia Menor, ya que Pablo le pide a Timoteo, 2 Timoteo 4:11, llevar a Marcos con él cuando vaya a Roma. Después de la muerte de Pedro se dice que visitó Alejandría, donde fue el primero que fundó algunas iglesias cristianas, y finalmente sufrió la muerte de los mártires. Esta tradición, aunque antigua, no está exenta de sospecha.

Parece que Marcos fue "como Pedro, un hombre de acción más que de principios profundos y duraderos, un hombre de fervor y entusiasta más que de esfuerzo perseverante, pero fue penetrado por el poder del mismo Cristo que transfundió a Pedro en un hombre de rápido, continuo y efectivo esfuerzo en la obra misionera de la Iglesia". Gregory, *Why Four Gospels*, pág.163.

La relación de Marcos con Pedro merece una atención especial. La Escritura habla de esto en dos lugares ya mencionados, y la tradición testifica abundantemente de ello. Papías dice que "Marcos fue el intérprete de Pedro y escribió cuidadosamente todo lo que recordó". Clemente de Alejandría también dice que él escribió los discursos de Pedro, tal como los recordó. Ireneo, Tertuliano y Jerónimo todos llaman a Marcos "el intérprete de Pedro". Tertuliano incluso dice que "el evangelio publicado por Marcos puede reconocerse como el de Pedro, cuyo interprete era". Y Orígenes incluso más fuerte: "Marcos escribió su evangelio según los dictados de Pedro". Similarmente Atanasio. Todos estos testimonios concuerdan en afirmar que Marcos dependió de Pedro al escribir su evangelio; sin embargo, no están de acuerdo en cuanto al grado de dependencia; algunos afirman que Marcos meramente registró lo que recordaba de la predicación de Pedro, y otros, que escribió lo que Pedro dictaba. ¿Qué conceptualización es la verdadera?

El título del evangelio está contra la teoría del dictado porque si Pedro había dictado el evangelio, probablemente podría haberse llamado por su nombre, tal como las epístolas dictadas por Pablo son universalmente adscritas a él. Por otro lado, los toques autópticos en el evangelio hacen probable que en algunas partes de su obra Marcos empleara las mismas palabras de Pedro; ello también sugiere como posible base para la ulterior tradición, que Pedro dictó a Marcos. Sin embargo, no es imposible que algunos de los Padres de la Iglesia acentuaran excesivamente la dependencia de Marcos de Pedro, simplemente para aumentar la autoridad de su obra. La verdadera relación de los evangelistas con el apóstol se expresa en las palabras: "Marcos fue el intérprete (ἑρμηνευτής) de Pedro". Esto no significa que acompañó a Pedro en sus viajes misioneros como traductor-guía, traduciendo los discursos arameos al griego (Davidson), o del griego al latín (Bleek), pero era el erudito de Pedro y en su evangelio interpreta, es decir, expone la doctrina de Pedro para aquellos que no habían oído al apóstol.

El evangelio en sí mismo incidentalmente testifica de la relación en la cual se encuentra con Pedro. Hay varios detalles que indican el conocimiento de primera mano, como en: Marcos 1:16-20; 1:29; 9:5; 15:54, 72, 16:7. Algunas cosas encontradas en los otros sinópticos son omitidas inesperadamente por Marcos, como el que Pedro caminara sobre el agua, Mateo 14:29, su aparición en el incidente del dinero del tributo, Mateo 17:24-27, La declaración de que Cristo oró por Pedro individualmente, Lucas 22:32, la importante palabra dicha a él como la roca, Mateo 16:18. En otros casos se suprime su nombre, donde se usa por Mateo o Lucas, como Lucas 7:17 Cp. Mateo 15:15; 14:13 Cp. Lucas 22:8.

La autoría de Marcos se admite generalmente; sin embargo, hay algunos, como Beischlag y Davidson, y otros, que la niegan. Mantienen que nuestro actual evangelio no coincide con la descripción de Papías, donde dice que Marcos escribió las cosas que escuchó de Pedro "no en orden". Wendt supone que Papías tenía en mente una serie de narraciones que están incorporadas en nuestro actual evangelio, una clase de Marcos original. Pero cuando Papías dice que el evangelista escribió "no en orden", no dijo nada que no sea cierto de nuestro Marcos, porque en él no encontramos las cosas en el orden que ocurrieron. Y en la literatura antigua no hay un solo rastro de un Marcos original.

Composición

1. Lectores y Propósito. El testimonio externo nos ilumina respecto al círculo para el cual el evangelio de Marcos estaba dirigido; apunta a Roma y a los romanos. Clemente de Alejandría dice que muchos de los convertidos de Roma deseaban que Marcos escribiera los discursos de Pedro. Jerónimo también habla de esta "solicitud de los hermanos en Roma", y Gregorio Nacianceno dice: "Marcos escribió su evangelio para los italianos". Si ahora volteamos hacia el evangelio mismo, encontramos que fue peculiarmente adaptado para los romanos. Fueron gente muy vigorosa, muy activa; el evangelio de Marcos es preeminentemente el evangelio de la acción, y está escrito en un estilo dinámico y vivo. El argumento de que la profecía tiene un lugar inferior en él, y de que muchas costumbres judías y palabras arameas son explicadas, apunta lejos de los judíos, mientras que la palabras latinas contenidas en el evangelio, la referencia a la manera romana del divorcio, Marcos 10:12, la simplificación de una moneda al cuadrante romano, Marcos 12:42, el conocimiento de Pilato presupuesto en Marcos 15:1 (Cp. Mateo 27:1 y Lucas 3:1), y la introducción de Simón de Cirene como el padre de Alejandro y Rufo, Marcos 15:21 (Cp. Romanos 16:13), todo ello señala a Roma.

Es lógico pensar que el propósito de Marcos al escribir estaba en relación cercana con el círculo de lectores a los cuales dirigió su evangelio. Es absolutamente cierto, como afirma Zahn, que su intención fue registrar el principio (ἀρχή) del evangelio de Jesucristo, es decir, el principio de su predicación y su curso; pero esto tiene en común con los otros sinópticos; no es nada distinto. La teoría de Hilgenfeld y Davidson, siguiendo a Baur, de que el evangelio de Marcos fue escrito para conciliar los dos partidos opuestos de la era apostólica, el petrino y el paulino, y por lo tanto evita cuidadosamente el exclusivismo de Mateo tanto como el universalismo de Lucas, solo puede ser sostenido por la interpretación más artificial y forzada. El evangelio no respalda la visión de Weiss, de que fue escrito en el tiempo cuando la esperanza de la segunda venida de Cristo estaba en declive, y tenía la intención de mostrar que el carácter mesiánico de la misión de Jesús fue suficientemente atestiguado por su vida terrenal. El objetivo de Marcos fue simplemente registrar la narración del evangelio sin algún objetivo dogmático especial, pero tenía que hacerlo de la manera más adecuada para los romanos, los ocupados romanos, la gente de acción. Por tanto, coloca un énfasis especial en los hechos de Cristo. Para aquellos que aman la conquista y admiran el heroísmo, quiso retratar a Cristo como el poderoso Conquistador que venció al pecado y todas sus consecuencias, incluso la muerte misma.

2. Tiempo y Lugar. En cuanto al tiempo cuando Marcos escribió su evangelio, el testimonio de la Iglesia primitiva no es unánime. Ireneo dice que, después de la muerte de Pedro y Pablo, Marcos escribió lo que había oído predicar a Pedro. Clemente de Alejandría coloca la composición del evangelio antes de la muerte de Pedro, afirmando que, cuando Pedro oyó hablar de ello, "ni obstaculizó ni alentó el trabajo". Jerónimo nos informa que Pedro "lo aprobó y publicó en nuestras iglesias, ordenando la lectura de él por su propia autoridad", otros dicen que Pedro lo dictó a Marcos. Por lo tanto, la cuestión que se debe decidir es si Marcos escribió antes o después de la muerte de Pedro. Se asume generalmente que el testimonio de Ireneo es el más confiable. Es posible que algunos de los últimos Padres de la Iglesia insistieran en que Marcos haya escrito el evangelio durante la vida de Pedro, para investirlo con la autoridad apostólica. Zahn armonizaría el testimonio de los Padres al asumir que Marcos comenzó su obra antes y la terminó después de la muerte del apóstol, y que Pedro al escuchar de la aventura de Marcos al principio no dijo nada al respecto; luego, viendo parte del trabajo, se regocijo en él, e incluso después, cuando casi había alcanzado su forma perfecta, lo aprobó, Einl. II pág.203

Volviendo al evangelio mismo, encontramos que no contiene evidencia positiva en cuanto al tiempo de su composición. Algunos infieren de Marcos 13:24 comparado con Mateo 24:29 que fue escrito después de la destrucción de Jerusalén, siendo consciente el evangelista del lapso de un cierto periodo entre la catástrofe y el día del regreso de Cristo. Pero la base es muy poca para dicha conclusión. Con gran probabilidad, otros infieren de Marcos 13:14, "el que lee, entienda", que la destrucción de la ciudad era aún cuestión de expectativa. Esto parece seguir también el completo silencio de Marcos con respecto a esa calamidad. La conclusión probable es por lo tanto que el año 70 d.C. es el *terminus ad quem* para la composición de este evangelio. De Colosenses 4:10 podemos inferir que fue escrito después del 62 d.C., Porque si Pablo había conocido a Marcos como evangelista, es muy probable que lo hubiera introducido como tal. Un lugar incluso de mayor importancia es 2 Pedro 1:15: "También yo procuraré con diligencia que después de mi partida vosotros podáis en todo momento tener memoria de estas cosas". Aquí Pedro parece prometer que habrá un registro de su predicación después de su fallecimiento. Por lo tanto, fecharíamos el evangelio entre 67 y 70 d.C. Davidson, sin buenas razones, lo coloca al principio del segundo siglo, cerca de 125 d.C. Con respecto a las bases para su posición, 1) que en este evangelio la creencia en la divinidad de Cristo es más pronunciada que en el primer siglo, y 2) que la palabra εὐαγγέλιον se usa en un sentido extraño a la era apostólica, simplemente observamos que ambos son supuestos no probados.

El testimonio de los Padres apunta, casi sin una voz que disienta, a Roma como el lugar donde Marcos compuso su evangelio. Sin embargo, Crisóstomo testifica que "Marcos escribió en Egipto a la solicitud de los creyentes ahí", pero en otra declaración admite que realmente no sabe nada acerca de ello.

3. *Método*. Agustín llama a Marcos "el resumen de Mateo", suponiendo que el segundo evangelio fue una compilación abreviada del primero. Esta teoría ha sido defendida por muchos estudiosos de la escuela de Tubinga, pero ahora está abandonada. La característica general del evangelio no sostiene ese punto de vista. Zahn encuentra que Marcos basó su evangelio tanto en la transmisión oral de Pedro y en el Mateo hebreo, *Einl*. II pág.322. Davidson niega la originalidad y

la prioridad del evangelio haciéndolo dependiente en gran medida de Mateo y Lucas, Introd. I pág.478. Salmon encuentra a través del evangelio muchas evidencias de la prioridad e independencia de Marcos, pero cree que, en otros lugares, con Mateo y Lucas, depende de una fuente común, Introd. pág.155. La opinión prevaleciente hoy es que el evangelio de Marcos fue primero que los otros dos, aunque al final, de acuerdo con algunos, pudo haber empleado el εὐαγγέλιον de Mateo. Para mantener esta prioridad, sus defensores han recurrido a teorías tan artificiales e improbables que en parte han fracasado en su propio propósito. La teoría del Marcos original ha sido sacada a colación, pero encontró poca aceptación. La opinión del Dr. Arthur Wright de que debemos distinguir entre un proto (primer), un deutero (segundo) y un trito (tercer) Marcos, una distinción aplicada por él a la tradición oral, ahora es aplicada por otros a los documentos escritos. Cp. Holdsworth, *Gospel Origins* pág.108. Aquí de nuevo la gran diferencia de opinión prueba que es imposible trazar en todo detalle el origen del material encontrado en este evangelio. La gran objeción a muchas de las teorías propuestas es que buscan la explicación para el origen de Marcos de una forma muy mecánica. Podemos estar ciertos de dos cosas: 1) que Marcos derivó gran parte de su material de la predicación de Pedro, material que había gradualmente asumido una forma definitiva en su mente, y 2) que había registrado en parte la *ipsissima verba* de Pedro (excepto por el cambio ocasional de, *nosotros* en *ellos*), y en parte simplemente la sustancia del κήρυγμα de los apóstoles en una forma y con interpretaciones propias. Para el resto de su material probablemente dependió del original hebreo de Mateo.

Integridad
La integridad del evangelio de Marcos se mantiene generalmente, con la excepción, sin embargo, de los últimos doce versículos, con respecto a los cuales hay una gran diferencia de opinión. El campo crítico del siglo pasado está casi

igualmente dividido, aunque en la actualidad la marea está algo en contra de estos versículos. Las razones para rechazarlos son tanto externas como internas. Estos versículos faltan en los más antiguos y valiosos manuscritos, a saber, el Sinaítico y el Vaticano. Eusebio y Jerónimo y algunos otros afirman que faltaban en casi todas las copias griegas de los evangelios de su tiempo. Sin embargo, es posible que el testimonio de Jerónimo y el resto se decida en sí mismo con el de Eusebio. Esto es casi cierto con respecto al de Jerónimo, como admite Davidson. También están ausentes en el importante manuscrito K, representante del Texto Africano de la antigua Versión Latina que tiene otra conclusión corta, como el del manuscrito L. También está ausente de algunos de los mejores manuscritos de la Versión Armenia. Por otro lado, el estilo de esta sección es abrupto y conciso, no gráfico como el resto del evangelio. Da la impresión de una colección de noticias breves, extraída de largos relatos y combinada libremente. También su fraseología es peculiar. Así πρώτη σαββάτου, versículo 9 se usa en vez de ἡ μία τῶν σαββάτου como en Marcos 16:2. El verbo πορεύεσθαι, que ocurre tres veces en esta sección, no se encuentra en el cuerpo del evangelio. Tampoco está la palabra θεᾶσθαι, Marcos 16:11, 14. Otra característica única es el uso de ὁ κύριος como una designación de Cristo, versículos 19,20.

Sin embargo, estos versículos también han encontrado defensores ardientes, entre quienes debe ser nombrado especialmente Dean Burgon, aunque quizá es demasiado optimista. En su obra sobre *"The Last Twelve Verses of the Gospel according to Mark"*, construye una defensa sólida. La autenticidad de esta sección se ve favorecida por las siguientes consideraciones: se encuentra en la mayoría de los manuscritos unciales y en todos los cursivos, aunque algunos de estos los marcan con un asterisco, o indican que estaban ausentes en copias antiguas. Además, su ausencia de Alef y B luce algo sospechosa. También son incorporados en la mayoría de las versiones antiguas, de las cuales la Itala, la Curatorial, la

Peshitta Siriaca y la Copta son más antiguas que cualquiera de nuestros códices griegos. Todos los leccionarios griegos y siriacos existentes, hasta donde han sido examinados, contienen estos versículos. Ireneo cita el versículo 19 como parte del evangelio de Marcos. También Justino Mártir con toda probabilidad testifica de la autenticidad de estos versículos. Y varios de los Padres posteriores, tal como Epifanio, Ambrosio y Agustín ciertamente los citan. Y en cuanto concierne a la evidencia interna, parece muy improbable que Marcos terminara su evangelio con las palabras ἐφοβοῦντο γάρ sin registrar una sola aparición del Señor. Además, estos versículos contienen también muchas peculiaridades para ser falsificaciones.

No podemos retrasarnos para discutir las causas de la variación de los manuscritos, ni para revisar las distintas conclusiones a las cuales los estudiosos han llegado en cuanto a la extensión del evangelio de Marcos. Quienes quieran estudiar el tema lo pueden hacer en la obra de Burgon, en las Introducciones de Guericke y Salmon y en la New Biblical Guide VII (Nueva Guía Bíblica VII) de Urquhart, donde se defiende esta sección; y en la obra de Westcott y Hort, *"The New Testament in Greek"*, y en las Introducciones de Reuss, Weiss, Davidson y Zahn, quienes la rechazan.

Nos parece que el fundamento ofrecido para el rechazo de estos versículos por un testimonio externo es más bien escaso e incierto, mientras que, en efecto, la evidencia interna pesa más de hecho. En vista de esto estamos inclinados a aceptar una de dos posibles conclusiones: o bien que Marcos mismo agregó estos versículos algún tiempo después de haber escrito su evangelio, posiblemente seleccionando su material de Mateos y Lucas, o que algún otro los escribió para completar la obra. Lo último se ve favorecido por el Evangelio Armenio que fue escrito en 986 y fue descubierto por F.C. Conybeare en 1891, y que tiene arriba de esta sección sobrescrito: "Del presbítero Aristón". Sin embargo, en cualquier caso, no vemos razón para dudar de la canonicidad de esta parte del evangelio de Marcos, aunque algunos han intentado hacer de esto algo sospechoso especialmente señalando a los milagros improbables (?) de los versículos 17, 18. Cp. Lucas 10:19.

Importancia Canónica

Aunque el testimonio externo para la canonicidad del evangelio de Marcos no es tan abundante como el del evangelio de Mateo, sin embargo, es suficiente para establecerla más allá de toda sombra de duda. Es citado por al menos dos de los Padres apostólicos, por Justino Mártir y por los tres grandes testigos de finales del segundo siglo, Ireneo, Clemente de Alejandría y Tertuliano, y es referido como parte de la Palabra de Dios por muchos otros. No encontramos expresiones de duda en la Iglesia primitiva.

El propósito especial de este evangelio en el canon es mostrarnos a Cristo en su poder divino, destruyendo las obras de Satanás, y conquistando el pecado y la muerte. Más que otros evangelios, coloca delante de nosotros prominentemente la obra de Cristo en beneficio de aquellos que están atados por los grilletes de Satanás y que están sufriendo las consecuencias del pecado. Aquí vemos al León de la tribu de Judá que sale venciendo y para vencer. Marcos es el único de los evangelistas que habla del futuro reino de Dios *viniendo con poder*, 9:1. De esta forma, este evangelio tiene un significado especial para la Iglesia de todas las edades. Le da la bendita seguridad de que su futuro está confiado en aquel que se ha mostrado como un Conquistador poderoso, y que es suficientemente capaz de salvar por completo a todo aquel que crea en Él.

CAPÍTULO 5
El Evangelio de Lucas

··· &)C3 ···

Contenido
Como el contenido de los anteriores evangelios, también podemos dividir el de Lucas en cinco partes:

I. *El Advenimiento del Hombre Divino*, 1:1-4:13. Después de declarar su objetivo, el evangelista describe el anuncio celestial del precursor, Juan el Bautista, y de Cristo mismo, y de las circunstancias relacionadas con su nacimiento, Lucas 1:1-2:20. Luego muestra que Cristo fue sujeto a la ley de la circuncisión, en la presentación en el templo, y en su viaje a Jerusalén, Lucas 2:21-52. Traza la ascendencia del Hijo del Hombre hasta Adán, y señala que fue preparado para su obra por el bautismo y la tentación, Lucas 3:1-4:13.

II. *La Obra del Hombre Divino para el Mundo Judío*, 4:14-9:50. En esta parte vemos primero a Cristo predicando en las sinagogas de Nazaret, Capernaum y toda Galilea, realizando muchos milagros en Capernaum y en el mar de Galilea, tal como la curación de la suegra de Pedro, la pesca maravillosa, la limpieza del leproso, y la curación del paralítico; llamando a Leví para seguirle, e instruyendo a sus enemigos con respecto a su autoridad, su propósito, y el carácter moral de sus demandas, como resultado de lo cual muchos se asombraron y los escribas y fariseos se llenaron de odio, Lucas 4:14-6:11. Luego de una noche de oración, el Señor escogió a sus doce discípulos y proclamó la constitución de su reino, Lucas 6:12-49. Sana al siervo de un centurión, resucita al hijo de la viuda, y da instrucción por palabra y ejemplo con respecto a la naturaleza de su obra y el carácter de los súbditos de su Reino, Lucas 7:14-9:1. El origen del Reino ahora se ilustra en la parábola del sembrador, y el poder divino de Cristo tanto sobre el mundo natural como el espiritual es mostrado al calmar la tormenta, en la liberación del endemoniado gadareno, en la curación de la mujer con flujo de sangre y al resucitar a la hija de Jairo, Lucas 8:1-56. Los doce son enviados y a su regreso Cristo se retira con ellos a un lugar desierto, donde milagrosamente alimenta a cinco mil, después de lo cual una vez más y de nuevo anuncia su sufrimiento futuro y se transfigura en el monte, Lucas 9:1-50.

III. *La Obra del Hombre Divino para los Gentiles*, 9:51-18:30. Jesús en su viaje a Jerusalén envía mensajeros delante de Él, pero estos son rechazados por los samaritanos; luego envía a los setenta, quienes regresan con buenas noticias, enseña que el amor al prójimo no debe ser restringido a los judíos (el buen samaritano), y le da a los discípulos la instrucción con respecto a la oración, Lucas 9:51-11:13. Los fariseos ahora afirman que Cristo expulsa a los demonios por Belcebú, en respuesta a lo cual Él retrata la condición de ellos, y cuando tratan de tentarlo de formas diversas, pronuncia sobre ellos sus ayes y advierte a sus discípulos contra ellos, Lucas 11:14-12:12. En conexión con la parábola del rico insensato advierte contra la codicia y la ansiedad, y pide a sus discípulos estar preparados para el día de su venida, Lucas 12:13-53. Sentado a la mesa en la casa de un fariseo, enseña a los presentes la verdadera misericordia, la verdadera humildad, la verdadera hospitalidad, y del hecho de que ellos, habiendo rechazado la Cena del Señor, serían rechazados, Lucas 14:1-24. Luego la necesidad de negarse a sí mismos queda impresa en los que seguirían a Jesús, y en tres parábolas los fariseos conocen el verdadero propósito de su venida, Lucas 14:25-15:32. Los discípulos son instruidos en el uso cuidadoso de sus posesiones terrenales, y se explica a los fariseos la ley de retribución, Lucas 16:3-31. En varias formas se estampa en sus seguidores la necesidad de un espíritu de perdón, de humildad, de fe y gratitud, de oración constante con vistas al carácter inesperado de su venida, de confianza en Dios y de negación de sí mismos, todo culmina en la salvación eterna, Lucas 17:1-18:30.

IV. *El Sacrificio del Hombre Divino por Toda la Humanidad*, 18:31-23:49. Jesús anuncia una vez más su sufrimiento y muerte futuras, en Jericó restaura la vista de un ciego y llama a Zaqueo, y muestra a sus seguidores que su Reino no vendrá inmediatamente, 18:32-19:27. Entra triunfalmente a Jerusalén, donde limpia el templo, responde a las preguntas de los principales sacerdotes, los escribas, los fariseos y saduceos, e instruye a sus seguidores con respecto a su futura venida, Lucas 19:28-21:38. Después de comer la Pascua con sus discípulos, fue traicionado, condenado y crucificado, Lucas 22:1; 23:56.

V. *El Hombre Divino Salvador de todas las Naciones*, 24. En la mañana del primer día Cristo resucitó, las mujeres lo buscaron en el sepulcro, apareció a dos de sus discípulos en el camino a Emaús, a los once, y finalmente se aparta de ellos con la promesa del Espíritu.

Características
Las características más importantes del tercer evangelio son las siguientes:

1. En cuanto a completitud, sobrepasa a los otros sinópticos, comenzando, como lo hace, con una detallada narración del nacimiento de Juan el Bautista y de Cristo mismo, y terminando con un registro de la ascensión al Monte de los Olivos. A diferencia de Mateo y Marcos este evangelio incluso contiene una alusión a la promesa del Padre, Lucas 24:29, y así apunta más allá de la antigua dispensación a la nueva que sería introducida por la venida del Espíritu Santo. La detallada narración del viaje de Cristo a Jerusalén en Lucas 9:51-18:14 también es peculiar a este evangelio.

2. Cristo se nos presenta en este evangelio como un hombre perfecto con amplias simpatías. La genealogía de Jesús es trazada a través de David y Abram hasta Adán, nuestro progenitor común, presentándolo de este modo como uno de nuestra raza. Se nos habla del verdadero desarrollo de Jesús, tanto en cuerpo como en espíritu en Lucas 2:40-52, y de su dependencia de la oración en las crisis más importantes de su vida, Lucas 3:21; 9:29. Las características de los milagros de sanidad del Señor son claramente resaltados y muestran su gran empatía. "La suegra de Pedro sufre de una *gran* fiebre, y el leproso está *lleno* de lepra. La mano restaurada en el Sabbat es la mano *derecha*, el siervo del centurión es alguien muy *querido* para Él, el hijo de la viuda de Naín, es hijo *único*, la hija de Jairo hija *única*, el chico epiléptico en el monte de la transfiguración es hijo *único*". Bruce, *The Expositor´s Greek Testament* I pág.47.

3. Otra característica de este evangelio es su universalidad. Está más cerca que otros evangelios de la doctrina paulina de la salvación para todo el mundo, y de la salvación por fe, sin obras de la ley. En la sinagoga en Nazaret, Cristo señala que Dios puede tratar de nuevo con los judíos como lo hizo en los días de Elías y Eliseo, Lucas 4:25,27; Declara que la fe del centurión fue más grande que cualquiera que haya encontrado en Israel, Lucas 7:2-10, envía mensajeros delante de Él a Samaria, Lucas 9:52-56, exige amor de Israel incluso para los samaritanos, Lucas 10:30-17, sana al leproso samaritano como a los otros, Lucas 17:11-19, y pronuncia la importante expresión: "Dichosos más bien los que oyen la palabra de Dios y la obedecen", Lucas 11:28.

4. Más que los otros evangelistas, Lucas relata su narración con la historia contemporánea e indica el tiempo de los acontecimientos. Fue en los días del rey Herodes que se anunció el nacimiento de Juan el Bautista y de Cristo, Lucas 1:1,26;

fue durante el reinado de César Augusto, que nació Cristo, Lucas 2:1; mientras Cirenio fue gobernador de Siria, fue que tuvo lugar el censo, Lucas 2:2; en el año quince de Tiberio, etc., Cristo fue bautizado y comenzó su ministerio público, Lucas 3:1,2. También nótese las siguientes indicaciones cronológicas: Lucas 1:36, 56, 59; 2:42; 3:23; 9:28, 37, 51; 22:1,7. Sin embargo, no debemos inferir de lo anterior que Lucas nos proporcionó un registro cronológico del ministerio público del Señor. Muchas expresiones indefinidas de tiempo se encuentran a través del evangelio, como: "Sucedió que estando él en una de las ciudades" Lucas 5:12, "Aconteció un día" Lucas 5:17, "Aconteció también en otro día de reposo" Lucas 6:6, etc.

5. Lucas escribe un griego más puro que cualquiera de los otros evangelistas, pero esto solo es evidente, donde no sigue de cerca a sus fuentes. El prefacio griego es de remarcable pureza, pero aparte de este el primero y segundo capítulos están llenos de hebraísmos. En el resto del evangelio algunas partes se acercan mucho al griego clásico, mientras que otras están teñidas con expresiones hebreas. Dice Plummer: "El autor del tercer evangelio y de los hechos es el más versátil de todos los escritores del Nuevo Testamento. Puede ser tan hebraísta como la LXX, y tan libre de hebraísmos como Plutarco". *Comm. On Luke International Crit. Comm.* pág. XLIX. También su estilo es muy pintoresco, trata de hacernos ver las cosas, tal cual las vieron los testigos. Además, su evangelio contiene 312 palabras que son peculiares a él. Muchas de ellas son ἅπαξ λεγόμενα. También hay cinco palabras latinas, a saber, δηνάριον, λεγεών, σουδάριον, ἀσσάριον y μόδιος. Cp. listas en el comentario de Plummer y la Introducción de Davidson.

Autoría
Aunque el autor habla de sí mismo explícitamente en el prefacio de su evangelio, dependemos de la tradición para el

nombre. Y aquí de nuevo el testimonio de los Padres es unánime. Ireneo afirma que "Lucas, el compañero de Pablo, puso en un libro el evangelio predicado por él". Con esto concuerda el testimonio de Orígenes, Eusebio, Atanasio, Gregorio Nacianceno, Jerónimo, y otros.

El mismo evangelio nos ofrece un testimonio colateral indirecto. Sin embargo, hay ciertas características que fortalecen nuestra creencia en la autoría de Lucas. En primer lugar, el escritor evidentemente ve las cosas con la mirada de un médico. En 1882 el Dr. Hobart publicó una obra sobre *The Medical Language of St. Luke*, mostrando que en muchos casos el evangelista usa el lenguaje técnico que también fue usado por los escritores médicos griegos, como παραλελυμένος, Lucas 5:18, 24 (los otros evangelios tienen παραλύτικος), συνεχομένη πυρετῷ μεγαλλῳ, Lucas 4:38, ἔστη ἡ ῥύσις τοῦ αἵματος, Lucas 8:44 (Cp. Mateo 5:29), ἀνεκάθισεν, Lucas 7:14. Lucas distingue cuidadosamente la posesión demoniaca de la enfermedad, Lucas 4:18, 13:32, establece exactamente la edad de una persona moribunda, Lucas 8:42, y la duración de la aflicción en 13:11. Solo él relata el milagro de la sanidad del oído de Malco. Todas estas cosas apuntan a Lucas, "el médico amado".

En segundo lugar, está lo que ha sido llamado el paulinismo de Lucas. Esto en ocasiones ha sido enfatizado indebidamente, sin duda, pero verdaderamente es un rasgo característico del tercer evangelio, y es lo que esperamos en un escrito del compañero de Pablo. En tercer lugar, encontramos una gran similitud entre este evangelio y los hechos de los apóstoles. Si Lucas escribió este último, también compuso el primero. La opinión general es expresada por Knowling en su introducción al libro de los Hechos, en el *Expositor´s Greek Testament* II pág.3 "Quien sea que haya escrito los Hechos escribió también el evangelio que lleva el nombre de Lucas". Es cierto que hay más hebraísmos en el evangelio que en Hechos, pero esto se debe al hecho de que el escritor al componer el primero dependió más de fuentes escritas de lo que lo hizo al escribir el segundo.

El único conocimiento cierto que tenemos de Lucas se deriva de los Hechos de los apóstoles y de los pocos pasajes en las epístolas de Pablo. De Colosenses 4:11, 14, parece que no fue judío y que su llamamiento terrenal fue el de médico. Eusebio y Jerónimo establecen que fue originario de Antioquía de Siria, lo que puede ser cierto, pero también es posible que su declaración se deba a una derivación equivocada del nombre Lucas de Lucio (Cp. Hechos 13:1) en lugar de Lucas de Lucano. El testimonio de Orígenes nos hace sospechar esto. Teofilacto y Eutimio tuvieron la opinión errónea de que fue uno de los setenta enviados por nuestro Señor. Esto es refutado por el prefacio del evangelio, donde Lucas claramente se distingue a sí mismo de aquellos que vieron y escucharon al Señor. Aparentemente el evangelista se unió a la compañía de Pablo y de sus colaboradores en el segundo viaje misionero a Troas. Esto se puede inferir desde el principio de las secciones "nosotros" en Hechos 16:10. La primera de estas secciones termina en Hechos 16:17, así que Lucas probablemente permaneció en Filipos. Se quedó ahí, por lo que parece, hasta que Pablo regresó de Grecia en su tercer viaje misionero, porque en Hechos 20:5 de repente nos encontramos con el pronombre plural de la primera persona de nuevo. Luego evidentemente acompañó al apóstol a Jerusalén, Hechos 20:6, 13, 14, 15; 21:1-17. Con toda probabilidad estuvo con Pablo en Cesarea, Hechos 27:1, desde donde acompañó al apóstol a Roma, Hechos 27:1; 28:16. Permaneció en Roma durante el primer encarcelamiento, Colosenses 4:14, Filemón 24, y según estos pasajes fue un amigo amado y compañero de trabajo del apóstol. Y cuando el gran misionero de los gentiles fue encarcelado por segunda vez, Lucas fue el único que estuvo con él, 2 Timoteo 4:11, y así dio evidencia de su apego a Pablo. Las últimas partes de la vida de Lucas están envueltas en la obscuridad. Nada cierto se puede obtener del testimonio conflictivo de los Padres. Algunos afirman que ganó la corona del martirio, otros, que murió de muerte natural.

La pregunta que debe ser hecha es si Pablo estuvo de alguna manera relacionado con la composición del tercer evangelio. El testimonio de la Iglesia primitiva es muy incierto en este punto. Dice Tertuliano: "el compendio de Lucas se atribuye a menudo a Pablo. Y de hecho es fácil asignar al maestro lo que se publica por los discípulos". Según Eusebio: "Lucas ha entregado en su evangelio cierta cantidad de cosas de las que se había asegurado por su conocimiento íntimo y familiar con Pablo, y su relación con los otros apóstoles". Concuerda con esto el testimonio de Jerónimo. Atanasio declara que el evangelio de Lucas fue dictado por el apóstol Pablo. En vista del prefacio del evangelio, podemos estar seguros de que los Padres de la Iglesia exageran la influencia de Pablo en la composición de este evangelio, posiblemente para darle autoridad apostólica. La relación de Pablo con el tercer evangelio difiere de la de Pedro con respecto al segundo; no es tan cercana. Lucas no escribió simplemente lo que recordó de la predicación de Pablo, mucho menos escribió de acuerdo con el dictado del apóstol, porque él mismo dice que investigó todo desde el principio y habla de fuentes tanto escritas como orales que estaban a su alcance. Entre estas fuentes orales debemos, por supuesto, considerar la predicación de Pablo. Que el gran apóstol influenció la presentación de Lucas del "principio del evangelio", es muy evidente. Hay 175 palabras y expresiones en el evangelio que son peculiares a Lucas y a Pablo. Cp. Plummer pág.LIV. Además, como ya hemos visto, algunas de las ideas rectoras de Pablo se encuentran en el tercer evangelio, y el uso de la palabra διακαιόω en un sentido forense, Lucas 7:29; 10:29; 16:15; 18:14. También existe un parecido sorprendente entre el relato de la institución de la Cena del Señor, Lucas 22:19,20 y el recuerdo de esta de Pablo en 1 Corintios 11:23-25, pero esto puede deberse al uso de una fuente común.

La autoría lucana del evangelio fue aceptada generalmente hasta el tiempo cuando el racionalismo comenzó sus ataques a los libros de la Biblia. La escuela de Tubinga, en particular F.C. Baur, sostuvo que el evangelio de Marción, que comenzó a enseñar en Roma en el 140 d.C., fue el original de nuestro evangelio. Otros siguieron la guía de Baur. Sin embargo, en los últimos años la opinión crítica ha girado completamente y la opinión que generalmente se mantiene es que el evangelio de Marción es una mutilación de Lucas, aunque en algunas partes puede representar otro texto e incluso más antiguo. Esto, por supuesto, hace de nuevo posible mantener la autoría de Lucas. Pero aun ahora hay muchos estudiosos alemanes que dudan de que Lucas escribió el evangelio, y la protesta de Harnack contra sus argumentos parece inefectiva. Sus objeciones a la autoría de Lucas están basadas en los Hechos más que en el evangelio, pero como se ha indicado, los dos permanecen o caen juntos. Consideraremos estas objeciones, cuando tratemos los Hechos.

Composición
1. Lectores y propósito. El evangelio de Lucas fue primero que todo dirigido a Teófilo, que es llamado "excelentísimo Teófilo" en Lucas 1:3, y también es mencionado en Hechos 1:1. No tenemos medios para determinar quién fue Teófilo. Se ha supuesto por algunos que el nombre fue genérico, aplicado a todo cristiano, como amados o amigos de Dios. Pero la opinión general ahora es, y con razón, que es el nombre de un individuo, probablemente griego. El hecho de que Lucas se dirija a él en la misma forma que a Félix, Hechos 23:26; 24:3 y a Festo, Hechos 26:25, lleva a la conclusión de que fue una persona de posición alta. Baljon piensa que indudablemente fue un cristiano gentil, mientras que Zahn lo considera como un gentil que no había aceptado a Cristo todavía, ya que Lucas se habría dirigido de manera diferente a un hermano. Sin embargo, se acepta por lo general que el evangelio no fue dirigido solo a Teófilo, sino que simplemente se dirigió a él como el representante de un amplio círculo de lectores. ¿Quiénes fueron esos primeros lectores del evangelio? Orí-

genes dice que el tercer evangelio fue compuesto "por causa de los gentiles conversículos"; Gregorio Nacianceno, más categóricamente: "Lucas escribió para los griegos". Ahora, es más que evidente del evangelio mismo que el evangelista no escribió para los judíos. Nunca da las palabras de Jesús en lengua aramea, en vez de ἀμὴν λέγω tiene ἀληθῶς λέγω, Lucas 9:27; 12:44; 21:3, para γραμματεῖς usa νομικόι, διδάσκαλος, Lucas 2:46; 7:30; 10:25; 11:45, y de muchos lugares en Palestina da una definición exacta. Es muy probable que el evangelio de Lucas fuera dirigido a los griegos, porque Pablo trabajó principalmente entre ellos, Teófilo fue con toda probabilidad un griego, el prefacio de los evangelios es en muchos aspectos como los encontrados en los historiadores griegos, y en general el evangelio se adecúa notablemente a las necesidades de los griegos. Cp. para esto último especialmente Gregory, *Why Four Gospels* pág.207.

Si el propósito de Lucas se establece claramente en el prefacio, a saber, que Teófilo y los lectores gentiles en general pudieran conocer con certeza esas cosas, en las que habían sido instruidos, Lucas 1:4. Es su deseo presentar claramente la verdad de todos los hechos evangélicos. Para hacer esto, aspira a un tratamiento completo, rastrea todas las cosas desde el principio, escribe un relato ordenado de todo lo que ha sucedido, registra los dichos del Señor en su entorno original más que los otros evangelistas, promoviendo así la definición y fortaleciendo su representación de la realidad de las cosas; menciona los nombres no solo de los actores principales en la historia del evangelio, sino también de aquellos otros que estuvieron de alguna manera conectados con ellos, Lucas 2:1, 2; 3:1, 2; 7:40; 8:3, pone los hechos evangélicos en relación con la historia secular, Lucas 2:1, 2; 3:1, 2, y describe cuidadosamente la impresión que causaron las enseñanzas de Cristo, Lucas 4:15, 22, 36; 5:8, 25; 6:11; 7:29; 8:37; 18:43; 19:37. Del contenido del evangelio podemos deducir que el propósito exacto del autor es presentar a Cristo en una forma aceptable a los griegos, a saber, como el hombre perfecto, como el amigo comprensivo de los afligidos y los pobres, Lucas 1:52; 2:7; 4:18; 6:20; 12:15 ss. 16:19, etc., y como el Salvador del mundo, buscando a aquellos que están perdidos, Lucas 7:36-50; 15:1-32; 18:9-14; 19:1-10; 23:43.

2. *Tiempo y Lugar.* La tradición nos dice poco con respecto al tiempo cuando Lucas escribió su evangelio. De acuerdo con Eusebio, Clemente de Alejandría recibió una tradición de los presbíteros de los tiempos más antiguos de "que los evangelios que contienen las genealogías fueron escritos primero". Teofilacto dice: "Lucas escribió quince años después de la ascensión de Cristo". El testimonio de Eutimio es al mismo efecto, mientras que Eutiquio declara que Lucas escribió su evangelio en tiempos de Nerón. Según estos testimonios, el evangelista compuso su evangelio posiblemente tan temprano como en el 54, y de seguro no después del 68 d.C. La evidencia interna es incluso más incierta. Algunos infieren de Lucas 21:24 que Lucas se percató de que pasaría algún tiempo entre la destrucción de Jerusalén y el juicio final, y por lo tanto escribió después de la destrucción de la ciudad santa, un argumento poco concluyente sin duda, ya que esta es una palabra profética de Cristo. Podemos argumentar en favor de una fecha después de la destrucción de Jerusalén por la ausencia de la nota de advertencia que se encuentra tanto en Mateo como en Marcos, pero siendo un argumento de silencio, no prueba el punto. Muchos estudiosos, especialmente de la escuela de Tubinga, fechan el evangelio cerca del fin del primer siglo o a principios del segundo. El argumento principal para esta fecha es el supuesto hecho de que Lucas depende en su evangelio de las *antigüedades* de Josefo, una idea bastante quimérica. Tanto Zahn como Weiss son de la opinión de que Lucas escribió tras la destrucción de Jerusalén, pero no después del año 80 d.C. Zhan se decidió por este *terminus ad quem*, porque considera probable que Lucas fuera un miembro de la congregación de Antioquía tan temprano como en el año 40 d.C., y sería por lo tanto muy viejo

en el año 80 D.C.; Weiss, ya que el evangelista evidentemente esperaba la segunda venida de Cristo en su tiempo, lo que era característico de la primera generación después de Cristo. La gran mayoría de los estudiosos conservadores colocan la composición de este evangelio en algún lugar entre 58 y 63 d.C. Los principales argumentos para esta fecha son: 1) Está es armonía con la tradición antigua, 2) Explica mejor el silencio total de Lucas con respecto a la destrucción de Jerusalén, y 3) Está en armonía con la fecha de Hechos en 63 d.C., que ofrece una buena explicación del silencio de Lucas con respecto a la muerte de Pablo.

En cuanto al lugar donde fue escrito el evangelio de Lucas, la tradición señala a Acaya y Beocia. Sin embargo, no tenemos medio de validar este testimonio, así que realmente nos deja en la ignorancia. Algunas modernas conjeturas son: Roma, Cesarea, Asia Menor, Éfeso y Corinto.

3. *Método.* En vista del prefacio del evangelio de Lucas, tenemos razón de creer que, en la composición de él, el evangelista dependió tanto de la tradición oral como de fuentes escritas. En las teorías actuales el énfasis se coloca principalmente en las fuentes escritas, y la hipótesis más prevalente es que empleó el evangelio de Marcos, tanto en la forma actual o en una recensión más temprana; la fuente apostólica Q o alguna διήγησις que contenía a Q (de estas dos fuentes derivó principalmente el material que tiene en común con Mateo y Marcos), y una tercer fuente de carácter y autoría desconocida, de la cual sacó la narración de la natividad, capítulos 1,2, y el relato del último viaje a Jerusalén, contenido en Lucas 9:51; 18:14. Zahn cree también que Lucas empleó a Marcos como una de sus fuentes, pero no intenta dar una definición más exacta de las otras fuentes usadas. La opinión de que sacó parte de su material de Josefo merece una mención de pasada. Nos parece que es imposible determinar exactamente las fuentes que usó Lucas; todo lo que podemos decir es: 1) Siendo un asociado de Pablo por muchos años,

parte de los cuales los pasó en Palestina, donde tuvo abundante oportunidad de conocer a los otros apóstoles y a los testigos oculares de las obras del Señor, debió haber reunido un gran cúmulo de conocimiento de la tradición oral, que utilizó en la composición de su evangelio. Esto explica gran parte del asunto del material que tiene en común con Mateo y Marcos. 2) Durante el tiempo de su investigación en Palestina también se familiarizó con un buen número de διηγήσεις narrativas de los hechos evangélicos, de los cuales no podemos determinar más su naturaleza exacta, y recurrió a ellos para una parte de su material. Uno de ellos probablemente contenía el material encontrado en los capítulos 1 y 2, y en 9:51, 18:14. 3) No parece probable que Lucas leyera el evangelio de Mateo o el de Marcos, y los clasificara o alguno de ellos con los intentos previos, que deseaba mejorar. La tradición oral en conexión con la guía del Espíritu Santo es más que suficiente para explicar el parecido entre estos evangelios y el de Lucas.

Importancia Canónica
La canonicidad de este evangelio está bien atestiguada. Dice Alejandro en su obra sobre el canon pág.177: "Los mismos argumentos por los cuales la autoridad canónica de los evangelios de Mateo y Marcos se estableció, aplica con toda su fuerza al evangelio de Marcos. Fue recibido universalmente como canónico por toda la Iglesia primitiva, tiene un lugar en cada catálogo de libros del Nuevo Testamento, el cual fue publicado constantemente, fue referido y citado por los Padres como parte de la Sagrada Escritura y fue uno de los libros constantemente leídos en las iglesias, como parte de la regla de fe y práctica para todos los creyentes". Hay en total 16 testigos antes del final del segundo siglo que dan testimonio de su uso y su aceptación general en la Iglesia. El evangelio de Lucas nos presenta a Cristo especialmente como como parte de la raza humana, la semilla de la mujer, en su obra salvadora no solo para Israel, sino también para los

gentiles. Por tanto, lo retrata como el amigo de los pobres y como buscando a los pecadores, enfatiza la universalidad de la bendición evangélica, y claramente indica una relación amistosa con los samaritanos. Su valor espiritual permanente es que recuerda a la Iglesia de todas las edades que en toda nación el que teme a Dios y hace justicia, es aceptado por Él, y que tenemos un sumo sacerdote que se compadeció de nuestras debilidades, y fue en todo tentado como nosotros, aunque sin pecado.

CAPÍTULO 6
El Evangelio de Juan

... ☯ᘯ ...

Contenido
El contenido del evangelio de Juan también está dividido en cinco partes:

I: El Advenimiento y la Encarnación de la Palabra, 1:1-13. Juan toma su punto de partida en la preexistencia y origen divino de Cristo, y señala que fue proclamado por Juan el Bautista, era la luz del mundo y les dio a los creyentes la potestad de ser hijos de Dios.

II. *La Palabra Encarnada la Única Vida del Mundo*, 1:14-6:71. El evangelista registra el testimonio de la gracia y verdad de la Palabra encarnada dado por Juan el Bautista y por Cristo mismo en palabra y obras, Juan 1:14-2:11, y la autorevelación de Cristo en la limpieza del templo, Juan 2:12-32, en la conversión de Nicodemo, Juan 3:1-21, seguido por el testimonio público de Juan 3:22-36, en la conversación con la mujer samaritana, Juan 4:1-42, y en la sanación del hijo del noble, Juan 4:43-54. Más particularmente muestra cómo Cristo se revela a sí mismo como el autor y sustentador de la vida en la sanidad del inválido y su vindicación, Juan 5:1-47, y en el milagro de los panes con el siguiente discurso, conduce a la deserción por un lado y a la confesión por el otro, Juan 6:1-71.

III. *La Palabra Encarnada, la Vida y Luz, en Conflicto con la Obscuridad Espiritual*, 7:1-11:54. En la fiesta de los tabernáculos Cristo recuerda a los judíos el hecho de que Él es la vida del mundo, y se presenta a sí mismo a ellos como el agua de vida, por lo que se enviaron alguaciles para aprenderlo, Juan

7:1-52. Al día siguiente saca a la luz la obscuridad espiritual de los judíos en relación con la mujer adúltera, y declara que es la luz del mundo, la única luz que realmente los puede iluminar, y que solo Él puede liberarlos de su esclavitud espiritual, lo que lo lleva a un intento de ser apedreado, Juan 8:1-59. En una ocasión subsecuente prueba ser la luz del mundo al sanar a un ciego y habla de sí mismo como el buen Pastor que da su vida por sus ovejas, provocando incredulidad y rabia, Juan 9:1; 10:21. En la fiesta de la dedicación declara que Él y el Padre son uno, lo que de nuevo lleva a un intento de apedreamiento, Juan 10:22-42. Al resucitar a Lázaro, Jesús se presenta como la resurrección y la vida, lo que lleva a algunas personas a creer en Él, pero a sus enemigos a acordar el propósito de matarlo, Juan 11:1-54.

IV. *La Palabra Encarnada Salva la Vida del Mundo a Través de su Muerte Sacrificial*, 11:55-19:42. Los enemigos planean matar a Jesús, pero María de Betania lo unge y la gente lo recibe con alegres hosanas, los griegos lo buscan en Jerusalén, pero la multitud se aleja de Él con incredulidad, Juan 11:55-12:50. Se sienta en la Cena pascual con sus discípulos, dándoles una lección de humildad, expone al traidor y anuncia que el tiempo ha llegado para dejar a sus discípulos, Juan 13:1-38. Conversa sobre el significado de su partida y sobre la nueva vida en comunión con el Padre, Juan 14:1-16:33, y ofrece su oración intercesora encomendando a sus seguidores al Padre, Juan 17:1-26. En Getsemaní es tomado cautivo, y después de una audiencia preliminar ante el sumo sacerdote es llevado ante Pilato quien, aunque no encontrando culpable a Jesús, sin embargo, lo entrega en manos de los judíos para ser crucificado, Juan 18:1-16. Después de su crucifixión es sepultado por José y Nicodemo, Juan 19:17-42.

V. *La Palabra Encarnada, Resucitado de Entre los Muertos, el Salvador y Señor de Todos los Creyentes*, 20:1-21:25. Habiendo resucitado de los muertos, Jesús aparece a María Magdalena y en dos domingos (días del Señor) sucesivos a sus discípulos, Juan 20:1-31. Más tarde, es visto por algunos de sus discípulos en el mar de Tiberíades, donde restaura a Pedro y señala significativamente la carrera de Juan, el escritor del evangelio, Juan 31:1-25.

Características
De las características que marcan el cuarto evangelio deben ser notadas las siguientes:

1. El evangelio de Juan enfatiza más que cualquiera de los otros la divinidad de Cristo. No tiene un punto de partida histórico, como los sinópticos, pero retrocede a las profundidades de la eternidad, y comienza con la sublime declaración en su simplicidad: "En el principio era el Verbo, y el Verbo era con Dios, y el Verbo era Dios". Positivamente, la doctrina del Logos es peculiar a este evangelio; negativamente, cada indicación del desarrollo humano de Cristo y de *su gradual despertar* de autoconsciencia está sorprendentemente ausente del mismo. No encontramos aquí genealogía, no hay descripción del nacimiento de Cristo con las circunstancias que lo acompañan, y no hay narración de su bautismo y tentación. Juan el Bautista testifica de su divinidad, tan pronto como entra en escena, y Él mismo públicamente afirma esta prerrogativa casi desde el principio de su ministerio público, Cp. Juan 3:13; 5:17; 6:32, 40 etc. Los milagros del Señor, narrados en este evangelio, son de tal carácter que dan gran prominencia a su poder divino. El hijo del noble fue curado *a distancia*, Juan 4:46ss, el hombre de Betesda había estado enfermo *treinta y ocho años*, Juan 5:5, el ciego en Jerusalén *había nacido ciego*, Juan 9:1, y Lázaro *yacía ya en el sepulcro* cuatro días, Juan 11:17.

2. La enseñanza de Cristo predomina grandemente en el evangelio de Juan, pero es muy distinta de la que contienen los sinópticos. No encontramos parábolas aquí sino discur-

sos elaborados, que también contienen un par de alegorías. El tópico todo absorbente no es el reino de Dios, sino la persona del Mesías. La enseñanza simple rudimentaria con respecto al reino es aquí reemplazada por una instrucción más penetrante (aunque no desarrollada) de las realidades profundas de la fe. En relación con sus milagros u otros hechos históricos, Cristo se presenta como la fuente de la vida, Juan 4:46-5:47, el alimento espiritual del alma, Juan 6:22-65, el agua de vida, Juan 4:7-16; 7:37, 38, el verdadero liberador, Juan 8:31-58, la luz del mundo, Juan 9:5, 35-41; y el principio viviente de la resurrección, Juan 11:25,26. Los discursos de despedida del Salvador, además de contener muchas verdades profundas respecto a su relación personal con los creyentes, también son significativos en cuanto a sus claras referencias a la venida del Paracleto.

3. La escena de acción en este evangelio es muy diferente a la de los sinópticos. En estos últimos la obra de Cristo en Galilea se narra extensamente, mientras que se le ve en Jerusalén solo durante la última semana de su vida. En el evangelio de Juan, por otro lado, el largo ministerio de Cristo en Galilea es presupuesto más que narrado, mientras que su obra y enseñanza en Judea y, particularmente en Jerusalén, se hacen muy prominentes. Las grandes fiestas proporcionan la ocasión para esta obra y por lo tanto se mencionan claramente. Juan habla de tres, posiblemente, cuatro pascuas, Juan 2:13; 5:1; 6:4; 13:1, de la fiesta de los tabernáculos, Juan 7:2, y de la fiesta de la dedicación, Juan 10:22.

4. El evangelio de Juan es mucho más definido que los sinópticos en señalar el tiempo y el lugar de los sucesos que son narrados; es en un sentido, más cronológico que los otros evangelios. Se nos informa por lo general en cuanto al lugar de actividad de Cristo. Se hace mención precisa de Betania, Juan 1:28, Caná, Juan 2:1, Capernaum, Juan 2:12, Jerusalén, Juan 2:13, Sicar, Juan 4:5, Betesda, Juan 5:2, etc. Las designa-

ciones del tiempo son igualmente distintas, algunas veces se da la hora del día. El marco cronológico del evangelio se encuentra en referencia a las grandes fiestas. Juan el Bautista ve a Cristo venir a él al día siguiente que había recibido a la delegación de Jerusalén, Juan 1:29, y de nuevo al día siguiente, Juan 1:35. Un día después, Cristo llamó a Felipe y a Natanael, Juan 1:43-51, en el tercer día hubo una boda en Caná, Juan 2:1, fue a la sexta hora que Cristo se sentó en el pozo, Juan 4:6, a la séptima, el hijo del noble fue curado, 4:52, en medio de la fiesta fue Jesús al templo, 7:14, y de nuevo en el último gran día, Juan 7:37, y cerca de la hora sexta Cristo fue entregado a los judíos por Pilato, Juan 19:14.

5. El estilo del cuarto evangelio no es como el de los otros tres. Es peculiar en que "contiene, por un lado, difícilmente algún hebraísmo, excepto en el prólogo y en 3:39 χαρᾷ χαίρει", Simcox, *The Writers of the New Testament* pág.73, mientras que, por otro lado, se aproxima más al estilo de los escritores del Antiguo Testamento, de lo que lo hacen los otros escritores del Nuevo Testamento. Juan dominaba evidentemente un muy buen vocabulario griego, pero no intenta realizar algunas oraciones complejas. Más que hacer esto, repetirá parte de alguna declaración previa y luego agregará un nuevo elemento a ella. Sus oraciones están generalmente conectadas en la forma más simple por καί, δε o οὖν, y sus descripciones a menudo son elaboradas y repetitivas. Exhibe una debilidad especial por los contrastes y por el uso del *parallelismus membrorum*. Una expresión muy característica de él es ζωὴ αἰώνος, que ocurre 17 veces en el evangelio. Para otras frases y expresiones ver Simcox. También emplea muchas palabras arameas, como ῥαββί, κηφᾶς, μεσσίας, Γαββαθά, Γολγοθά, ἀμὴν ἀνήν.

Autoría
La voz de la antigüedad es casi toda unánime en adscribir el cuarto evangelio a Juan. La secta de los Monarquistas, lla-

mada por Epifanio, "los Álogos", constituye la única excepción. Poco se conoce de esta secta, excepto que rechazaban la doctrina del Logos. Dice Salmon: "De hecho ahora creo que "los Álogos" consistía en Cayo y, hasta donde puedo saber, de nadie más". Introd. pág.229. La evidencia interna para la autoría del evangelio ahora generalmente se ordena bajo los siguientes encabezados:

1. *El Autor fue Judío*. Evidentemente tenía un íntimo conocimiento del Antiguo Testamento, estaba, por decirlo así, empapado del espíritu de los escritos proféticos. Los conocía no solo en la traducción de la LXX, sino en su lenguaje original, como es evidente de las muchas citas del Antiguo Testamento. Además, el estilo del autor claramente revela su nacionalidad judía. Es cierto, escribió en griego, pero su construcción, su circunstancialidad y su uso del paralelismo, todas son hebraicas. "Hay un alma hebrea viviendo en el lenguaje del evangelista". Luthardt, St. John the Autor of the Fourth Gospel, pág.166. Ewald llega a la conclusión "de que el lenguaje griego del autor aún conserva en sí mismo la marca fuerte y clara de un hebreo genuino, que nacido entre los judíos en tierra santa, y crecido en esa sociedad sin hablar griego, lleva en sí mismo el completo espíritu y el aliento de su lengua madre incluso en medio de su vestido griego que luego aprendió a arrojar sobre ella, y no duda en dejarse guiar por ese espíritu". Citado por Luthardt, pág.167.

2. *El Autor fue un Judío Palestino*. Claramente muestra que está muy en casa en el mundo judío. Conoce íntimamente las costumbres judías y las observancias religiosas y los requerimientos de la ley, y se mueve fácilmente en el mundo de pensamiento judío. Sabe que, de acuerdo con la concepción judía estricta, era ilegal sanar en Sabbat, Juan 5:1ss; 9:14ss; y que también se permitió la circuncisión, Juan 7:22ss. Es consciente de la expectación judía sobre Elías, Juan 1:21; y del sentimiento hostil entre judío y samaritanos, Juan 4:9. En-

tendió que los judíos consideraban la desgracia como el resultado de algún pecado particular, Juan 9:2; y que consideraron impuro a alguien que hubiera entrado en la casa de un gentil, Juan 18:28. Está completamente familiarizado con Jerusalén, Juan 5:2; con el valle de Siquem y el Monte Gerizim, Juan 4:5ss, con el templo, Juan 8:20, y con Capernaum y otros lugares alrededor del mar de Galilea, Juan 7.

3. *El Escritor fue un Testigo Ocular de los Eventos que Relata.* Afirma esto explícitamente, si no ya en Juan 1:14, "y vimos su gloria" (Cp. 1 Juan 1:1-3), ciertamente en Juan 19:35. "Y el que lo vio da testimonio, y su testimonio es verdadero; y él sabe que dice verdad, para que vosotros también creáis". Esta afirmación es corroborada por la vivacidad y, sin embargo, forma sencilla en que relata los eventos; por los muchos datos definidos cronológicamente y por la gran prominencia dada a ciertos individuos con quienes Jesús estuvo en contacto.

4. *El Autor fue el Apóstol Juan.* A menudo hace mención en su evangelio de un discípulo a quien nunca nombra, pero a quien constantemente se refiere como "el otro discípulo", o como "el discípulo a quien Jesús amaba". Cp. Juan 13:23; 18:15; 19:26; 20:2, 3, 4, 8; 21:7. Al cierre de su evangelio dice de él: "Este es el discípulo que da testimonio de estas cosas, y escribió estas cosas; y sabemos que su testimonio es verdadero", Juan 21:24. ¿Quién era este discípulo? El evangelista nombra solo a siete de los discípulos del Señor, los cinco que no son nombrados son Juan y su hermano Jacobo, Mateo, Simón el cananeo y Jacobo el hijo de Alfeo. Ahora bien, es evidente de Juan 1:35-41 que dicho discípulo fue uno de los primeros llamados por el Señor, y estos, de acuerdo con Marcos 1:16-19, fueron Pedro, Andrés, Juan y Jacobo. Los primeros dos están explícitamente nombrados en Juan 1:41-43, así que el nombre que se suprime debe haber sido Juan o Jacobo. Pero no podemos pensar en Jacobo como el autor de

este evangelio, ya que murió la muerte de los mártires tan temprano como en el 44 d.C. Por lo tanto, Juan debe haber sido el escritor.

Según Mateo 27:56 y Marcos 1:20; 15:40, Juan fue el hijo de Zebedeo y Salomé, que pertenecían probablemente a la clase media de la sociedad. Su madre estuvo entre los seguidores fieles del Salvador, Mateo 27:56; Marcos 16:1. Fue uno de los primeros seguidores de Jesús y aparece pronto como uno de los discípulos del círculo más íntimo, uno de los tres que siempre acompañan al Salvador. Entra con el Señor en la morada de Jairo, asciende al monte de la transfiguración y penetra en los rincones obscuros de Getsemaní. Mientras está en pie junto a la cruz, Jesús le encarga a su madre. En la mañana de la resurrección es uno de los primeros que visitan el sepulcro del Salvador. En la primera parte de los Hechos de los apóstoles aparece como uno de los testigos fieles de la resurrección del Señor. Luego de eso perdemos de vista a Juan en la Escritura, pero la tradición nos dice que pasó la última parte de su vida en Asia Menor, especialmente en Éfeso, donde murió a una edad venerable.

Hay una contradicción aparente entre la información sinóptica con respecto al carácter de Juan y la concepción que se deriva de sus propios escritos, pero es fácilmente explicable. La primera indicación de su carácter la deducimos de la declaración de Marcos 3:17, de que el Señor lo nombró a él y a su hermano Jacobo "Boanerges, esto es, hijos del trueno". Esto transmite la idea de un temperamento ardiente, de una gran fuerza y vehemencia de carácter. Y en dos ocasiones encontramos que revelan esos rasgos, a saber, cuando imperiosamente prohíben al que estaba expulsando demonios en el nombre de Jesús que para de hacer eso, Marcos 9:38; Lucas 9:49, y cuando querían permiso para mandar caer fuego del cielo para devorar a los samaritanos, Lucas 9:54. En ambos casos el Señor reprueba su muestra de temperamento. Otro rasgo de su carácter se revela en su solicitud para sentarse en los lugares de honor en el futuro reino de Jesús, Mateo 20:20-

24; Marcos 10:35-41. Su ambición fue una ofensa para los otros discípulos y provocó una severa reprimenda del Señor. Juan fue, sin duda, celoso por el Señor, pero su celo estaba equivocado, tenía un deseo apasionado por estar cerca de su Maestro, pero lo mostró de una forma que no estaba libre de egoísmo y orgullo. El Señor dirigió su celo y ambición por otras vías señalando su carácter espiritual y enseñándole que uno puede ser grande en el reino de Dios solo siendo el siervo de sus hermanos. Esto indudablemente causó una profunda impresión en el sensible Juan y engendró dentro de él el hábito de la introspección, del autoexamen. Se volvió más callado, más reservado con una inclinación a reflexionar sobre los misterios que encontró en su relación diaria con el Señor, y penetró más que otros discípulos en las profundidades ocultas de los misterios de la vida de Cristo. Como resultado, Juan como se revela a sí mismo en sus escritos, es muy distinto del Juan de los Sinópticos. De su evangelio y epístolas aprenderemos a conocerlo como un hombre de un profundo sentido religioso, amado de Cristo; un hombre que vivió en comunicación estrecha con su Señor, una comunión más espiritual, sin embargo, de la que deseaba en su juventud. Su exclusivismo dio lugar a un amor que lo abrazaría todo; su celo sigue operativo, pero ha sido santificado y guiado por vías adecuadas, su fuerza se ha vuelto una torre de defensa para la verdad espiritual.

No fue hasta la última parte del siglo dieciocho que la autoría de Juan fue atacada sobre bases críticas, e incluso entonces los ataques fueron de poco significado. Bretschneider en 1820 fue el primero en atacarlo de manera sistemática. Pero pronto fue seguido por otros, tales como Baur, Strauss, Schwegler, Zeller, Scholten, Davidson, Wrede y otros. Ha sido su esfuerzo persistente mostrar que el evangelio de Juan es producto del segundo siglo. Algunos lo adscribirán a esa persona sombría, Juan el presbítero, cuya existencia infiere Eusebio de un pasaje muy ambiguo de Papías, pero quien, con toda probabilidad, debe ser identificado con Juan el apóstol. Otros rechazan positivamente esta teoría. Wrede, después de argumentar que la autoría de Juan no se puede establecer, dice: "Mucho menos puede la hipótesis reciente ser considerada como prueba que afirma encontrar al autor del evangelio de Juan en Juan el presbítero". *The Origin of the New Testament* pág.89.

Las consideraciones más importantes que llevan a muchos críticos racionalistas a la conclusión de que el cuarto evangelio fue escrito en el segundo siglo, son las siguientes: 1) La teología del evangelio, especialmente su representación de Cristo, se desarrolla a tal grado que apunta más allá del primero y refleja la consciencia de la Iglesia del siglo segundo. 2) El evangelio evidentemente fue escrito bajo la influencia de las tendencias filosóficas y religiosas que eran prevalentes en el segundo siglo, tales como el Montanismo, el Docetismo y el Gnosticismo. 3) La gran diferencia entre el cuarto evangelio y los sinópticos parece ser el resultado de la sofistería del segundo siglo con respecto a la naturaleza de Cristo, y de la controversia pascual.

Pero la idea de que el evangelio de Juan es un producto del segundo siglo va en contra tanto de la evidencia interna a la cual ya nos referimos y al testimonio externo, que es excepcionalmente fuerte y que puede ser rastreado hasta el mismo principio del segundo siglo. Algunas de las epístolas de Ignacio muestran la influencia de la cristología de Juan, y los escritos tanto de Papías como de Policarpo contienen alusiones a la primera epístola de Juan, que fue escrita evidentemente al mismo tiempo que el evangelio. Por lo tanto, el último existía al principio del segundo siglo. La teología del evangelio de Juan no está más desarrollada que la de las epístolas de Pablo a los Efesios y Colosenses, que fueron escritas entre 61 y 63 d.C. Los críticos generalmente dejaron de confiar en las características así llamadas montanistas del evangelio, y aunque siguieron manteniendo que algunos pasajes contenían rastros de un gnosticismo docetista, son puramente imaginarios y se desvanecen fácilmente, cuando se enciende la luz de la exégesis. La relación del evangelio con la controversia pascual ahora se admite como muy dudosa. Y la diferencia entre él y los sinópticos puede ser satisfactoriamente explicada sin considerarla como una obra del segundo siglo.

Los críticos de la escuela de Tubinga, que aceptan la autoría juanina del Apocalipsis, solían negar que Juan escribió el evangelio, porque es distinto en muchos aspectos de la primera obra. Al presente no se insiste en este argumento porque los estudiosos no están seguros, como lo estuvieron antes, de que Juan escribiera el libro de Apocalipsis. Reuss, quien aun argumenta de esa manera, dice: "Debe admitirse que incluso en los más recientes tiempos la decisión de la cuestión en cuanto a la autenticidad apostólica del Apocalipsis ha sido hecha por ambas partes dependiente de un juicio previamente formado, como con el cuarto evangelio". *History of the N.T.*, I pág.161.

Composición

1. Lectores y Propósito. El evangelio de Juan fue con toda probabilidad escrito primeramente para los cristianos de Asia Menor, entre quienes especialmente la herejía de Cerinto había surgido. La tradición temprana dice que Juan lo escribió por la solicitud de los obispos de Asia para combatir esa herejía. La evidencia interna ciertamente favorece la hipótesis de que fue compuesto para lectores griegos. El autor interpreta cuidadosamente las palabras hebreas y arameas, como en Juan 1:38, 41, 2; 9:7; 11:16; 19:13, 17; 20:16. Se plantea el objetivo de explicar las costumbres judías y las denominaciones geográficas, Juan 1:28; 2:1; 4:4; 11:54, ... 7:37; 19:31, 40, 42. Además, a pesar de su estilo hebreo característico, cita usualmente la Septuaginta.

No fue el propósito de Juan proporcionar un suplemento a los sinópticos, aunque su evangelio ciertamente contiene una gran cantidad de material suplementario; tampoco quiso producir una polémica directa contra la herejía Cerintiana, incluso si esto determinara en cierta medida su especial forma de decir la verdad. No pretendió reconciliar a los partidos discordantes del segundo siglo guiándolos a una unidad superior, como afirmó la escuela de Tubinga, ni a refutar "objeciones ni invectivas judías", ni a proporcionar a "sus hermanos cristianos armas lista para usar"; una hipótesis de la cual afirma Wrede: "Esta visión en general es reciente, pero está haciendo progresos victoriosos entre los estudiosos". *The Origin of the New Testament*, pág.84.

El apóstol mismo expresa su propósito, cuando dice: "Pero éstas se han escrito para que creáis que Jesús es el Cristo, el Hijo de Dios, y para que creyendo, tengáis vida en su nombre", Juan 20:31. Por lo tanto, su propósito es doble, teórico y práctico. Desea demostrar que Jesús es el Cristo, el Hijo de Dios, y llevar a los creyentes a una vida de bendita comunión con Él. Los medios que emplea para tal fin son: 1) Los milagros del Señor, en los cuales hace un especial énfasis, Cp. Juan 20:30; 31:25, y que se contemplan como σημεῖα, como señales de la gloria divina de Cristo. 2) Los largos discursos del Salvador, que sirven para interpretar sus señales y describen la relación única en la que se encuentra con el Padre. Y 3) las narrativas que ponen a Jesús en contacto con individuos tales como Natanael, Nicodemo, la mujer samaritana, Felipe, María Magdalena y Tomás, muestran cómo los lleva a la fe, una fe que culmina con la confesión de Tomás: "Mi Señor y mi Dios".

2. Tiempo y Lugar. Ya que Juan fue el indudable escritor del cuarto evangelio, tenemos un *terminus ad quem* en 98 d.C., porque Ireneo dice que Juan vivió hasta el tiempo de Trajano, quién comenzó a reinar en ese año. El testimonio de Jerónimo es al mismo efecto: "El apóstol Juan vivió en Asia hasta el tiempo de Trajano, y murió a una edad avanzada en el año sesenta y ocho de la pasión de nuestro Señor, fue sepultado cerca de la ciudad de Éfeso". El mismo escritor coloca la muerte de Juan en 100 d.C. Sin embargo, con toda probabilidad, Juan escribió su evangelio muchos años antes de su muerte, ya que su estilo es, como remarca Alford, "uno de madurez, pero no el de un anciano". *Prolegomena to the Gospels* Capítulo V., Sección VI, 10. No es tarea fácil encontrar un *terminus a quo*. Podemos estar seguros de que el apóstol no compuso el evangelio hasta después de la muerte de Pablo en 68 d.C. Las congregaciones de Asia Menor fueron la carga especial del gran apóstol de los gentiles, y nunca hizo mención en sus epístolas de Juan estando en medio de ellos, ni le envió un simple saludo, y cuando se separó de los ancianos efesios, evidentemente no anticipó la venida de un apóstol entre ellos. Además, inferimos de Juan 21:19 que Juan supo la forma en que Pedro murió, y presupone este conocimiento en sus lectores. Por lo tanto, es improbable que el evangelio se haya escrito antes del 70 d.C. Bengel en su Gnomon infiere del uso del tiempo presente en Juan 5:2 que Jerusalén estaba aún intacta. Pero este argumento no es conclusivo, ya que la ciudad no fue completamente demolida por los romanos, y porque podemos con igual propiedad concluir de Juan 11:18 que tanto Jerusalén como Betania habían sido barridos de la faz de la tierra. El absoluto silencio de Juan con respecto a la destrucción de la ciudad favorece la idea de que escribió el evangelio muchos años después de esa calamidad. Zahn fecharía el evangelio después del 80 d.C., su *terminus ad quem* para la composición del evangelio de Lucas, ya que la tradición enseña que Juan escribió después de los sinópticos. Baur sostiene que el evangelio fue compuesto entre 160 y 170 d.C. La tendencia al presente es volver a alguna fecha cercana a los límites indicados antes. Así Pfleiderer lo fecha en 140 d.C., Hilgenfeld cree que se originó entre 130 y 140 d.C. Harnack y Julicher no están dispuestos a colocarlo más tarde de 110 d.C., y el primero incluso admite que puede haber sido escrito tan temprano como el 80 d.C.

La tradición señala a Éfeso como el lugar de composición. Orígenes testifica "que Juan, habiendo vivido largo tiempo en Asia, fue sepultado en Éfeso". Esto es confirmado por Polícrates, un obispo de Éfeso. Jerónimo dice: "Juan escribió el evangelio por el deseo de los obispos de Asia". Y Cosmas de Alejandría nos informa que Juan compuso su evangelio, mientras vivía en Éfeso. No hay razón para dudar de este testimonio.

3. *Método*. El evangelio de Juan es de un carácter evidentemente autóptico. Puede haber leído los sinópticos antes de componer su obra, pero no hizo uso de ellos como fuentes de las cuales sacar una parte de su material. En muchos lugares el autor indica que relató lo que había visto y oído, Cp. Juan 1:14; 13:23; 18:15; 19:26, 35; 20:2. Comparar lo que dice en su primera epístola 1 Juan 1:1-3. Mientras que los sinópticos se basaron, con toda probabilidad, en gran medida en la tradición oral y en fuentes escritas, ninguna de estas jugó un papel apreciable en la composición del cuarto evangelio. Juan, quien había guardado cuidadosamente en la memoria los profundos discursos del Señor con respecto a su propia persona, discursos que causaron una impresión profunda y duradera en el discípulo amado, recurrió a esa fuente de conocimiento y, guiado por el Espíritu Santo a toda verdad, nos proporcionó un registro exacto de las señales y palabras del Salvador.

A menudo se ha observado que hay una gran diferencia entre el estilo de los discursos de Cristo en los sinópticos y aquellos contenidos en el cuarto evangelio, y que en este evangelio hay una gran similitud entre la narrativa de los evangelistas y los discursos del Salvador que parece como si Juan los vistiera en su propio lenguaje. Pero los sinópticos y Juan tienen tan poco material en común que no podemos sacar conclusiones seguras de ello, y en los discursos de Cristo que tienen en común no es observable una gran diferencia de estilo. En lo que concierne al segundo punto, puede ser, como Alford cree probable, que el Señor influenció a Juan tan profundamente que el estilo de este último se volvió muy similar al del Maestro. Pero incluso si Juan reprodujo los discursos del Salvador en su propio estilo y lenguaje, podemos estar seguros de que nos dio la enseñanza exacta del Señor.

Importancia Canónica
El evangelio de Juan fue aceptado como canónico en todas las partes de la Iglesia desde los primeros tiempos, siendo las únicas excepciones los Álogos y Marción. Es cierto, los Padres apostólicos no lo citan, pero los escritos de tres de ellos muestran rastros tanto de él como de la Primera Epístola. Entre los Padres de la Iglesia, Ireneo, Clemente de Alejandría, Tertuliano, Orígenes, Justino Mártir, Jerónimo y otros, lo citaron libremente o a la Primera Epístola como parte integral de la Palabra de Dios. Además, está incluido en el Diatesarón de Taciano, el canon Muratoriano y las versiones Siriaca y Latina Antigua. Al menos diecinueve testigos testifican del uso y del reconocimiento del evangelio antes del final del segundo siglo. El gran significado de este evangelio en la Sagrada Escritura es que coloca prominentemente ante nosotros al Hijo del Hombre como el Hijo de Dios, como la Palabra eterna que se hizo carne. Según este evangelio, Cristo es el Hijo de Dios, que descendió del Padre, mantuvo una relación única con el Padre, había venido a hacer la voluntad del Padre a la tierra, y volvería a la gloria que había poseído eternamente con el Padre, para poder enviar al Espíritu Santo del Padre para permanecer con su Iglesia a través de todas las edades. En ese Espíritu, Él mismo regresaría a sus seguidores para habitar en ellos para siempre. Él es la máxima revelación de Dios, y nuestra relación con Él, ya sea de fe o de incredulidad, determina nuestro destino eterno. Ante este Cristo la Iglesia se arrodilla en adoración con Tomás y clama: "Mi Señor y mi Dios".

CAPÍTULO 7
Los Hechos de los Apóstoles

··· ☙ℭ᠍ ···

Contenido
El contenido de este libro naturalmente se divide en dos partes; en cada una de ellas el tópico principal es el establecimiento de la Iglesia desde un centro determinado:

I. *El Establecimiento de la Iglesia desde Jerusalén*, 1:1-12:25. En esta parte tenemos primero el último discurso de Cristo a sus discípulos, la ascensión, la elección de un apóstol en el lugar de Judas, el cumplimiento de la promesa en el derramamiento del Espíritu Santo y la conversión de los tres mil, Hechos 1:1-2:47. Después sigue la sanidad del lisiado por Pedro y Juan, su testimonio de Cristo en el templo, por el cual fueron llevados prisioneros por los sacerdotes, el capitán del templo y los saduceos, su liberación, ya que los enemigos temieron al pueblo, y su acción de gracias por la liberación, Hechos 3:1-4:31. Luego se describe la condición de la Iglesia: tenían todas las cosas en común, y un castigo severo fue infligido a Ananías y Safira por su engaño, Hechos 4:32-5:11. Debido a sus obras y palabras, los apóstoles fueron aprisionados de nuevo, pero liberados por el ángel del Señor, fueron llevados ante el Concilio de los judíos y liberados después de una advertencia, Hechos 5:12-42. La murmuración de los griegos lleva al nombramiento de siete diáconos, uno de los cuales, a saber Esteban, hizo milagros entre el pueblo, y después de su testimonio de Cristo ante el Concilio, se convirtió en el primer mártir cristiano, Hechos 6:1-7:60. Esto es seguido por una descripción de la persecución de la Iglesia y la dispersión resultante de los creyentes, de la obra de Felipe en Samaria, de la conversión de Saulo, la sanidad de Eneas por Pedro y la resurrección de Tabita, Hechos 8:1-9:43. Después tenemos la visión de Pedro del lienzo descendente, su consecuente predicación a la familia de Cornelio, y la defensa de su proceder ante los hermanos en Judea, Hechos 10:1-11:18. El relato del establecimiento de la iglesia en Antioquía, del martirio de Jacobo, y del encarcelamiento y liberación de Pedro concluye esta sección, 11:19-12:25.

II. *El Establecimiento de la Iglesia desde Antioquía,* 13:1-28:31. Desde Antioquía, Bernabé y Saulo emprendieron el primer viaje misionero, incluyendo visitas a Chipre, Antioquía de Pisidia, Iconio, Listra y Derbe, desde donde regresaron a Antioquía, Hechos 13:1-14:28. Luego se da un relato del Concilio de Jerusalén y sus decisiones afectan a los gentiles, Hechos 15:1-34. Después de su contienda con Bernabé, Pablo comienza el segundo viaje misionero con Silas, pasando a través de las puertas de Cilicia hacia Derbe, Listra, Iconio y Troas, de donde fue dirigido por una visión para pasar a Europa, donde visitó Filipos, Tesalónica, Berea, Atenas y Corinto, predicando el evangelio y estableciendo iglesias. Desde Corinto regresó de nuevo a Jerusalén y Antioquía, Hechos 15:35-18:22. Poco después de que Pablo comenzara su tercer viaje misionero, yendo a través de Asia Menor, permaneció en Éfeso por más de dos años, y pasó a Corinto, desde donde regresó a Jerusalén por Troas, Éfeso y Cesarea, Hechos 18:23-21:16. En Jerusalén los judíos buscaron matarlo, su defensa tanto en los escalones de la fortaleza y ante el sanedrín simplemente incitó una ira mayor y condujo a una determinación positiva de asesinarlo, Hechos 21:1-23:14. Una conspiración llevó a la deportación de Pablo a Cesarea, donde defendió su actuar ante Félix, Festo y Agripa, y debido al maltrato recibido a manos de estos gobernadores, apela a César, Hechos 23:15-26:32. De Cesarea es enviado a Roma, sufre un naufragio en el camino, realiza milagros de sanidad en la isla de Malta, y al llegar a su destino predica el evangelio a los judíos y permanece prisionero en Roma por dos años, Hechos 27:1-28:31.

Características

1. La característica más sobresaliente de este libro es que nos familiariza con el establecimiento de las Iglesias cristianas, e indica su organización principal. Según él las Iglesias se fundaron en Jerusalén, Hechos 2:41-47, Judea, Galilea y Samaria, Hechos 9:31, Antioquía, Hechos 11:26, Asia Menor, Hechos 14:23, 16:5, Filipos, Hechos 16:40, Tesalónica, Hechos 17:10, Berea, Hechos 17:14, Corinto, Hechos 18:18 y Éfeso, Hechos 20:17-38. Del capítulo seis podemos aprender de la institución del oficio de los diáconos, y de Hechos 14:23 y 20:17-38 es claro que los ancianos, también llamados obispos, fueron ya nombrados.

2. La narrativa que contiene se centra en dos personas, a saber, Pedro y Pablo; el primero establece la Iglesia judía, el segundo la Iglesia gentil. En consecuencia, contiene muchos discursos de estos apóstoles, como el sermón de Pedro en el día de Pentecostés, Hechos 2:14-36, y en el templo, Hechos 3:12-26, su defensa ante el Concilio judío, Hechos 4:8-12; 5:29-32, su sermón en la casa de Cornelio, Hechos 10:34-43 y su defensa ante los hermanos en Judea, Hechos 11:4-18. Y de Pablo el libro contiene los sermones predicados en Antioquía, Hechos 13:16-41, en Listra, Hechos 14:15-18 y en Atenas, Hechos 17:22-31, sus discursos a los ancianos efesios, Hechos 20:18-35, ante el sanedrín, Hechos 23:1-6 y ante Félix y Agripa, Hechos 24:10-21; 26:2-29.

3. Los varios milagros registrados en este escrito constituyen uno de sus rasgos característicos. Además de los milagros que no son descritos y de los cuales hubo muchos "signos y maravillas" de los apóstoles, Hechos 2:43; 5:12, 15, 16, por Esteban, Hechos 6:8, por Felipe, Hechos 8:7, por Pablo y Bernabé, Hechos 14:3 y también solo por Pablo, Hechos 19:11, 12; 28:1-9, los siguientes milagros están descritos específica-

mente: El don de lenguas, Hechos 2:1, 11; el paralítico curado, Hechos 3:1-11; el temblor del lugar de oración, Hechos 4:31; la muerte de Ananías y Safira, Hechos 5:1-11; la liberación de los apóstoles de prisión, Hechos 5:19, el arrebato de Felipe, Hechos 8:39, 40; la curación de Eneas, Hechos 9:34; la restauración de la vida a Dorcas, Hechos 9:36-42; la vista de Pablo restaurada, Hechos 9:17; la liberación de Pedro de la prisión, Hechos 12:6-10; la muerte de Herodes, Hechos 12:20-23; Elimas, el mago, enceguecido, Hechos 13:6-11; el paralítico en Listra curado, Hechos 14:8-11; la muchacha liberada en Filipos, Hechos 16:16-18; la prisión sacudida en Filipos, Hechos 16:25,26; la restauración de la vida a Eutico, Hechos 20:9-12; Pablo ileso de la mordida de una serpiente venenosa, Hechos 28:1-6; el padre de Publio y muchos otros sanados, Hechos 28:8, 9.

4. El estilo de este libro es muy similar al del tercer evangelio, aunque contiene menos hebraísmos. Simcox dice que "los Hechos es de todos los libros incluidos en el Nuevo Testamento el más cercano al uso literario contemporáneo, si no es que el más cercano uso literario clásico, el único, excepto quizá por la epístola a los Hebreos, donde la conformidad a un estándar de corrección clásica se persigue realizar conscientemente". *The Writers of the New Testament*, pág.16. El tono es más hebraico en la primera parte del libro, especialmente en los sermones de los capítulos 2 y 13 y en la defensa de Esteban capítulo 7, en los cuales el elemento del Antiguo Testamento es muy amplio– y es más helénico en la última parte del libro, como en la epístola de la Iglesia en Jerusalén, la carta de Lisias, el discurso de Tértulo, y la defensa de Pablo ante Agripa. Esto es debido indudablemente al hecho de que la primera parte del libro trata primeramente con judíos, y la última parte especialmente con los cristianos gentiles.

Título
El título griego del libro es πράξεις ἀποστόλων, Hechos de

los Apóstoles. No hay una completa uniformidad en los manuscritos al respecto. El Sinaítico tiene simplemente πράξεις aunque tiene el título habitual al cierre del libro. El Códice D es peculiar en tener πράξις άποστόλων, *La Forma de Actuar de los Apóstoles*. No consideramos que el título procede del autor, sino de uno de los transcriptores; ni lo consideramos una elección satisfactoria. Por un lado, el título, si se traduce como está, tanto en la Versión Autorizada y Revisada como "Los Hechos de los apóstoles", es demasiado amplio, ya que no hay sino dos apóstoles cuyos hechos están registrados en este libro, a saber, Pedro y Pablo. Por el otro es muy limitado, porque el libro contiene no solo muchos hechos, sino también muchas palabras de estos apóstoles, y también, ya que registra además de estos hechos y palabras, los de otras personas, tales como Esteban, Felipe y Bernabé.

Autoría
La voz de la Iglesia antigua es unánime en atribuir este libro a Lucas, el autor del tercer evangelio. Ireneo al citar pasajes de él, repetidamente usa la siguiente fórmula: "Lucas el discípulo y seguidor de Pablo dice así". Clemente de Alejandría, citando el discurso de Pablo en Atenas, lo presenta: "Como lo relata Lucas en los Hechos de los apóstoles". Eusebio dice: "Lucas nos ha dejado dos volúmenes inspirados, el evangelio y los Hechos". El testimonio externo para la autoría de Lucas es muy fuerte como podríamos desear.

Ahora surge la cuestión de si la evidencia interna está de acuerdo con esto. El libro no afirma directamente haber sido escrito por Lucas. Nuestra evidencia escritural de la autoría es de un carácter inferencial. Nos parece que la autoría lucana está apoyada por las siguientes consideraciones:

1. *Las secciones "nosotros"*. Estas son las siguientes secciones, Hechos 16:10-17; 20:5-15; y 227:1-28:16, en los cuales se encuentra el pronombre de la primera persona del plural, implicando que el autor fue un compañero de Pablo en algunos

de los viajes apostólicos. Ya que Pablo tuvo muchos asociados, se han sugerido diferentes nombres para el autor de este libro, como Timoteo, Silas, Tito y Lucas, quien de acuerdo con Colosenses 4:14, Filemón 24 y 2 Timoteo 4:11, fue también uno de los compañeros y mejor amigo del apóstol. Sin embargo, las dos primeras personas nombradas están excluidas por la forma en que se habla de ellas en Hechos 16:19 y 20:4, 5. Y poco se puede decir en favor de Tito ahora que generalmente hay un acuerdo de que Lucas fue el autor de las secciones "nosotros". Pero si esto es cierto, también es el autor del libro, porque el estilo del libro es similar en todas partes, hay referencias cruzadas de las secciones "nosotros" con las otras partes del libro, como por ejemplo, en Hechos 21:8, donde Felipe es presentado como uno de los siete, mientras que sabemos solo por el capítulo 6 quiénes fueron los siete, y de Hechos 8:40 cómo Felipe llegó a Cesarea, y es inconcebible que un escritor posterior haya incorporado las secciones "nosotros" en su obra en forma tan habilidosa que las líneas de demarcación no pueden ser descubiertas, y que al mismo tiempo deje sin alterar el pronombre revelador de la primera persona.

2. *El lenguaje médico*. El Dr. Hobart ha señalado claramente esta característica tanto en el evangelio de Lucas como en los Hechos de los Apóstoles. Algunos aclaran este argumento, pero Zahn dice: "W. K. Hobart hat fur Jeden, dem flberhaupt etwas zu beweisen ist, bewiesen, dass der Verfasser des lucanischen Werks em mit der Kunstsprache der griechischen Medicin vertrauter Mann, em griechischer Arzt gewesen ist". (W. K. Hobart ha demostrado a todos los que se puede demostrar que el autor de la obra de Lucana era un hombre familiarizado con el arte de la medicina griega, un médico griego). Einl. II pág.429. Encontramos ejemplos de este lenguaje médico en ἀχλύς, Hechos 13:11, παραλελυμένος, Hechos 8:7; 9:33, πυρετοῖς καὶ δυσεντερία συνερξόμενον, Hechos 25:8.

3. *Asumiendo que Lucas escribió el tercer evangelio, una comparación de Hechos con esa obra también favorece decididamente la autoría de Lucas*, porque: 1) El estilo de estos dos libros es similar; la única diferencia sería que el segundo libro es menos hebraísta que el primero, una diferencia que encuentra ya una explicación en las fuentes usadas y en el método de composición del autor. 2) Ambos libros son dirigidos a la misma persona. 3) En el versículo de apertura de Hechos, el autor se refiere al primer libro que había escrito. Tomando en consideración los puntos mencionados, este no puede ser otro que nuestro tercer evangelio, aunque Baljon, siguiendo a Scholten, niega esto. *Geschiedenis v/d Boeken des N.V.* pág.421.

4. *El libro contiene evidencia clara de haber sido escrito por un compañero de Pablo.* Esto se sigue no solo de las secciones "nosotros", sino también del hecho de que, como incluso admiten críticos hostiles, el autor se muestra familiarizado con la dicción paulina. Tenemos razones para pensar que no derivó esta familiaridad del estudio de las epístolas paulinas, y si esto es cierto, la explicación más racional es que fue un asociado de Pablo y escuchó hablar al gran apóstol en muchas ocasiones. Además, la caracterización que el autor hace de Pablo es tan detallada e individualizada que evidencia que lo conocía personalmente.

La autoría de Lucas no ha encontrado una aceptación general entre los estudiosos del Nuevo Testamento. Las principales objeciones parecen ser las siguientes: 1) Se dice que el libro muestra rasgos de dependencia de las *Antigüedades de Josefo*, una obra que fue escrita cerca del 93 o 94 d.C. La referencia a Teudas y Judas en 5:36,37 se supone que yace en una mala lectura de Josefo, Ant. XX, V, 1,2. 2). Se afirma que el punto de vista del autor es el de un escritor del segundo siglo, cuyo cristianismo está marcado por la universalidad, y cuyo objetivo es reconciliar las tendencias opuestas de su tiempo. 3) Algunos sostienen que la obra es históricamente muy inexacta, y que revela una aceptación tan completa de lo milagroso, que no puede haber sido escrita por un contemporáneo. Supuestamente hay un gran conflicto especialmente entre Hechos 15 y Gálatas 2.

No podemos entrar en un examen detallado de estas objeciones; unas pocas observaciones al respecto serán suficientes. De ninguna manera está probado que el autor leyó a Josefo, ni que escribió su obra después de que el historiador judío compuso sus antigüedades. Gamaliel, quien hace la declaración sobre Teudas y Judas, pudo muy bien haber derivado su conocimiento de una fuente distinta, y su supuesto error (que puede no ser un error después de todo) no afecta la autoría, ni la confiabilidad del libro. Que el punto de vista del autor es más avanzado que el de las epístolas paulinas (Baljon) es puramente imaginario; está en perfecta armonía con los otros escritos del Nuevo Testamento. Y la idea de la lucha entre las facciones petrina y paulina ahora es generalmente descartada. La inexactitud histórica no necesariamente implica que un libro fue escrito después de un tiempo considerable a los hechos. Además, en el libro de los Hechos no hay tal inexactitud. Al contrario, Ramsay en su, *St. Paul the Traveler and the Roman Citizen* ha probado concluyentemente que este libro es absolutamente confiable y es una obra histórica de primer orden. Puede ser que algunas dificultades no han encontrado una solución completamente satisfactoria, pero esto no tiene un efecto negativo contra la autoría de Lucas.

Composición

1. Lectores y propósito. No es necesario hablar extensamente sobre los lectores a los cuales fue dirigido en primer lugar, porque como el evangelio de Lucas está dirigido a Teófilo, y al igual que él, estuvo destinado indudablemente al mismo amplio círculo de lectores, a saber, los griegos.

Pero ¿cuál fue el propósito del autor al escribir este libro? Esta es una cuestión muy debatida. El libro de Hechos es realmente la continuación del tercer evangelio y fue, por lo tanto, con toda probabilidad, también escrito para dar a Teófilo la certeza de las cosas narradas. Notemos que, en el segundo libro como en el primero, el autor nombra a muchos actores, incluso de menos importancia en los eventos, y destaca en muchas ocasiones la relación de estos eventos con la historia secular. Cp. Hechos 12:1; 18:2; 23:26; 25:1. ¿De qué quería Lucas dar certeza a Teófilo? Del hecho de que él mismo dice que escribió el primer libro para dar a su amigo la certeza de las cosas que Jesús comenzó a hacer y enseñar, inferimos que en el segundo libro intenta darle una instrucción positiva con respecto a las cosas que Jesús continuó haciendo y enseñando a través de sus apóstoles. Parece que encuentra su programa en las palabras del Salvador, Hechos 1:8: "pero recibiréis poder, cuando haya venido sobre vosotros el Espíritu Santo, y me seréis testigos en Jerusalén, en toda Judea, en Samaria, y hasta lo último de la tierra". En armonía con este programa describe la marcha del cristianismo desde Jerusalén, el centro de la teocracia judía, a Roma, el centro del mundo. Por lo tanto, con Pablo en Roma, termina la tarea del autor.

Opuesto a esta visión están aquellos que consideran el libro como un escrito tendencioso, en el cual la historia ha sido falsificada con un propósito definido. Como tal tenemos:

1) La teoría de la escuela de Tubinga, de que el libro fue escrito para conciliar las facciones petrina y paulina en la Iglesia primitiva, y por lo tanto representa a Pedro como más liberal y a Pablo como más judaísta de lo que él es en armonía con sus propios escritos. El supuesto paralelismo entre Pedro y Pablo, según algunos, sirve al mismo propósito. Esta teoría en la forma llana en que fue abordada por Baur ahora está generalmente abandonada, y ha sido modificada de diversas maneras.

2) El punto de vista defendido por algunos estudiosos posteriores, tales como Overbeck y Straatman, de que el libro de los Hechos es realmente una apología del cristianismo en contra de los gentiles, especialmente los romanos. De ahí que el autor da a los romanos el debido honor, y claramente resalta las ventajas que Pablo deriva de su ciudadanía romana. Desea transmitir la impresión de que la doctrina enseñada por Pablo –que estaba protegido por el poderoso brazo de Roma, que fue absuelto de cargos falsos por los gobernadores romanos, y quien con una buena consciencia apeló a Cesar mismo– no podía ser considerada como peligrosa para el estado. Wrede considera esto un propósito subordinado del autor.

El mérito permanente de estas teorías es que contemplan el libro de Hechos como un todo artístico. Para lo demás, sin embargo, no valen la pena de que las consideramos con seriedad. Las bases sobre las que descansan son muy inciertas, no están confirmadas por los hechos, son perjudiciales para la bien establecida historicidad del libro; y llegan a nosotros con una demanda irrazonable, nacidas de la incredulidad y la aversión a lo milagroso, de considerar al autor como un falsificador de la historia.

2. *Tiempo y Lugar.* En cuanto al tiempo, cuándo el libro fue compuesto poco se puede decir con certeza. Debe haber sido después del 63 d.C., ya que el autor conoce que Pablo permaneció en Roma por dos años. Pero ¿qué tanto tiempo después de esa fecha fue escrito? Entre los estudiosos conservadores, tales como Alford, Salmon, Barde y otros. la opinión que se mantiene generalmente es que Lucas escribió su segundo libro antes de la muerte de Pablo y la destrucción de Jerusalén, porque no se menciona cualquiera de estos importantes hechos. Zahn y Weiss naturalmente lo fechan cerca del 80 d.C., ya que ellos consideran esta fecha como el *terminus ad quem* (el término más temprano) para la composición

del tercer evangelio. Muchos de los últimos críticos racionalistas también son de la opinión de que el libro fue escrito después de la destrucción de Jerusalén; incluso algunos lo ubican tan tarde como el 110 d.C. (Bajlon) y 120 (Davidson). Sus razones para hacer esto son: 1) La supuesta dependencia de Lucas de Josefo; 2) la suposición, basada en Lucas 21:20, Hechos 8:26 ss. de que Jerusalén ya había sido destruida, y 3) el supuesto hecho de que el estado de cosas en el libro apunta al tiempo cuando el estado comenzó a perseguir a los cristianos sobre bases políticas. Ninguna de estas razones es concluyente, y no vemos razones para colocar el libro después del 63 d.C. El lugar de composición fue con toda probabilidad Roma.

3. *Método*. El problema de las fuentes usadas por Lucas en la composición de este libro ha dado lugar a muchas teorías, que no podemos discutir aquí. Y no es necesario que debamos hacer esto, porque, como sostiene Zahn, ninguno de estos repetidos intentos ha alcanzado alguna medida de probabilidad; y dice Headlam: "Su declaración ya es una condena suficiente". *Hastings D.B.* Art. *Act of the Apostles*. Para una buena discusión de las diversas teorías de Van Manen, Sorof, Spitta y Clemen, Cp. Knowlings *Introduction to Acts in the Expositors Greek Testament*. Con Blass creemos que, si Lucas es el autor, la cuestión de las fuentes para gran parte del libro necesita ser planteada. El escritor pudo haber aprendido la historia temprana de la Iglesia de Jerusalén de Bernabé en Antioquía y de muchos otros que encontraron refugio en esa ciudad después de la persecución; de Felipe, con quien se hospedo por varios días, Hechos 21:8-15, y con quien debe haber tenido relación durante la estancia posterior de Pablo en Cesarea, y de Mnasón, un antiguo discípulo, Hechos 21:16. Y con respecto a los viajes misioneros de Pablo, él con toda probabilidad recibió completa información del apóstol mismo, y podía recurrir a su propia memoria o notas. Es muy posible que el autor haya escrito registros de los discur-

sos de Pedro y Pablo, pero ciertamente no los reprodujo literalmente sino coloreados en parte con su propio estilo.

Inspiración

El libro de Hechos es una parte de la Palabra inspirada de Dios. Tenemos en él el fruto de la inspiración apostólica, en la medida que encontramos aquí los discursos de algunos apóstoles y de Esteban, que estaba lleno del Espíritu Santo, cuando defendió su proceder ante el Concilio judío, Hechos 6:5,10. Y en la composición de su libro Lucas fue guiado por el Espíritu Santo, así que la obra en general debe ser considerada como producto de la inspiración gráfica. Esto se desprende del hecho de que este libro es un complemento necesario de los evangelios, que son, como hemos visto, registros inspirados. Es continuación del evangelio de Lucas, que es citado como Escritura en 1 Timoteo 5:18 (Cp. Lucas 10:7). Si el evangelio es inspirado, entonces, ciertamente, la obra que continua su narrativa también está escrita por inspiración. Además, encontramos que los Padres de la Iglesia desde tiempo antiguo apelaron a este libro como autoridad divina, como una obra inspirada.

Importancia Canónica

El lugar de Hechos en el canon de la Sagrada Escritura nunca ha sido disputado por la Iglesia primitiva, excepto por sectas heréticas como los Marcionitas, los Ebionitas y los Maniqueos, y solo por motivos dogmáticos. Rastros de su conocimiento se encuentran en los Padres apostólicos, y también en Justino y Taciano. Ireneo, Clemente de Alejandría y Tertuliano citan frecuentemente de este libro. Es nombrado en el canon Muratoriano, y también está contenido en las versiones Siriaca y Latina. Estos testimonios son más que suficientes para mostrar que fue aceptado generalmente.

Como una parte integral de las Escrituras está inseparablemente conectado con los evangelios, y nos revela cómo el evangelio fue incorporado en la vida y la institución de la

Iglesia. Aquí vemos que la siembra de la semilla preciosa que fue confiada a los apóstoles resultó en la plantación y extensión de la Iglesia desde tres grandes centros raciales del mundo: desde Jerusalén, el centro de la teocracia judía, desde Antioquía, el centro de la cultura griega y desde Roma, la capital del mundo. Los evangelios contienen una revelación de lo que Jesús comenzó a hacer y enseñar; el libro de los Hechos nos muestra qué continuó haciendo y enseñando a través del ministerio de los hombres. Hay un evidente avance en la enseñanza de los apóstoles; han aprendido a entender mucho de lo que alguna vez fue un misterio para ellos. En los evangelios encontramos que tenían prohibido decir a alguien que Jesús es el Mesías; aquí leemos repetidamente que predicaron a Cristo y la resurrección. Ahora ellos exhibieron a Cristo en su verdadero carácter como el Príncipe de la vida y como el Rey de gloria. Y el efecto de su predicación fue tal que proporcionó pruebas sorprendentes del poder regenerador de Cristo, quien, por la resurrección de entre los muertos, fue declarado poderosamente que era el Hijo de Dios.

CAPÍTULO 8
Las Epístolas en General

··· ᘏᘎ ···

La Forma epistolar en la literatura bíblica
La revelación de Dios viene a nosotros de muchas formas, de diversas maneras. No solo está incorporada en hechos, sino también en palabras; no solo nace de los profetas, sino también de los dulces cantores y de los sabios de Israel; se expresa no solo en los evangelios, sino también en las epístolas. Cerca de un tercio del Nuevo Testamento se presenta en forma epistolar.

Esta forma de enseñanza no fue algo absolutamente nuevo en el tiempo de los apóstoles, aunque encontramos pocos rastros de ello en el Antiguo Testamento. Se mencionan algunas cartas escritas por los reyes y profetas, por ejemplo, en 1 Reyes 21:8,9; 2 Reyes 5:5-7, 19:14; 20:12; Jeremías 29:1, pero son muy distintas de nuestras epístolas del Nuevo Testamento. La carta como un tipo particular de autoexpresión surgió, al parecer, entre los griegos y egipcios. Más tarde también se encontró entre los romanos y en el judaísmo helenístico, como vemos de la Epístola de Aristión, que trata del origen de la Septuaginta. De acuerdo con Deissman, el papiro egipcio ofrece especialmente una gran cantidad de material para comparar.

Sin embargo, con toda probabilidad, fue Pablo quien primero introdujo la Epístola como un tipo distinto de forma literaria para la transmisión de la verdad divina. Aparte de los evangelios, sus epístolas forman la parte más prominente del Nuevo Testamento. En esta relación es bueno tener en mente la importante distinción hecha por Deissmann entre una carta y una epístola, de las cuales la primera no es literaria, o como dice J.V. Bartlet, "preliteraria", y la última es una forma artística literaria de comunicación. Es la convicción de

Deissmann que los escritos de Pablo han sido muy mal entendidos. "Han sido considerados como tratados, como panfletos en forma de carta, o en cualquier caso como producciones literarias, como obras teológicas del dogmatismo cristiano primitivo". Insiste en que son cartas, que sirven al propósito de comunicación entre Pablo y las congregaciones, cartas que no fueron destinadas por Pablo para su publicación, sino solo para uso privado de los destinatarios, que surgen de alguna exigencia histórica, asistemática y palpitante con la vida del escritor". Deissmann, *St. Paul* pág.7 ss. Este escritor ciertamente nos prestó un buen servicio llamando la atención al hecho, a menudo perdido de vista, de que las epístolas de Pablo son una expresión viva y espontánea de una gran mente, que continuamente medita y reflexiona sobre la verdad de Dios; que son cartas que a menudo revelan claramente los cambios de humor del apóstol. Son marcadas como cartas por su carácter ocasional, por ir dirigidas a una sola comunidad y situación, y por su destinatarios, prescripciones y saludos.

Con respecto a la idoneidad de esta forma para la comunicación de los pensamientos divinos, los comentarios de Bernard son muy valiosos. Él encuentra que está en perfecta armonía "con esa apertura y participación igualitaria de la verdad revelada, que es la prerrogativa de la dispensación anterior, indicando también que el maestro y la enseñanza están colocados en un nivel común en la comunión de la verdad. Los profetas entregaron *oráculos al pueblo*, pero los apóstoles escribieron *cartas a los hermanos*, letras caracterizadas por toda plenitud de explicación sin reservas, y por ese juego de diversículos sentimientos, que son propios de esa forma de relación. Es en su naturaleza una comunicación más familiar, como entre aquellos que son o deberían ser iguales". "La forma adoptada en el Nuevo Testamento combina las ventajas de un tratado y de la conversación. La carta puede tratar temas importantes con precisión y plenitud, pero lo hará en inmediata conexión con la vida real. Es escrita para satisfacer cualquier situación. Respira del corazón del escritor. Toma su objetivo de las exigencias, y su tono de los sentimientos del momento". Bernard, *The Progress of Doctrine in the N.T.* pág.156,157.

La inspiración de las epístolas

Tanto las epístolas escriturales como los evangelios y los Hechos son divinamente inspirados. Tanto en su predicación como también al escribir sus cartas, los apóstoles fueron guiados por el Espíritu Santo. Aquí de nuevo debemos distinguir entre la inspiración apostólica y la gráfica, aunque en este caso las dos están estrechamente conectadas. Sin embargo, es necesario remarcar que, en el caso de las epístolas, a diferencia de los evangelios, casi no asumía exclusivamente el carácter de una ὑπομνήσις, sino fue también en gran medida una διδασκαλία. Ambos elementos están indicados en la promesa del Espíritu Santo dado por Cristo antes de su partida: "Mas el Consolador, el Espíritu Santo, a quien el Padre enviará en mi nombre, él *os enseñará* todas las cosas, y *os recordará* todo lo que yo os he dicho", Juan 14:26. Cp. también 16:12,13. En los evangelios tenemos la totalidad del κήρυγμα apostólico, por tanto, su producción dependió en gran medida de una memoria fiel. Las epístolas, por otro lado, contienen el fruto de la reflexión apostólica sobre este κήρυγμα, su interpretación de él. Por lo tanto, no era suficiente que los escritores al componerlas debieran recordar fielmente las primeras cosas; ellos necesitaban más luz sobre ellas, un mejor entendimiento de su verdadero y profundo significado. Por esa razón el Espíritu Santo se convirtió en su διδάσκαλος.

Los apóstoles fueron evidentemente conscientes de ser inspirados por el Espíritu Santo en la composición de sus epístolas. Esto se sigue de la autoridad con la que se dirigen a las congregaciones. Se sienten seguros de que su palabra obliga a la consciencia, condenan sin reservas a aquellos que enseñan otra doctrina como venida de Dios, condenan y alaban a todos los que siguen diligentemente su instrucción, pero también reprenden y censuran a aquellos que se atreven a seguir otra dirección. Si esto no se debía al hecho de que eran conscientes de la inspiración divina, expresa una arrogancia desmesurada, la cual, sin embargo, no puede ser armonizada con su vida de servicio y sus muchas expresiones de profunda humildad.

Además, hay muchas declaraciones explícitas en las epístolas que testifican el hecho de que los apóstoles fueron conscientes de ser los instrumentos del Espíritu de Dios. Así Pablo afirma que el Espíritu le reveló las cosas ocultas de Dios, que también habló, no con palabras de humana sabiduría, sino con palabras que el Espíritu enseñaba, 1 Corintios 2:10, 13. Está dispuesto a someter sus palabras al juicio de los profetas, 1 Corintios 14:37, y a dar prueba de que Cristo habla en él, 2 Corintios 13:3. Agradece a Dios de que los Tesalonicenses recibieron la palabra de su mensaje, no como la palabra de hombre, "sino según es en verdad, la palabra de Dios", 1 Tesalonicenses 2:13, y les advierte que mantengan las tradiciones que les fueron enseñadas por su palabra o por su epístola. Pedro coloca la palabra de los profetas y de los apóstoles en un nivel como la Palabra de Dios, en 1 Pedro 1:10-12; y en otra parte coloca su epístola junto con las de Pablo, que llama Escritura por inferencia, y así claramente muestra que también considera su propia escritura como producto del Espíritu de Dios, 2 Pedro 3:15, 16. Juan escribe: "Nosotros somos de Dios; el que conoce a Dios, nos oye; el que no es de Dios, no nos oye. En esto conocemos el espíritu de verdad y el espíritu de error", 1 Juan 4:6. Este lenguaje es inteligible solo en el supuesto de que Juan habla las palabras de Dios.

Ahora bien, debemos tener en cuenta que los apóstoles hablan así con respecto a sus palabras escritas, por lo que estaban evidentemente conscientes de la guía del Espíritu Santo al escribir sus epístolas. Hasta ese punto ellos también participaron de una inspiración transcriptiva separada. Sus epístolas son parte de la Palabra de Dios, y han sido aceptadas como tales por la Iglesia. Es cierto que por un tiempo cinco de ellas, a saber, las epístolas de Santiago y Judas, 2 Pedro y 2 y 3 de Juan, fueron clasificadas como antilegómenos, pero esto solo significa que su canonicidad fue tema de duda y disputa por un tiempo, no que fueron contadas entre los libros espurios. Han sido reconocidas por la mayoría de los escritores eclesiásticos desde el mismo principio, y fueron aceptadas generalmente por la Iglesia después del Concilio de Laodicea en 363 d.C.

El significado canónico de las epístolas en general
Las revelaciones del Antiguo y del Nuevo Testamento corren sobre líneas paralelas. En el Antiguo Testamento tenemos una revelación fundamental de la ley en el Pentateuco; en el Nuevo Testamento, la revelación fundamental del evangelio en el testimonio cuádruple de los evangelistas. Este va seguido en el Antiguo Testamento por los libros históricos, revelando las instituciones que a las que dio surgimiento la ley; y en el Nuevo Testamento, por un libro histórico, que muestra cómo el evangelio de Jesucristo se materializó en la Iglesia. Después de esto encontramos en el Nuevo Testamento las epístolas que revelan cómo operaba la verdad en las Iglesias, y contienen, en conexión con la vida de las Iglesias, la interpretación del evangelio; correspondiendo así en parte a los libros de experiencia del Antiguo Testamento, tales como Job, Salmos, Proverbios, etc., y en parte a los profetas como intérpretes de la ley. Los evangelios nos muestran cómo Cristo fue predicado al mundo; las epístolas cómo fue enseñado a la Iglesia. Los primeros contienen los hechos de la manifestación de Cristo; los últimos los efectos de ello en la experiencia espiritual de las Iglesias.

En las Epístolas podemos vislumbrar la vida interior de las congregaciones; vemos cómo reciben la verdad y en qué grado son guiados por ella en sus acciones. Contemplamos la vida cristiana en acción, trabajando sobre los grandes principios que habían sido recibidos. Encontramos que algunos abrazan sinceramente la verdad y se esfuerzan por aplicarla consistentemente a la vida en sus múltiples formas; que otros la entienden, pero imperfectamente y, como resultado, la mal aplican en la vida práctica, y que incluso otros resisten a la verdad y la pervierten para su propia condenación. Y en conexión con estas condiciones la verdad se expone e interpreta y aplica a las múltiples relaciones de vida.

Esta enseñanza se da en forma epistolar, de la cual ya hemos hablado. Y, el método empleado por los escritores al presentar la verdad es, como dice Bernard, "uno de compañerismo más que de dictado". No anuncian una serie de revelaciones que vienen a ellos de fuera, sino que hablan de la plenitud de su propio conocimiento y experiencia cristianas. Tampoco se acercan a sus lectores con una fórmula profética autoritativa, "Así dice el Señor", que en el Antiguo Testamento fue el fin de toda contradicción, sino que apelan al juicio y a la consciencia de aquellos a quienes se dirigen. Exponen sus declaraciones y después las confirman dando los fundamentos sobre las que descansan. Argumentan con sus lectores desde el Antiguo Testamento, desde las verdades generalmente admitidas y desde la experiencia, a menudo empleando el *argumentum ad hominem* para dar a conocer sus enseñanzas, e interceptan las objeciones de sus lectores y las refutan. Este método de enseñanza, comparado con el de los profetas, es más verdaderamente humano, siendo el factor divino menos prominente; y comparado con el de Cristo en los evangelios, es mucho más argumentativo, calculado para entrenar las mentes de los hombres a la consideración que lleva a una asimilación profunda de la verdad.

Tanto en su contenido como en su forma las epístolas son un claro avance sobre los evangelios. Después de que estos últimos nos han presentado la manifestación de Cristo en el mundo, las primeras tratan *de la vida en Cristo*, en la cual se expresa la aceptación de su manifestación. Después de que el Espíritu de Dios ha sido derramado, Cristo, quien anteriormente ha habitado entre los hombres, hace su habitación en los corazones de los creyentes. Por lo tanto, de lo que hablan las epístolas es especialmente de esa nueva vida de los creyentes en unión con Cristo. Constantemente enfatizan el hecho de que los creyentes individuales y las Iglesias son "en Cristo", y que por lo tanto su conversación también debe ser "en Cristo". Claramente interpretan el significado de la obra de Cristo para los creyentes de todas las naciones y tribus, y señalan que sus experiencias son paralelas en la vida de cada creyente. Todos aquellos que están unidos con Cristo por la fe, sufren con Cristo, están crucificados con Cristo, mueren con Cristo, y viven con Cristo en una vida nueva. Y su vida futura está escondida con Cristo en Dios. El origen de esa nueva vida, sus condiciones, su naturaleza, su carácter progresivo y comunal, y su perfección y gloria, son todas claramente descritas en las epístolas. Como el fundamento sobre el cual descansan todas estas bendiciones somos señalados a la redentora, justificadora, santificadora e intercesora obra de Jesucristo. Él es el principio y el fin. Las epístolas contienen clara evidencia de que los creyentes son reunidos de toda nación y tribu para estar en Cristo quien es Cabeza de la Iglesia, y en quien son juntamente edificados para morada de Dios en el Espíritu, para que Dios sea todo en todos.

Clasificación

El Nuevo Testamento contiene en total veintiún epístolas, que puede ser divididas en dos clases, a saber, 1. Las epístolas paulinas y 2. Las epístolas generales.

1. *La Epístolas Paulinas*. Trece de las epístolas del Nuevo Testamento llevan el nombre del gran apóstol de los gentiles. Por tanto, son conocidas generalmente como epístolas paulinas. Para algunos, la epístola a los Hebreos se suma a este número, aunque en ningún lado afirma haber sido escrita por Pablo. La Iglesia siempre ha estado dividida sobre la

cuestión de su autoría; la Iglesia oriental afirma y la occidental niega que Pablo la escribió. Clemente de Alejandría afirma que el apóstol la compuso en lengua hebrea, y que Lucas la tradujo al griego. De una declaración suya podemos probablemente inferir que su maestro, Panteno, también afirmó la autoría paulina de esta epístola, que llevaría el testimonio a una generación anterior. Orígenes admite que una muy antigua tradición apunta a Pablo como el autor, pero llega a la conclusión de que solo Dios sabe quién escribió el libro. Ireneo no atribuye la epístola a Pablo, tampoco Tertuliano, quien considera a Bernabé como el autor. Eusebio dice: "De Pablo, las catorce epístolas recibidas comúnmente son a la vez manifiestas y claras. Sin embargo, no es correcto ignorar el hecho de que algunos han rechazado la epístola a los Hebreos, afirmando que la Iglesia de Roma niega que sea de Pablo". Se inclinó a creer que el apóstol la escribió en hebreo y que Lucas, o más probablemente, Clemente de Roma, la tradujo. El catálogo del Concilio de Laodicea también habla de catorce epístolas de Pablo. Debemos dejar la cuestión de la autoría de esta epístola en suspenso por el momento, y clasificar las catorce epístolas de las cuales hemos hablado hasta ahora como sigue:

I. Epístolas Paulinas:
   1. Aquellas escritas durante el periodo de la actividad misionera de Pablo:
      a. Las dos Epístolas a los Tesalonicenses
      b. La Epístola a los Gálatas
      c. Las dos Epístolas a los Corintios
      d. La Epístola a los Romanos
   2. Aquellas escritas durante el encarcelamiento de Pablo:
      a. La Epístola a los Efesios
      b. La Epístola a los Colosenses
      c. La Epístola a Filemón
      d. La Epístola a los Filipenses
   3. Aquellas escritas después de la liberación de Pablo de

la prisión romana:
   a. Las dos Epístolas a Timoteo
   b. La Epístola a Tito.

II. De autoría incierta:
La epístola a los Hebreos

Bien puede suponerse que Pablo, quien siempre permaneció en contacto con las Iglesias que fundó, escribió muchas más cartas de las que ahora poseemos de él. Esto es evidente también desde las epístolas mismas. 1 Corintios 5:9 refiere a una carta ahora perdida, y es posible que 2 Corintios 7:8 también, aunque esta puede referirse a primera de Corintios. Colosenses 4:16 habla de una carta a Laodicea, de la cual no tenemos más conocimiento. Aunque estas cartas fueron indudablemente inspiradas, así como las que aun poseemos, podemos estar seguros de que ninguna epístola destinada por Dios para el canon de las Santas Escrituras se perdió.

Podemos señalar además que Pablo evidentemente escribió muy poco de su propia mano; generalmente empleó un amanuense en la composición de sus epístolas y simplemente agregó los saludos con su propia mano para sus amigos y la firma de autenticación, cp. 2 Tesalonicenses, Filemón 19 y Gálatas 6:11, que es, sin embargo, de interpretación incierta. Solo en una carta encontramos una designación precisa del amanuense, a saber, en Romanos 16:22.

2. *Las Epístolas Generales.* Este es un grupo de siete epístolas que en los antiguos manuscritos usualmente vienen inmediatamente después de los Hechos de los Apóstoles y por lo tanto preceden a las epístolas paulinas, quizá porque son obras de los antiguos apóstoles y en general representan el tipo de cristianismo judío. Su representación de la verdad difiere naturalmente de las epístolas paulinas, pero está en perfecta armonía con ellas. Entre estas epístolas generales están:

1. Aquellas escritas a la comunidad de cristianos:
   a. La epístola de Santiago
   b. Las dos epístolas de Pedro
   c. La primera epístola de Juan
   d. La epístola de Judas
2. Aquellas escritas para cierto individuo:
   a. La segunda epístola de Juan (?)
   b. La tercera epístola de Juan

De estas siete epístolas, primera de Pedro y primera de Juan fueron generalmente aceptadas como canónicas desde el principio, mientras que las otras cinco fueron al principio sometidas a duda y solo gradualmente encontraron aceptación en toda la Iglesia. Sin embargo, nunca fueron consideradas como espurias.

Por qué estas epístolas deben ser llamadas *generales* o *católicas*, es más o menos un enigma. Se han dado diversas interpretaciones del nombre, pero ninguna de ellas es completamente satisfactoria. Algunos sostienen que fueron llamadas así porque contienen la única doctrina católica que fue entregada a las Iglesias por los apóstoles, pero esta no es la marca característica de estas epístolas, ya que las de Pablo contienen la misma doctrina. Otros mantienen que el adjetivo *católico* fue usado por algunos de los Padres de la Iglesia en el sentido de *canónico*, y fue por ello aplicado primero a la primera epístola de Pedro y a primera de Juan para indicar su aceptación general, y después al grupo entero. Pero esta explicación es improbable, porque 1) hay poca prueba de que el término *católico* fue alguna vez equivalente a canónico, y 2) es difícil de ver si este realmente fue el caso, porque el término no debería haberse aplicado también a las epístolas paulinas, que fueron aceptadas desde el principio. Incluso otros piensan que recibieron este apelativo porque no fueron dirigidas a una persona o Iglesia como las epístolas de Pablo, sino a amplios sectores de la Iglesia. Consideramos a esta la mejor explicación del nombre, ya que está más en armonía con el significado usual del término y explica mejor la forma en que es usado en la literatura patrística. Sin embargo, incluso así el nombre no puede ser considerado como completamente correcto porque, por un lado, la segunda (?) y la tercera epístola de Juan están escritas para individuos, y por otro, la epístola a los Efesios también es una carta encíclica. Estas dos epístolas de Juan fueron probablemente incluidas en este grupo, por su pequeñez y cercana relación con la primera epístola de Juan.

CAPÍTULO 9
Las Epístolas de Pablo

... ∞⊗ ...

Pablo

No hay apóstol de cuya vida tengamos tanta información como tenemos con respecto a la de Pablo. Nació de padres hebreos en la atmósfera intelectual de Tarso en Cilicia, donde además de recibir la educación regular judía, pudo haber visitado una de las muchas escuelas griegas que se encontraban ahí. Siendo excepcionalmente brillante, fue enviado a Jerusalén para completar el estudio de la Ley y para ser introducido en la tradición rabínica. En ese centro de aprendizaje judío recibió instrucción a los pies del gran maestro judío de su época, Gamaliel I, y un futuro brillante fue abierto ante él, ya que era celoso de la Ley.

Lo encontramos primero en las Escrituras cuando era joven en relación con la muerte violenta de Esteban, y pronto encontramos en él al más activo perseguidor de la Iglesia de Cristo. Después de haber terminado su obra destructiva en Jerusalén, se dirige a Damasco con la autoridad del sumo sacerdote para perseguir a la Iglesia en esa ciudad. Es detenido en su camino por el Señor de la Iglesia, se convierte en penitente, y se vuelve un ferviente defensor de los principios que antes le eran repulsivos. Dejando Damasco, pasa tres años en Arabia, donde recibe más instrucciones de Dios mismo, y aprendió a ajustarse a las nuevas condiciones de vida, después de lo cual regresa de nuevo a Damasco. Siendo amenazado de muerte a manos de los judíos, huye de Damasco a Jerusalén, y de Jerusalén a su ciudad natal en Cilicia. Después de trabajar ahí por algunos años, acompañó a Bernabé a Antioquía de Siria, donde ayudó a establecer la joven Iglesia en esa ciudad. Ministró a las necesidades de esa congregación durante un año entero; durante ese tiempo él y

Bernabé también fueron a Jerusalén para llevar las contribuciones para los pobres. Poco después fueron dirigidos por el Espíritu Santo para predicar el evangelio entre los gentiles. En este primer viaje trabajaron en la isla de Chipre y en Antioquía de Pisidia, Iconio, Listra y Derbe, predicando el evangelio y haciendo milagros. A pesar de la feroz oposición de los judíos, lograron fundar muchas Iglesias. Habiendo terminado su obra, regresaron a Antioquía en Siria, y durante su estadía ahí fueron delegados al Concilio de Jerusalén para consultar a la Iglesia madre con respecto a la cuestión debatida de si la circuncisión era obligatoria para los gentiles. Luego Pablo emprende su segundo viaje misionero con Silas, visitando otra vez las Iglesias fundadas en el primer viaje y por la dirección del Espíritu Santo cruzando a Europa, donde trabajó con cierto éxito en Filipos, Tesalónica, Berea, Atenas y Corinto, fundando Iglesias en muchos de estos lugares. Desde Corinto regresó a Antioquía después de visitar primero a Jerusalén. Su tercer viaje misionero siguió poco después. Pasando por Asia Menor, encontró un campo fructífero de trabajo en Éfeso, donde permaneció por tres años, llevando a toda Asia al conocimiento de la verdad y contendiendo con la idolatría y la superstición. Desde ahí pasó de nuevo por Macedonia a Corinto, pasando el invierno en esa ciudad, y entonces regresa por Troas, Éfeso y Cesarea a Jerusalén. Aquí toma las precauciones necesarias para evitar toda posible provocación de los judíos, pero a pesar de esto buscan matarlo. Habiendo sido rescatado por el capitán en jefe, defiende su causa frente a los judíos. Sin embargo, esto solo incrementa su ira, por lo que es llevado a la fortaleza y traído ante el Sanedrín al día siguiente, donde su defensa produjo disensión entre los fariseos y los saduceos. A la noche siguiente recibe ánimo del Señor y se le dice que tiene que dar testimonio en Roma. A causa de un complot planeado por los judíos es transferido a Cesarea, donde de nuevo defiende su causa ante Félix, Festo y Agripa. La actitud vacilante de los gobernadores, que están convencidos de su inocencia y sin embargo deciden a favor de los judíos, lo induce a apelar al César. Como resultado es llevado a Roma, llegando después de sufrir un naufragio, y permaneciendo prisionero en su propia vivienda por dos años. De las epístolas pastorales y la tradición podemos inferir que su primer juicio terminó en su absolución. Sus movimientos después de esto son inciertos, aunque hay indicios de visitas a Filipos, Colosas, Éfeso, Creta, Nicópolis e incluso España. Después de estar prisionero de nuevo, fue condenado y murió como mártir en el 68 d.C.

Poco se puede decir con respecto a la apariencia personal del gran apóstol. En los Hechos de Pablo y Tecla es descrito como "bajo calvo, con las piernas arqueadas, cejas fruncidas, nariz aguileña, lleno de gracia". Juan de Antioquía preserva una tradición similar, que agrega, sin embargo, que era "de hombros redondos y tenía una mezcla de palidez y era rojo de tez y una amplia barba". Sus oponentes en Corinto dijeron de él: "Sus cartas son pesadas y poderosas, pero su presencia corporal es débil y su discurso despreciable", 2 Corintios 10:10ss. Él mismo se refiere una y otra vez a su debilidad física. Y con toda probabilidad no fue un hombre de un magnífico físico.

Su vida personal estuvo llena de contrastes, como observa Deissmann correctamente. Estaba agobiado por un cuerpo enfermo, y sin embargo fue un hombre de gran resistencia y de una capacidad casi ilimitada para el trabajo en el Reino de Dios. El secreto de su fuerza yace en su Dios, que le dijo: "Bástate mi gracia; porque mi poder se perfecciona en la debilidad". Fue un hombre de gran humildad, pero al mismo tiempo fue capaz de pronunciar palabras de gran autoconfianza, "ante Dios un gusano, ante los hombres un águila" (Deissmann). Es Pablo que dice: "Porque yo soy el más pequeño de los apóstoles", 1 Corintios 15:9, "soy menos que el más pequeño de todos los santos"», y: "de los cuales (los pecadores) yo soy el primero", 1 Timoteo 1:15. Pero es el mismo Pablo que dice: "antes he trabajado más que todos ellos", 1 Corintios 15:10, y: "y pienso que en nada he sido inferior a aquellos grandes apóstoles", 2 Corintios 11:5. Pero se da cuenta de que todo aquello que es encomiable en él y que es loable en su obra es fruto de la gracia de Dios. Por tanto, se complementa con la declaración en 1 Corintios 15:10 diciendo: "pero no yo, sino la gracia de Dios conmigo". Pablo era un hombre de corazón tierno, y sin embargo en ciertas ocasiones fue severo. Fue capaz del sentimiento más cariñoso, siempre solícito para el bienestar de las Iglesias; pero precisamente por esa razón era inexorable contra aquellos que eran enemigos de la verdad. Compare a este respecto la epístola a los Filipenses con la de Gálatas. Se pone a completa disposición de Dios, siguiéndolo a donde lo conducía, y estaba dispuesto a ser el instrumento indigno en la mano de su Señor para extender las buenas noticias de salvación. Por lo tanto, fue grande en el reino de Dios.

La cronología de la vida de Pablo es tema de gran dificultad. Aparte de la fecha del primer Pentecostés, solo hay una fecha única en los Hechos de los Apóstoles de la cual podemos estar seguros, a saber, la muerte de Herodes en 44 d.C., y tiene poco valor al determinar el orden cronológico de los eventos de la vida de Pablo. Una cuestión de gran importancia es en qué año Félix fue sucedido por Festo. No podemos entrar en disputa sobre esta fecha, pero asumimos que Schurer está en lo correcto cuando la fija en 60 d.C. *Geschichte des füdischen Volkes* I pág.577. En el mismo año Pablo fue enviado a Roma, llegando ahí en la primavera del siguiente año 61 d.C. Permaneció prisionero en Roma por dos años, es decir, hasta el 63 d.C. cuando fue probablemente liberado, y vivió hasta el otoño del 67 d.C. (Eusebio), o hasta la primavera del 68 d.C. (Jerónimo), cuando fue martirizado en Roma.

Calculando desde la misma fecha, encontramos que Pablo fue encarcelado en Cesarea en 58 d.C., Hechos 24:27. Debido a que había pasado el invierno anterior en Corinto y el otoño en Macedonia, Hechos 20:2,3, y había laborado en Éfeso por un periodo de tres años, Hechos 20:31, debió haber comenzado su tercer viaje misionero en la primavera del 54 d.C. Su segundo viaje misionero concluyó poco antes, probablemente en otoño del 53 d.C., Hechos 16:23. Este viaje indudablemente duró cerca de dos años y medio, ya que el apóstol naturalmente partiría en la primavera del año y su estadía de un año y medio en Corinto junto con todo el trabajo hecho en otros lugares hace imposible que empezara su viaje en 52 d.C., Cp. Hechos 15:36-17:34. Por lo tanto el segundo viaje comenzó en 51 d.C. Este segundo viaje estuvo precedido por el Concilio de Jerusalén que probablemente se convocó en el 50 d.C., Hechos 15. El primer viaje misionero debe ser colocado en algún lugar entre la fecha recién mencionada y el año de la muerte de Herodes, 44 d.C.

Ahora bien, es probable que podamos identificar la visita de Pablo a Jerusalén mencionada en Gálatas 2:1 con la de Hechos 15. ¿Cuál es el punto de partida ahí al decir: "Entonces catorce años después, etc."? Exegéticamente puede ser la visita mencionada en Gálatas 1:18; sin embargo, más probablemente, es el tiempo de su conversión, cp. Ellicott sobre Gálatas, así que el año 37 fue probablemente el año en el que se produjo ese cambio en su vida. Luego pasó los años 37-40 en Arabia, al final de ese periodo visitó de nuevo Jerusalén, Hechos 9:26, Gálatas 1:18. En el mismo año fue a Tarso, donde trabajó hasta cerca del año de la muerte de Herodes, Hechos 11:25-12:1.

Así tenemos el siguiente resultado:

Conversión de Pablo: 37 d.C.
Primera visita a Jerusalén: 40 d.C.
Comienzo de su obra en Antioquía: 44 d.C.
Primer viaje misionero: 45-45 d.C.
Delegado al Concilio de Jerusalén: 50 d.C.
Segundo viaje misionero: 51-53 d.C.
Tercer viaje misionero: 54-58 d.C.

Cautividad en Jerusalén y Cesarea: 58-60 d.C.
Llegada a Roma: 61 d.C.
Primera cautividad en Roma: 61-63 d.C.
Periodo entre la primera y segunda cautividad: 63-67 d.C.
Segunda cautividad y muerte: 67 o 68 d.C.

CAPÍTULO 10
La Epístola a los Romanos

··· ᛞᛣ ···

Contenido
La epístola consiste en dos partes claramente marcadas pero desiguales, a saber, la doctrinal (Romanos 1:1-11:36) y la parte práctica (Romanos 12:1-16:27).

I. *La Parte Doctrinal*, 1:1-11:36. En esta parte tenemos primero la introducción, que contiene el destinatario, la acostumbrada acción de gracias y oración, y una expresión del deseo del apóstol de predicar también en Roma, Romanos 1:1-15. En los siguientes dos versículos el apóstol declara su tema: "porque es poder de Dios para salvación a todo aquel que cree. Porque en el evangelio la justicia de Dios se revela por fe y para fe", Romanos 1:16,17. Después de anunciar esto describe el estado de pecado de los gentiles, señala que los judíos son también culpables, y declara que sus prerrogativas no los exentan del castigo sino más bien los hace más culpables, Romanos 1:18-3:20. Entonces define la justicia que Dios ha provisto sin las obras de la ley, y prueba que esto se revela en el Antiguo Testamento, es la base de la experiencia cristiana que es rica en frutos espirituales, y procede sobre el mismo principio de gobierno moral sobre el cual Dios trató con Adán, Romanos 3:21-5:21. Luego responde a las objeciones de que en su doctrina los hombres pueden continuar en pecado y sin embargo ser salvos, que su enseñanza libera al hombre de la obligación moral, y que hace de la ley de Dios una cosa mala, Romanos 6:1-7:25. En el capítulo siguiente muestra que sobre la base de la justificación del hombre por fe está asegurada su completa santificación y glorificación final, Romanos 8:1-39. Habiendo establecido el camino de salvación por fe, ahora señala que esto no está en conflicto con las promesas dadas a Israel mostrando que estas pertenecen solo a los elegidos de entre ellos, que el repudio de Israel se debe a su rechazo del camino de salvación, que no es un rechazo completo, y que al final los judíos se convertirán y regresarán a Dios, Romanos 9:1-11:36.

II. *La Parte Práctica*, 12:1-16:27. El apóstol advierte a los cristianos de Roma que deben dedicarse a Dios y amarse unos a otros, Romanos 12:1-21. Desea que se sometan voluntariamente a las autoridades civiles y cumplan todas sus obligaciones, Romanos 13:1-14. Les ordena tener la debida consideración de la debilidad de los otros en las cuestiones de indiferencia, y el uso adecuado de su libertad cristiana, Romanos 14:1-23. Luego les muestra a Cristo como su gran ejemplo, y habla de su propósito de visitar Roma y cierra su epístola con una doxología, Romanos 16:1-27.

Características
1. El rasgo característico de esta epístola se encuentra en el hecho de que es el escrito más sistemático del apóstol, un tratamiento elaborado de un solo tema con adecuadas exhortaciones prácticas. Contiene una declaración cuidadosa y muy completa de lo que Pablo mismo llama "mi evangelio", Romanos 2:16; 16:25. Su evangelio es que el hombre es justificado por la fe y no por las obras de la ley. En armonía con este tema, los contenidos de la epístola son soteriológicos más que cristológicos. El apóstol señala que ambos gentiles y judíos necesitan esta justificación, que este es el camino de salvación provisto por Dios mismo, que produce los frutos espirituales más benditos, que no resultan en la degradación del hombre, sino en una vida santificada por el Espíritu y culminan en la gloria eterna, y que, aunque los gentiles tendrán prioridad sobre los judíos que rechazaron el evangelio, estos también lo aceptarán al final y serán salvos. Godet llama a esta epístola, "la catedral de la fe cristiana". Por su carácter metódico algunos la han considerado erróneamente

un tratado más que una carta. Si fuera un tratado, podría haberse enviado tanto a una Iglesia como a otra, y podría ser considerada como accidental que fuera enviada a Roma. Pero no es este el caso. No podemos entender esto, la mayor de las producciones literarias de Pablo, a menos que la estudiemos históricamente en su relación con la Iglesia de Roma.

2. El estilo de la epístola es descrito por Sanday y Headlam con las siguientes palabras: "Esta epístola, como las otras del grupo (1 y 2 Corintios y Gálatas), se caracteriza por una notable energía y vivacidad. Es tranquila en el sentido de que no es agresiva y que la velocidad de las palabras está siempre bajo control. Todavía hay una avalancha de palabras que surgen repetidamente en pasajes de espléndida elocuencia, pero la elocuencia es espontánea, resultado de un sentimiento fuertemente conmovido; no hay nada al respecto de una oratoria elaborada. El lenguaje es rápido, terso, incisivo, el argumento se conduce por un corte rápido y un impulso de dialéctica, nos recuerda a un esgrimista con el ojo puesto siempre en su antagonista". *Intern. Grit. Comm, Romans* pág.LV.

Autoría
Tanto la evidencia externa como la interna apuntan claramente a Pablo como el autor. Encontramos la primera evidencia directa de su autoría en el *Apostolicón* de Marción. La carta se atribuye a Pablo por el canon Muratoriano, y es citada como tal por Ireneo, Clemente de Alejandría, Tertuliano y muchos otros. La epístola misma afirma haber sido escrita por Pablo, y esta afirmación es corroborada por los contenidos, así que incluso Davison dice: "El carácter interno de la epístola y sus alusiones históricas coinciden con la evidencia externa al demostrar que es una producción auténtica del apóstol". Introd. I pág.119.

La autenticidad de esta gran carta, junto con la de las epístolas a los Corintios y a los Gálatas ha sido casi universalmente admitida. El primero en atacarla fue Evanson en 1792, seguido por Bruno Bauer en 1852. Su crítica temeraria ha causado una pequeña impresión en la opinión crítica alemana. En tiempos recientes la autoría paulina ha sido negada por los estudiosos alemanes, Loman (1882), Pierson y Naber (1886) y Van Manen (1892), y por el estudioso suizo Steck (1888), pero sus argumentos, de los cuales se puede encontrar un epítome en Sanday-Headlam, Romanos pág.LXXXVI; Baljon, *Gesch. v/d Boeken des N.V.* pág.97 ss.; y Godet, *Introd. to the N.T. I St. Paul's Epistle* pág.393, fallaron en convencer a los críticos del Nuevo Testamento.

La Iglesia en Roma
Considerando la Iglesia a la cual esta carta estaba dirigida hay especialmente dos cuestiones que requieren discusión, a saber 1. su origen, y 2. su composición.

1. *Su origen.* Hay tres teorías con respecto al origen de la Iglesia de Roma.

a. De acuerdo con una tradición que data del cuarto, y probablemente del tercer siglo, que encontró aceptación general en la Iglesia Católica Romana, la congregación en Roma fue fundada por Pedro en 42 d.C. (Jerónimo y Eusebio) o en 44 d.C. (Hechos 12:17). Este punto de vista ahora está abandonado generalmente e incluso es rechazado por algunos estudiosos católicos. No tiene apoyo en la Escritura, sino que más bien es contradicho por sus simples declaraciones. De Hechos 16:9,10 tenemos la impresión de que Pablo fue el primer misionero en pasar a Europa (52 d.C.), y esto es lo que esperaríamos, ya que él, a diferencia de otros apóstoles, fue enviado a los gentiles. Además, aun encontramos a Pedro en el oriente, cuando en el 50 d.C. se celebra el Concilio de Jerusalén, que no concuerda con la tradición de que estuvo en Roma 25 años. Y ni en esta epístola, ni en alguna escrita desde Roma encontramos el más ligero rastro de la presencia de Pedro ahí; sin embargo, Pablo lo habría mencionado, si hubiera sido el obispo de la Iglesia romana. También es imposible reconciliar el plan de Pablo de visitar Roma con el principio que el mismo establece en 15:20, si la Iglesia local había sido fundada por Pedro. Y finalmente la tradición nos dice que Lino fue el primer obispo de Roma, y Clemente el segundo.

b. Los protestantes a menudo adscriben el origen de esta Iglesia a los judíos romanos que estaban en Jerusalén en la fiesta de Pentecostés, Hechos 2:10, y testificaron el extraordinario fenómeno que acompañó al descenso del Espíritu Santo. En esta teoría la Iglesia se originó realmente entre los judíos. Como prueba de esto se aduce el reporte que da Suetonio del decreto de expulsión emitido por el emperador Claudio contra los judíos de Roma: "*Judaeos impulsore Chresto assidue tumultuantes Roma expulit*" (Debido a que el pueblo judío estaba continuamente causando desórdenes, impulsados por Chresto, les echó de Roma). Se dice que este Chresto debe ser Cristo, cuya religión se extendió en la sinagoga judía y causó violentas disensiones que fueron peligrosas para la paz pública, pero esto también puede ser, y de hecho es, cuestionado por muchos estudiosos. Además, es muy dudoso que los judíos convertidos en el tiempo de Pentecostés estuvieran en posición de evangelizar a otros y establecer una Iglesia cristiana. Y finalmente esta explicación no cuadra con el hecho de que la Iglesia de Roma, como la conocemos en la epístola, no es de una naturaleza judío sino cristiana gentil.

c. Por lo tanto, parece más probable, que la Iglesia en Roma se originó algo más tarde, en una forma distinta. Sabemos que antes de 44 d.C., el evangelio había sido llevado a Antioquía de siria y se extendió rápidamente entre los gentiles de esa región, Hechos 11:20. Pronto se estableció una Iglesia floreciente en esa bella ciudad en el Orontes, una Iglesia dotada con grandes dones espirituales, teniendo en medio una abundancia de hombres que estaban bien calificados para la obra de evangelización, Hechos 13:1. Ahora bien, había en ese momento una intercomunicación vivaz entre Siria y Roma, y no es ciertamente improbable que algunos cristianos gentiles, llenos con el espíritu de la evangelización, salieran desde aquí para la capital del mundo. O si no de aquí, algunas personas pueden haber salido de los otros centros del cristianismo establecidos por Pablo en sus viajes misioneros. Esto explicaría cómo el gran apóstol adquirió muchos conocidos en Roma como los que nombra en el capítulo 16, en su mayoría gentiles, a algunos de los cuales llama sus compañeros de trabajo (cp. Romanos 16:3, 9, 12), mientras que caracteriza a otros con alguna palabra de cariño (cp. Romanos 16:5-8, 10, 11, 13). Deben haber sido algunos amigos que salieron a encontrarse con Pablo en la vía Apia, Hechos 28:25, mientras que los judíos en Roma eran evidentemente ignorantes de las enseñanzas del cristianismo, Hechos 28:17-29. En esta teoría el carácter gentil de la Iglesia de Roma no causa sorpresa.

2. *Su Composición*. Se ha librado una gran controversia sobre la cuestión de si la Iglesia de Roma fue predominantemente judía o cristiana gentil. La idea tradicional fue que consistió primariamente de cristianos de entre los gentiles, pero el punto de vista de que estaba compuesta principalmente de judíos cristianos ganó vigencia por Baur y fue ampliamente aceptada durante algún tiempo. En apoyo a esta teoría los estudiosos apelaron a: 1) Los pasajes de la epístola en que Pablo parece incluirse y a sus lectores en primera persona del plural, como Romanos 3:9 y 5:1. Pero notamos la misma característica en 1 Corintios 10:1, aunque los corintios fueron ciertamente gentiles. 2) A esos pasajes que hablan de la relación de los lectores, o de Pablo y sus lectores por igual con la ley, como Romanos 7:1-6. Este argumento es más fuerte que el precedente, sin embargo, encontramos que el apóstol emplea un lenguaje similar con referencia a los Gálatas, Gálatas 3:13-4:9, mientras que la mayoría de estos estaban ciertamente fuera del entorno judío. 3) Al carácter de la argumentación de Pablo y la forma dialéctica en que presenta su evangelio a

los romanos. Pero incluso esto no implica necesariamente que estaba escribiendo para los judíos cristianos, ya que argumenta de forma similar en la epístola a los Gálatas, y porque esto encuentra una fácil explicación en parte en el entrenamiento judío del apóstol y en parte en el hecho de que Pablo estaba plenamente consciente de las objeciones que los adversarios legalistas solían presentar contra su doctrina. Además, sabía que había judíos convertidos en la Iglesia de Roma también, que podían hacer críticas similares. 4) A los capítulos 9-11, considerados por Baur como el núcleo de la epístola, que se relacionan particularmente con los judíos. Sin embargo, en estos mismos capítulos Pablo se dirige, en la forma más inequívoca, a los gentiles, y se refiere a Israel como distinto de sus lectores, cp. Romanos 9:3, 24; 10:1-3; 11:13, 17-20, 24, 25, 30, 31.

Cuando en 1876 Weizsacker tomó de nuevo la defensa del antiguo punto de vista, produjo una reacción decisiva en su favor. Y, sin duda, merece preferencia, porque: 1) En Romanos 1:5, 6 Pablo escribe "y por quien recibimos la gracia y el apostolado, para la obediencia a la fe en todas *las naciones por amor de su nombre; entre las cuales estáis también vosotros, llamados a ser de Jesucristo*". 2) En el versículo 13 dice que ha tenido el propósito de ir a Roma "para tener también entre vosotros algún fruto, como entre los demás gentiles". 3) Cuando el apóstol dice en Romanos 11:13: "Porque a vosotros hablo, *gentiles. Por cuanto yo soy apóstol a los gentiles*, honro mi ministerio", lo mejor es asumir con Meyer y Godet que se está dirigiendo a toda la congregación en su *elemento constituyente principal*. 4) De acuerdo con 15:15ss, el escritor ha hablado con mayor audacia a los romanos, debido a la gracia que le fue dada "Mas os he escrito, hermanos, en parte con atrevimiento, como para haceros recordar, por la gracia que de Dios me es dada para ser ministro de Jesucristo *a los gentiles*, ministrando el evangelio de Dios, *para que los gentiles le sean ofrenda* agradable, santificada por el Espíritu Santo". Sobre la base de estos pasajes concluimos que, aunque había una circunscripción judía en la Iglesia de Roma, consistió primariamente de cristianos gentiles, así que al ministrarla también Pablo fue el apóstol de los gentiles. Sin embargo, parece casi cierto que una tendencia legalista había surgido en la congregación, pero esta tendencia puede haber sido característicamente romana más que específicamente judaísta. Para más detalles de esta controversia Cp. Holtzmann, Einleitung pág.232 ss., Sanday-Headlam, *Comm* pág.XXXI ss., *The Expositor Greek Test.* II pág.561 ss., y Zahn, *Einleitung* I pág.299ss, etc.

Composición

1. *Motivo y Propósito*. Es imposible hablar con absoluta certeza con respecto a la ocasión en que Pablo escribió esta epístola, aunque los estudiosos están de acuerdo en que el apóstol la encontró en el hecho de que había terminado su obra en el oriente y ahora tenía la intención de visitar la ciudad imperial, en la que había puesto su vista desde hace tiempo. Probablemente un viaje inminente de Febe a la capital le ofreció, en la víspera de su partida a Jerusalén, la oportunidad deseada de enviar su mensaje a Roma.

Pero si se hace la pregunta de por qué el apóstol escribió su carta a los romanos, por qué le dio el carácter particular que tiene, encontramos que hay una gran variedad de opiniones. Algunos consideran a la epístola como histórica y ocasional, otros, como dogmática y absoluta. Hay quienes sostienen que la forma particular de la carta fue determinada por la condición de los lectores, y aquellas que la harían depender del estado de ánimo de Pablo. Algunos creen que el apóstol al escribir tenía en mente a sus lectores gentiles, mientras que otros sostienen que tenía especial referencia a la parte judía de la Iglesia de Roma. Las distintas teorías con respecto al propósito de la carta se pueden reducir a tres.

a. De acuerdo con algunos, el propósito de la carta es dogmático, la epístola contiene una exposición sistemática de la doctrina de la salvación. Pero si Pablo no quería dar nada más que una exposición objetiva de la verdad se puede preguntar por qué debería enviarla a Roma y no a alguna otra Iglesia.

b. Otros afirman que el objetivo de la epístola es controversial, Pablo dando una exposición de la verdad con especial referencia a la oposición del judaísmo a su evangelio. No necesitamos dudar de que hay un elemento polémico en esta epístola, pero bien puede surgir la pregunta de si el apóstol no combatió el legalismo en general en lugar del judaísmo.

c. Incluso otros creen que el propósito de la carta es reconciliatorio, apuntando a la unidad de judíos y gentiles en la Iglesia de Roma. Esta teoría también contiene un elemento de verdad porque Pablo ciertamente siempre fue muy solícito acerca de esa unidad, cuando escribió esta epístola, pero es un error considerar la promoción de esta como el único propósito al escribirla.

Nos parece que, con Holtzmann, Sanday-Headlam y Denney (en *Expág.Gk. Test.*), debemos combinar estos varios elementos al establecer el propósito de la epístola. Pablo había atesorado por mucho tiempo el deseo de visitar la ciudad en el Tíber. A través de sus amigos y asociados había recibido información con respecto a la Iglesia que había sido fundada ahí. Y ahora a punto de partir para Jerusalén, tenía malos presentimientos, puede que nunca vea Roma, y sin embargo considera deseable que la Iglesia romana, que no había sido fundada por un apóstol, no solo deba ser notificada de su intención de visita, sino que reciba una clara y completa declaración de su evangelio. Por tanto, prepara a los romanos una exposición cuidadosa del evangelio de la verdad. Y conociendo, como lo hizo, la tendencia legalista del corazón humano, acentuada, como a menudo fue en su tiempo, por el judaísmo –una tendencia que probablemente encontró suelo fértil entre los moralistas romanos– muestra claramente su antagonismo a la doctrina de la salvación, y al mismo tiempo guarda cuidadosamente y cultiva asiduamente la unidad de los creyentes en Roma, de los débiles y de los fuertes, de judíos y gentiles.

2. *Tiempo y Lugar.* En cuanto al tiempo, cuando Pablo escribió su epístola, podemos inferir de Romanos 1:13 que no había estado en Roma, y de Romanos 15:25 que todavía era un hombre libre. Por lo tanto, debe haber escrito antes del Pentecostés de 58 d.C. porque entonces fue tomado prisionero en Jerusalén. Por otro lado, es claro de Romanos 15:19-21 que el apóstol ha terminado su tarea en oriente y ahora está por transferir su ministerio al occidente. Por lo tanto, se sigue que compuso esta carta al final del tercer viaje misionero, es decir, en otoño del 57 d.C., o en la primavera del 58 d.C. Esto también concuerda con el hecho de que el apóstol en las epístolas a los Corintios (1 Corintios 16:1-4; 2 Corintios 8:9) todavía está ocupado con la colecta para los santos de Jerusalén, mientras se termina esta obra, cuando escribe a los romanos, Romanos 15:25.

Si esta fecha es correcta, entonces la epístola debe haberse escrito en Corinto. Y hay algunos datos que corroboran esta conclusión. El portador de la carta es miembro de la Iglesia en Cencrea, uno de los puertos de Corinto, 1 Corintios 16:1, y Gayo, el anfitrión de Pablo, es muy probablemente la persona mencionada en 1 Corintios 1:14. Además, la salutación de Timoteo y Sópater o Sosípater en Romanos 16:21, está en perfecto acuerdo con lo que se dijo en Hechos 20:4 con respecto a la presencia de estos hombres en Corinto cuando Pablo se dirigió a Jerusalén.

Integridad
Tocante a la integridad de la Epístola a los Romanos dos cuestiones han surgido: 1. ¿Está la doxología, Romanos 16:25-27, en el lugar correcto, o debe estar entre Romanos 14:23 y 15:1, o es espuria? Y 2. ¿Son los capítulos 15 y 16 genuinos o espurios?

1. El lugar de la doxología al final del capítulo 16 se puso en

duda ya en los tiempos de Orígenes. El testimonio externo lo favorece, ya que se encuentra en muchos de los manuscritos, mientras que algunos lo tienen al final del capítulo 14, y algunos, en ambos lugares. Sin embargo, Zahn es de la opinión de que la evidencia interna decididamente favorece colocarla al final del capítulo 14, porque: 1) Las cartas de Pablo a menudo están intercaladas con doxologías, pero nunca terminan con ellas. 2) Parece poco probable que Pablo agregue una doxología estrechamente relacionada con el cuerpo de la carta, después de una lista de saludos personales no tan relacionados con ella. 3) La doxología está cercanamente relacionada con el tema de Romanos 14:23 y 15:1. 4) Es mucho más difícil explicar su transferencia del capítulo 16 al 14 que a la inversa. *Einl.* I pág.268ss.

Algunos, como por ejemplo, Davidson y Balj, dudan de la autenticidad de la doxología, pero: 1) Se encuentra en todos los manuscritos. 2) El pensamiento expresado en ella es muy rico y variado para ser una interpolación. 3) No se puede encontrar un motivo posible para forjar una doxología.

2. El capítulo 15 es considerado por algunos como espurio, 1) porque no se encuentra en el canon de Marción, y 2) ya que el apelativo aplicado a Cristo en el versículo 8 se considera muy extraño para venir de Pablo, la expresión del versículo 19 no se caracteriza por la usual modestia paulina, y los versículos 24, 28, 29 se consideran que están en conflicto con Romanos 1:10-15, porque implican que Pablo simplemente deseaba hacer una corta visita a Roma, cuando fuera en su camino a España. Pero el primer argumento tiene poco peso, ya que Marción omite muchas otras partes del Nuevo Testamento, y muchas que son generalmente aceptadas como genuinas, y las dificultades mencionadas bajo el 2) ceden fácilmente a la exégesis.

Un número mucho mayor de estudiosos rechazan el capítulo 16, 1) porque el canon de Marción no lo contiene, 2) ya que es contrario a la costumbre de los apóstoles terminar sus cartas con tantas salutaciones, y 3) porque Pablo no estaba en posición de conocer a tantas personas en Roma. Para el primer argumento no necesitamos replicar de nuevo (cp. arriba), y en cuanto concierne a las salutaciones, puede ser intencional que Pablo salude a tantas personas en Roma para dejar claro que, aunque no había fundado la Iglesia ahí, no era un extraño para ella, y para cultivar cierta familiaridad. Merece nuestra atención que en la otra epístola que encontramos una lista de saludos es la de la Iglesia colosense, que no fue como la Iglesia de Roma, fundada por el apóstol. Y tomen en consideración lo extenso de los viajes de Pablo en el oriente, y el movimiento constante de la gente en todas partes del imperio hacia y desde Roma, no causa sorpresa que tantos conocidos de los apóstoles estuvieran en la capital.

Algunos que dudan del destino y no de la autenticidad de este capítulo suponen que él o parte de él originalmente constituyó una epístola, o el fragmento de una, que estaba destinada a los efesios. Señalan que Febe podría más probablemente viajar a Éfeso que a Roma, que, en vista de lo que se dice en Hechos 18:19, 1 Corintios 16:19, 2 Timoteo 4:19, hay mayor probabilidad que Aquila y Priscila estuvieran en Éfeso que en la ciudad imperial, y que Epeneto es llamado "el primer fruto de Acaya para Cristo", Romanos 16:5. Pero ninguna de estas pruebas es concluyente. Además señala el Dr. Gifford en el comentario de los oradores que de las veintiún personas nombradas en los versículos 6-15, se puede mostrar que hayan estado en Éfeso, mientras que 1) Urbano, Rufo, Amplias, Julia y Juna son nombres específicamente romanos, y 2) además de los primeros cuatro nombres, "otros diez, Estaquis, Apeles, Trifena, Trifosa, Hermes, Hermas, Patrobas (o Patrobius), Filólogo, Julia, Nereo, se encuentran en inscripciones sepulcrales en la Vía Apia como los nombres de personas relacionadas con la casa de César (Filemón 4:22), y contemporáneos con San Pablo".

Importancia Canónica

La Epístola a los Romanos es uno de los escritos mejor atestiguados del Nuevo Testamento. Su canonicidad nunca fue puesta en duda por la Iglesia, y ha estado notablemente libre de los ataques del racionalismo hasta el tiempo presente. Antes de comenzar el tercer siglo hay diecinueve testigos de la canonicidad de esta carta, incluyendo algunos de los Padres apostólicos, el Testamento de los Doce Patriarcas, Justino Mártir, el Canon Muratoriano, Marción, Ireneo, Clemente de Alejandría y Tertuliano. Tanto amigos como enemigos del cristianismo lo aceptaron como autoritario.

Es el más sistemático de los escritos de Pablo, contiene una declaración profunda y comprensiva del camino de salvación, una declaración hecha con especial referencia a los romanos con inclinación legalista. Que salvación solo se puede obtener a través de la fe, y no por las obras de la ley, no por las obras de moralidad de alguien, en las que el hombre de tipo romano se inclinara a poner su confianza, es a la vez la gran doctrina central de esta epístola y su lección permanente para todas las edades.

CAPÍTULO 11
La Primera Epístola a los Corintios

... ⟡⟢ ...

Contenido
El contenido de esta epístola puede ser dividido en cinco partes:

I. *Condena de las Facciones de la Iglesia*, 1:1-4:21. Después de una pequeña introducción en 1 Corintios 1:1-9, Pablo declara que ha escuchado de divisiones entre los corintios, 1 Corintios 1:11-12. Al argumentar en contra de esto, él señala que su conducta estuvo libre del espíritu partidista, ya que esto se opone al evangelio y está prohibido por el carácter de Cristo, 1 Corintios 1:13-31. Además, recuerda a los corintios que su predicación ha estado libre de todo partidismo que se gloría en la sabiduría de hombre, porque el evangelio es el mensaje de la sabiduría divina, se revela por el Espíritu y se entiende solo a través del Espíritu, mientras que el espíritu partidista malinterpreta la naturaleza del ministerio, 1 Corintios 2:1-3:23. Concluye este argumento señalando a su propio ejemplo, 1 Corintios 4:1-21.

II. *Se pone énfasis en la Necesidad de la Disciplina Eclesiástica*, 1 Corintios 5:1-6:20. Los corintios son exhortados a expulsar a la persona incestuosa, 1 Corintios 5:1-13, de desistir de demandas frente a los injustos, 1 Corintios 6:1-11, y de huir de la fornicación, 1 Corintios 6:12-20.

III. *Respuestas a Consultas Enviadas por la Iglesia*, 7:1-14:39. Aquí encontramos una discusión sobre la legalidad del matrimonio y sus deberes, instrucciones sobre los matrimonios mixtos y una advertencia apostólica a los solteros, 1 Corintios 7:1-40. Luego sigue una discusión de la libertad cristiana en la participación de la comida ofrecida a los ídolos, en la que debe reinar el amor, y uno debe tener cuidado de la participación de las prácticas idolátricas. El apóstol ilustra este principio ampliamente señalando a su propio ejemplo, 1 Corintios 8:1-11:1. Luego sigue el lugar de la mujer en las asambleas de la Iglesia, y se considera la observancia adecuada de la Cena del Señor, 1 Corintios 11:2-34. Y finalmente la manifestación de los dones espirituales en la congregación viene a consideración. Su fuente y diversidad, sus funciones, la superioridad del amor sobre los dones extraordinarios, y de la profecía sobre el hablar en lenguas, y el correcto servicio de Dios, todo recibe el debido tratamiento, 1 Corintios 12:1-14:40.

IV. *Una Discusión de la Resurrección*, 15:1-58. El apóstol muestra que la resurrección de Cristo es un artículo esencial del testimonio apostólico, y es la promesa de nuestra resurrección, y responde diversas objeciones, describiendo la naturaleza de la resurrección del cuerpo y la victoria final sobre la muerte.

V. *Conclusión*, 16:1-24. En este capítulo el apóstol encomienda a los corintios la colecta para los santos en Jerusalén, encarga una buena recepción de Timoteo, y termina su epístola con amonestaciones amistosas y saludos.

Características
1. Esta epístola es la más completa de todos los escritos de Pablo. Es casi tan larga como la carta a los Romanos, y contiene el mismo número de capítulos, pero, mientras que la epístola a los Romanos trata sistemáticamente un solo tema, esta carta discute una gran variedad de estos, tales como el espíritu partidista, disciplina de la Iglesia, matrimonio y celibato, libertad cristiana, el lugar de la mujer en la Iglesia, el significado y uso de los carismas, y la resurrección de los

muertos. El apóstol trata estos temas de una manera muy ordenada, primero abordando las acusaciones contenidas en el informe de los de la casa de Cloé, y después respondiendo a las preguntas que se le hicieron en la carta enviada por los Corintios.

2. Estrechamente relacionada con la primera hay una segunda característica, a saber, que esta epístola es la más práctica de las cartas de Pablo. Nos revela, como ningún otro escrito del Nuevo Testamento hace, las trampas y obstáculos, las dificultades y las tentaciones a las que se expone una Iglesia que acaba de emerger del paganismo y se encuentra en una ciudad malvada. Muchos de los problemas que surgen en la Iglesia corintia se repiten constantemente en las congregaciones de la ciudad. Tan importante como la epístola a los Romanos es para la instrucción en la doctrina cristiana lo es la primera epístola a los Corintios para el estudio de las relaciones sociales.

3. Poco se necesita decir con respecto al lenguaje de Pablo en esta epístola, es el griego de un judío helenístico. No podemos llamarlo hebraísta, ni tampoco es griego literario. Es más bien el griego del propio período de Pablo, que contiene, además de unas pocas palabras hebreas prestadas, tales como πάσχα, muy pocas palabras que se encuentran exclusivamente en la Septuaginta. Findlay dice: "Pablo se ha convertido en esta epístola más que en otras partes τοῖς Ἕλλησιν ὡς Ἕλλην"- *Expág.Gk. Test.* II pág.748. También la forma argumentativa en que el pensamiento apostólico se emite aquí, como en otros lugares, es más griega que hebrea, más occidental que oriental.

Autoría
Esta epístola también afirma haber sido escrita por Pablo, 1 Corintios 1:1,2, y lleva sobre su rostro las marcas del gran apóstol. El lenguaje, el estilo, la doctrina y el espíritu que

respira, son todos suyos, y las alusiones históricas en los capítulos 9 y 16 encajan exactamente con lo que conocemos de su vida y se conoce de otras fuentes. Además de esto hay un cuerpo imponente de evidencia externa de Clemente de Roma con respecto a la autenticidad de la carta. De aquí que esta epístola, como la escrita a los Romanos, ha estado notablemente libre de ataques hostiles. Robertson y Plummer dicen en la introducción a su comentario sobre esta epístola pág. XVI: "Tanto la evidencia externa como interna de la autoría paulina son tan fuertes que aquellos que intentan mostrar que el apóstol no fue el escritor tienen éxito principalmente en probar su propia incompetencia como críticos".

El escritor independiente Bruno Bauer fue el primero, y por largo tiempo el único, en atacar la autenticidad de 1 Corintios. Pero en las últimas dos décadas del siglo anterior, los críticos alemanes, Loman, Pierson, Naber y Van Manen, y el profesor suizo Steck intervinieron con el tipo más irresponsable de crítica, fundada en supuestas inconsistencias y evidencias de autoría compuesta encontradas en la epístola, y en conflictos imaginarios entre ella y los Hechos de los Apóstoles. Ninguno que se llame crítico toma en serio sus argumentos; según la estimación general, sus argumentos apenas son dignos del papel en que están escritos.

La Igelsia en Corinto

1. *Su Origen.* Después de que Pablo dejó Atenas en su segundo viaje misionero, vino a la capital de Acaya, a Corinto, una ciudad situada en el istmo del Peloponeso entre el mar Jónico y el mar Egeo. No era la antigua Corinto, ya que había sido destruida por Mumio en 146 a.C., sino la Corinto redificada, la Corinto reconstruida por César solo cien años después, que creció rápidamente en fama, y ahora tenía una población de entre seis y setecientos mil, compuesta de romanos, griegos, judíos y gente de otras nacionalidades atraídas por las ventajas comerciales de Corinto. El oriente y el occidente se encontraban ahí, y pronto se convirtió en el merca-

do del mundo, donde riquezas incomparables se encontraban con la pobreza más profunda. Y con el incremento de riqueza y lujo llegó una vida de comodidad y libertinaje. La sabiduría terrenal y una gran degradación moral iban de la mano. En la Acrópolis estaba el templo de Venus, donde miles de vírgenes se dedicaban a sí mismas al servicio sensual de la diosa. La inmoralidad corintia se convirtió en lema; y la expresión de vivir como un corintio (κορινθιάζειν) era indicativo de un libertinaje. Dice Farrar: "Corinto fue la feria de la vanidad del imperio romano, como lo fue Londres y Paris, del primer siglo después de Cristo". *St. Paul* I pág.556.

A ese Corinto libertino, mundano, Pablo se abrió pasó con un corazón triste en 52 d.C. Deprimido en espíritu por experiencias pasadas, comenzó sus trabajos en la sinagoga, predicando a los judíos, pero cuando se le opusieron, regresó a los gentiles y les enseñó en la casa de un cierto Justo. Crispo, principal de la sinagoga, se volvió uno de los primeros convertidos, y muchos otros creyeron y fueron bautizados, Hechos 18:1-8. Animado por una visión, comenzó un ministerio de año y medio en esa ciudad. Los judíos, llenos de odio, lo trajeron delante de Galión, el procónsul de Acaya, pero no tuvieron éxito en acusarlo de nada. Incluso después de este incidente trabajó largo tiempo en Corinto y en la población adyacente e indudablemente estableció la Iglesia corintia en esta ocasión, Hechos 18:18, 1 Corintios 1:1.

2. *Su Composición y Carácter*. Podemos estar seguros de que la Iglesia consistía primeramente de cristianos de entre los gentiles. Esta impresión se transmite por el relato de la obra de Pablo en Corinto, preservada para nosotros en Hechos 18, y es fortalecida por un cuidadoso estudio de la epístola. El apóstol dice de la congregación, describiéndola de acuerdo a su principal elemento constitutivo: "Sabéis que cuando erais gentiles, se os extraviaba llevándoos, como se os llevaba, a los ídolos mudos", 1 Corintios 12:2. Sin embargo la Iglesia también estaba compuesta de muchos judíos, como podemos

inferir de Hechos 18:8; 1 Corintios 1:12, 7:18; 12:13. La mayoría de los convertidos fueron de las clases pobres, 1:26, pero también estaba Crispo, el principal de la sinagoga, Hechos 18:8; 1 Corintios 1:14, Erasto, tesorero de la ciudad y Gayo el anfitrión de Pablo, Romanos 16:23, y muchos otros que estaban en circunstancias favorables, como podemos inferir de 1 Corintios 11:21,22.

En cuanto concierne a la naturaleza de la Iglesia encontramos que llevaba la impresión de su entorno. Había un intelectualismo superficial, emparejado con un espíritu de facción que fue "la maldición inveterada de Grecia". La moral laxa y la conducta indecorosa deshonraron su vida. Se abusó de la libertad cristiana y fueron toleradas las prácticas idólatras. Incluso los dones del Espíritu Santo dieron lugar a la vanagloria; y un falso espiritualismo llevó, por otro lado, al desprecio del pecado corporal, y, por otro, a negar la resurrección del cuerpo. Pero estos hechos no deben cegarnos al hecho de que había mucho en la Iglesia de Corinto que fue motivo de elogio. Las relaciones sociales entre los corintios ya habían experimentado cierto grado de elevación y santificación influenciados por el Espíritu Santo; la Iglesia era rica en dones espirituales, y estaba dispuesta a dar de sus recursos a los pobres de Jerusalén.

Las divisiones en Corinto merecen más que una mención pasajera, ya que son hechos muy prominentes en la epístola. La cuestión es si podemos determinar el carácter de las facciones existentes. Al intentar esto queremos señalar, primero que todo, que eran facciones en el sentido estricto de la palabra, cada uno con su propia organización, sino simplemente disensiones en la Iglesia, representando diferencias de opinión. No habían conducido a una división absoluta en las filas de creyentes, porque Pablo reconoce claramente un cierto sentido de unidad en la Iglesia de Corinto, ya que menciona reuniones de toda la Iglesia repetidamente, 1 Corintios 11:18; 14:23. Sin embargo había cuatro divisiones que tenían su propio eslogan.

a. Algunos decían: "Yo soy de Pablo". Este partido se menciona primero, no necesariamente porque venga primero en orden cronológico. Ya que la Iglesia había sido fundada por Pablo, parecería que un partido separado, usando el nombre de los apóstoles como su lema, solo podía surgir en oposición a otro. Consistía más probablemente de aquellos creyentes serios que respetaban el contenido del evangelio predicado más que su forma; y quienes de corazón aceptaron la simple doctrina de la cruz, como Pablo la predicó, quien había venido a ellos sin sabiduría de palabras para que la cruz de Cristo no quedara sin efecto.

b. Otros decían: "Soy de Apolos". No creemos que la predicación de Apolos difiriera esencialmente de la de Pablo, ni que fuera culpable de la disensión que surgió como resultado de su obra. Pablo mismo da testimonio de su perfecta unidad de espíritu con Apolos, donde dice que Apolos regó lo que había plantado, y que el que planta y riega son uno, 3:6-8, y que había deseado enviar a Apolos con Timoteo y a los otros hermanos a Corinto, 15:12. ¿Y no es probable que Apolos haya rechazado ir porque temía que eso pudiera fomentar el espíritu faccioso? Los cristianos de Apolos fueron con toda probabilidad los griegos cultos que, mientras que estaban de acuerdo con la doctrina de la gracia gratuita, preferían en gran medida una presentación especulativa y retórica de ella a la simple predicación de Pablo.

c. Incluso otros decían: "¡Soy de Cefas!" Mientras los otros dos partidos anteriores indudablemente constituían el grueso de la congregación, había algunos que también tenían escrúpulos con respecto a la doctrina de la gracia. Fueron creyentes judíos conservadores que se sumaron a las decisiones del Concilio de Jerusalén y persistieron en ciertas observancias legales. Naturalmente en espíritu se reunieron alrededor de Pedro, el apóstol de la circuncisión. Puede ser que la tradición conservada por Dionisio de Corinto sea cierta de que Pedro había visitado alguna vez Corinto. Si es así, esto ayuda a explicar su lema.

d. Finalmente había también quienes decían: "¡Yo soy de Cristo!" Esta facción siempre ha sido la más difícil de caracterizar, y, como resultado, un gran número de teorías se han sido mencionadas. Después de F.C. Baur muchos interpretaron esto "de Cristo" a la luz de 2 Corintios 10:7, donde los oponentes de quienes habla Pablo son ultrajudaístas. En esa teoría, el partido de Cristo sería incluso más estrictamente judío que la facción de Pedro. Otros, como Hilgenfeld y Hausrath sostienen que consistió en aquellos que habían estado en relación personal con el Señor, y probablemente pertenecieron a los quinientos de 1 Corintios 15:5. Godet sugiere que estaban imbuidos del espíritu de Cerinto, y creían en Cristo distinguiéndolo del Jesús humano. Los identifica con aquellos que llamarían a Jesús anatema, 1 Corintios 12:3. Preferimos pensar con Meyer, Ellicott, Alford, Findley (*Expág.Gk. Test.*) y Biesterveld que consistían en los ultrapiadosos que, despreciando todo liderazgo humano, se arrogaban el lema común como propiedad privada, y de esta manera lo hicieron un lema de partido. Se consideraban a sí mismos como la facción ideal, estaban llenos de orgullo espiritual, y se convirtieron en un gran obstáculo para el apóstol. La clave de esta interpretación se encuentra en 1 Corintios 3:22-23, donde el apóstol ofrece un correctivo para el espíritu partidista, cuando dice: "sea Pablo, sea Apolos, sea Cefas, sea el mundo, sea la vida, sea la muerte, sea lo presente, sea lo por venir, todo es vuestro, y vosotros de Cristo, y Cristo de Dios". Findlay correctamente comenta que "el ὑμεῖς Χριστοῦ católico abarca completamente al auto asertivo y sectario Εγὼ δὲ Χριστοῦ".

3. *Pablo se Comunica con la iglesia de Corinto.* Hay dos preguntas que merecen consideración bajo este encabezado: a. ¿Qué tan seguido visitó Pablo Corinto? y b. ¿Escribió más cartas a la Iglesia Corintia de las que poseemos?

a. Sabemos que Pablo visitó Corinto en 52 D.C., Hechos 18:1, y de nuevo en 57, Hechos 20:2. ¿Hay rastros de alguna otra visita? Las alusiones en 2 Corintios 2:1, 12:14, 13:1 parecen implicar que había estado en Corinto un par de veces antes de escribir 2 Corintios, y por lo tanto antes de la visita de 57 D.C. Con toda probabilidad debemos asumir una visita no registrada en los Hechos de los apóstoles. Sin embargo, la cuestión es si la debemos poner antes de la redacción de 1 Corintios, o entre esta y la composición de 2 Corintios. Esto no puede decidirse absolutamente con la información a mano, pero consideramos que es preferible situarla antes de la primera epístola: 1). Porque el tiempo transcurrido entre las dos cartas es tan corto que un viaje a Corinto en ese tiempo es extremadamente improbable; 2). ya que, Timoteo y Tito habían estado en Corinto una parte de ese tiempo, no podemos entender, que podría hacer imperativo que Pablo hiciera una visita tan apresurada; y 3). 2 Corintios refiere constantemente a cosas escritas en la primera epístola de una forma que no habría sido necesaria si Pablo mismo ya hubiera estado en Corinto. A favor de colocarla después de la escritura de la primera epístola, se recomienda que 1 Corintios no se refiera a una visita que la precedió poco antes.

b. Nos parece que Pablo escribió incuestionablemente más epístolas a los Corintios de las que ahora poseemos. En 1 Corintios 5:9 el autor refiere claramente a una carta anterior, prohibiendo relación con personas inmorales. Esa carta ha sido mal entendida, y por lo tanto la impresión que causó ahora es corregida por el apóstol. También es muy probable que haya hablado de la colecta para los santos de Jerusalén, 16:1, y transmitió la intención de visitar Corinto tanto antes como después de su visita a Macedonia, a la cual 2 Corintios 1:15-16 refiere, y que cambió antes de escribir 1 Corintios (Cp. 16:5), exponiéndose inconscientemente a la calumnia de los enemigos, 2 Corintios 1:15-18. De 2 Corintios 7:6-8 algunos infieren que otra carta, mucho más reprobatoria que 1 Corintios intervino entre las dos cartas canónicas, y causó la inquietud del apóstol, pero la evidencia no es suficientemente fuerte para garantizar la conclusión.

Composición

1. *Motivo y Propósito*. Esta carta fue motivada por los reportes que Pablo recibió de Corinto y por una serie de cuestiones que le fueron planteadas por los corintios. Los que eran de la casa de Cloé le contaron de divisiones en su iglesia local, 1 Corintios 1:11, y un informe general decía que la fornicación e incluso el incesto se permitía en la congregación, 5:1. Además la iglesia envió una carta, probablemente de la mano de Estéfanas, Fortunato y Acaico, 1 Corintios 16:17, pidiendo la opinión del apóstol sobre muchas cuestiones como el matrimonio, 1 Corintios 7:1, comer carne ofrecida a los ídolos, 1 Corintios 8:1, la conducta adecuada en la Iglesia, 1 Corintios 11:2, el uso correcto de los dones espirituales, 1 Corintios 12:1, y con toda probabilidad también con respecto a la doctrina de la resurrección, 1 Corintios 15.

En armonía con esta ocasión, el propósito de la epístola es especialmente doble: En primer lugar, el apóstol desea extinguir el espíritu partidista extendido entre los corintios para poder guiarlos a la unidad de la fe que es en Jesucristo; y para corregir los otros males que se encontraban en la iglesia, tales como el caso del incesto y las irregularidades que deshonraban su ágape, que culminaron en la Cena del Señor. Y en segundo lugar estaba su propósito de dar a la joven iglesia, luchando con las tentaciones y desconcertada por muchas cuestiones difíciles, más instrucciones sobre cosas indicadas por ellos en su carta. Con gran diligencia, cuidado y solicitud por el bienestar de la congregación el apóstol se aplica a esta tarea. En respuesta a la pregunta de si también tenía la intención de defender su apostolado contra sus enemigos, podríamos decir que, aunque esto no estaba del todo ausente de su mente (Cp. capítulos 4 y 9), no apunta directamente a esto como lo hace al escribir 2 Corintios, cuando la hostilidad de los falsos maestros se ha vuelto más pronunciada.

2. *Tiempo y Lugar*. El lugar donde esta epístola fue escrita se indica claramente en 1 Corintios 16:8, y por lo tanto no requiere de más discusión. Esto también nos permite determinar el tiempo de su escritura. La única estancia de Pablo en Éfeso de cualquier duración se describe en Hechos 19. Si nuestros cálculos cronológicos son correctos, llegó ahí en 54 D.C. y, después de una estancia de tres años, se fue nuevamente en 57. De acuerdo con 1 Corintios 16:8, escribió la epístola hacia el final de su ministerio efesio, antes del pentecostés de 57 D.C., y por lo tanto probablemente en la primera parte de ese año. No podemos concluir de 1 Corintios 5:7 que fue cuando se celebró la fiesta de los panes sin levadura, aunque es muy probable que la cercanía de la fiesta dio lugar a la línea de pensamiento desarrollada en ese capítulo.

Importancia Canónica
La canonicidad de la epístola es abundantemente testificada por la literatura cristiana primitiva. Es el primer escrito del Nuevo Testamento que es citado por nombre por uno de los Padres apostólicos. Clemente de Roma dice en su primera epístola a los corintios: "Tomen la epístola del bendito Pablo el apóstol en sus manos, etc." Los escritos de los otros Padres apostólicos, a saber, Bernabé, Hermas, Ignacio y Policarpo muestran claros rastros del uso de esta epístola. De Ireneo en adelante es citada como Santa Escritura. Los gnósticos la estimaban con especial favor. Se encontró en el canon de Marción, en el fragmento de Muratori, etc. El testimonio de ella es muy completo y claro.

En la epístola a los Romanos tenemos una declaración del camino de salvación con especial referencia a los romanos legalistas; en esta epístola encontramos una exposición de este particularmente con miras a los griegos inclinados a la filosofía. Claramente revela que el camino de la sabiduría terrenal no es el camino de vida, una lección valiosa para la iglesia de todas las edades. Pero hay aun otra etapa que da a la epístola un valor permanente; contiene la doctrina de la cruz en su aplicación social. En ella vemos a la Iglesia de Dios en el mundo con todo su brillo y espectáculo, sus tentaciones y peligros, sus errores y crímenes, y se nos enseña a aplicar los principios de la religión cristiana a las diversas relaciones de vida, como las encontramos en el bullicio de una gran y malvada ciudad.

CAPÍTULO 12
La Segunda Epístola a los Corintios

··· ⛤⛥ ···

Contenido
El contenido de esta epístola está naturalmente dividido en tres partes:

I. *Análisis de la Relación de Pablo con los Corintios*, 1:1-7:16. Después de la usual introducción epistolar, 2 Corintios 1:1-11, el apóstol se reivindica a sí mismo con respecto al cambio en su visita planeada, y con referencia a lo que había escrito con respecto al ofensor, 2 Corintios 1:12-2:13. Habiendo hecho esto, retoma la cuestión del apostolado. En primer lugar, considera el oficio de un apóstol, comparando el ministerio de la ley con el del evangelio, 2 Corintios 3:6-18, y vindicando su propia posición como apóstol del nuevo pacto, 2 Corintios 2:14-3:5; 4:1-6. Luego trata de los sufrimientos de un apóstol que están inseparablemente relacionados con su obra, pero que son aliviados por la esperanza de la gloria futura, 2 Corintios 4:7-5:10. Luego, repasa la vida de un apóstol, que encuentra su motivo limitante en el amor de Cristo, tiene su base espiritual en la vida del Redentor, y es marcado por sufrimientos, deshonra y pobreza, por un lado, pero también por paciencia y amabilidad, por conocimiento y justicia, por el otro, 2 Corintios 5:11-6:10. De esto se sigue una petición del apóstol a los corintios para que le den lugar en sus corazones, y no se unan en yugo desigual con los incrédulos, 6:11-7:4. Finalmente el apóstol le dice a los corintios que ha sido consolado grandemente por la venida de Tito, por quien sus temores de que la carta anterior pudiera haberlos alejado, se disiparon y dieron lugar al gozo, 7:5-16.

II. *La Colecta para los Cristianos Judíos*, 8:1-9:15. El apóstol señala a los corintios el ejemplo de los macedonios que dieron abundantemente para los pobres de Jerusalén, 2 Corintios 8:1-7, y al ejemplo de Cristo que se hizo pobre para que los corintios pudieran ser enriquecidos, 2 Corintios 8:8-15. Les encomienda a Tito y a los dos hermanos enviados por él para recoger la colecta, 2 Corintios 8:16-24, y los exhorta a dar abundantemente por esta causa digna, 2 Corintios 9:1-15.

III. *La Reivindicación del Apostolado de Pablo*, 10:1-13:14. En esta parte Pablo lidia directamente con sus oponentes. Primero que nada, señala que el ministerio que le fue confiado también se extiende a los corintios, 2 Corintios 9:1-18. Luego replica a sus oponentes de que había sido perfectamente leal a la causa de Cristo, 2 Corintios 11:1-6; que no había engañado a los corintios cuando rechazó el apoyo de ellos, 2 Corintios 11:7-15; que tenía muchas cosas más grandes en que gloriarse que lo que ellos podían jactarse, 2 Corintios 11:16-12:10, y que nunca había sido y no era su objetivo ahora hacer ganancia de los corintios, 2 Corintios 12:11-18. Finalmente les hace advertencias en vista de su próxima visita, y cierra su epístola con saludos y bendición finales, 2 Corintios 12:19-13:13.

Características
1. 2 Corintios es una de las más personales y menos doctrinales de todas las cartas de Pablo, excepto la escrita a Filemón. El elemento doctrinal no está del todo ausente; las grandes verdades de la salvación encuentran su expresión en ella, tanto como en las otras cartas del apóstol; pero, aunque entran en su composición, tienen un lugar subordinado y son, por así decirlo, eclipsadas por su gran aspecto personal, en el cual vemos el gran corazón del apóstol, con todos sus varios estados de ánimo de coraje y ansiedad, de amor y aversión, de esperanza y desilusión. Alford dice: "consolación y reprimenda, gentileza y severidad, la seriedad e ironía se suceden uno tras otro en intervalos cortos y sin previo

aviso".

2. La segunda característica de esta epístola está estrechamente relacionada con la precedente; es la más asistemática de todas las cartas de Pablo. Cuán grandemente difiere a este respecto de la epístola a los Romanos y de primera de Corintios, se vuelve perfectamente evidente cuando uno intenta dar un resumen de su contenido. Esta irregularidad se debe al hecho de que en esta carta no encontramos una discusión calmada de los temas doctrinales o de ciertas etapas de la vida cristiana, sino sobre todo una autodefensa apasionada contra los cargos injustos y las calumnias e insinuaciones. Sin embargo, por más humilde que sea el apóstol, y aunque se considera a sí mismo el menor de todos los santos, en esta carta se ve obligado a presumir de sus sufrimientos y de su obra.

3. El lenguaje de esta epístola ha sido juzgado diversamente, algunos lo critican severamente y otros elogian sus excelencias. No podemos negar que es más áspero y rudo, más obscuro y difícil de interpretación de lo que estamos acostumbrados en los otros escritos de Pablo. "Paréntesis y digresiones a menudo se cruzan con la narrativa y perturban su secuencia". (Davidson) Meyer dice bellamente: "El entusiasmo y el juego variado de emociones con el que Pablo escribió esta carta, probablemente también a toda prisa, ciertamente hacen que la expresión no sea rara y las oraciones menos flexibles, sino solo aumentan nuestra admiración por la gran delicadeza, habilidad y poder con el que esta efusión del espíritu y corazón de Pablo, que posee como defensa de sí mismo un peculiar y alto grado de interés, fluye y brota, hasta que finalmente, en la última parte, ola tras ola supera la resistencia hostil". *Comm.* pág.412.

Autoría
El testimonio externo de la autoría de Pablo es inferior al de

1 Corintios, sin embargo, es tan fuerte que no deja lugar para la duda honesta. Ireneo, Clemente de Alejandría, Tertuliano y muchos otros, de todas partes de la iglesia primitiva, lo citan por su nombre.

Pero incluso si esto no fuera suficientemente fuerte, la evidencia interna sería suficiente para resolver la cuestión de la autenticidad. En primer lugar, la epístola afirma ser producto del gran apóstol. En segundo lugar, está escrita en un estilo que es, en muchos aspectos, característicamente paulino; a pesar de sus características únicas, contiene la doctrina de la salvación, como solemos escucharla proclamada por el apóstol de los gentiles, y revela su carácter como ninguna otra epístola lo hace. Y, en tercer lugar, el pensamiento de esta epístola está estrechamente entrelazado con la de 1 Corintios. En 1 Corintios 16:5 Pablo habla de su plan de viajar, y en 2 Corintios 1:15-24 comenta sobre ello; en 1 Corintios 5 insta aplicar disciplina a la persona incestuosa, y en 2 Corintios 2:5-11 dice, con referencia a este caso, que se ha infligido suficiente castigo, y restringe su evidente severidad; respeto de la colecta para los cristianos de Judea que ordena a los corintios en 1 Corintios 16:14, da más instrucciones en 2 Corintios 8 y 9; de los judaizantes que ponen en duda su apostolado que refiere en 1 Corintios 4 y 9, habla más extensamente en 2 Corintios 10-13.

También la autenticidad de la epístola fue atacada por Bruno Bauer y por los críticos alemanes que mencionamos en relación con la primera epístola. Pero su trabajo no convenció a nadie sino a sí mismos. Godet dice ciertamente: "los estudiosos que no pueden discernir, a través de esas páginas, la personalidad vívida de San Pablo, deben haber perdido en el trabajo de estudio, el sentido por las realidades". *Introd. to the N.T.* I pág.337.

Composición

1. *Ocasión y Propósito*. Para entender la ocasión que induce a Pablo escribir esta epístola a los corintios, debemos ponerla

en relación con la primera carta, que fue con toda probabilidad llevada a Corinto por Tito, el hijo espiritual de Pablo. Después que hubo partido, el apóstol reflexionó en lo que había escrito en esa carta, y le causó cierta inquietud, 2 Corintios 7:8. Reflexionó lo que había escrito en un estrés bastante severo con respecto a las divisiones en Corinto y de la persona incestuosa, y temió por un tiempo que sus palabras pudieran ser malinterpretadas, que su carta pudiera crear una falsa impresión, y que su severidad pudiera provocar resentimiento y así dañar la causa del evangelio que yacía tan cerca de su corazón.

Estamos conscientes de que algunos estudiosos, como, por ejemplo, Hausrath, Schmiedel, Kennedy, Baljon, Findlay, Robertson (en *Hastings D.B.*) y Davidson sostienen que 2 Corintios 2:4,9; 7:8 refieren a una segunda epístola perdida de Pablo, la así llamada *carta dolorosa*, pero con Zahn, Holtzmann y Bernard (en *Expositors Gk. Test.*) creemos que es una suposición bastante gratuita el que haya existido dicha epístola.

Poco después de que Pablo había enviado 1 Corintios, salió de Éfeso para Troas, donde se dio una espléndida oportunidad para trabajar. Sin embargo, estaba profundamente decepcionado, porque había esperado encontrar a Tito ahí con noticias de Corinto, y cuando no lo encontró, su preocupación le hizo navegar para Macedonia donde podría encontrar a su amado hermano y colaborador del campo de trabajo y ser pronto tranquilizado por él, 2 Corintios 2:12,13. El simple cambio de campo de trabajo no lo alivió, porque dice: "Porque de cierto, cuando vinimos a Macedonia, ningún reposo tuvo nuestro cuerpo, sino que en todo fuimos atribulados; de fuera, conflictos; de dentro, temores", 2 Corintios 7:5. Sin embargo, Pronto fue consolado por la llegada de Tito, 2 Corintios 7:6; la dolorosa incertidumbre ahora daba lugar a la calma, más aún a la alegría y acción de gracias. Pero su felicidad no fue sin reservas, ya que el reporte de Tito no era del todo favorable. La congregación corintia como un todo había tomado con amabilidad las advertencias e instrucciones de la carta previa. Las palabras de represión habían causado una profunda impresión en ellos, habían entristecido sus corazones, se habían llenado de tristeza– pero fue una tristeza que servía para arrepentimiento. Ya que el apóstol tuvo ocasión de regocijarse y se regocijó, 7:7-16. Sin embargo, los enemigos de Pablo se habían resentido por la anterior epístola y habían incrementado su obra siniestra, intentando socavar la autoridad apostólica de Pablo al acusarlo de ser voluble y vacilante, 2 Corintios 1:15-24, que estaba controlado por motivos carnales, 10:2, que era valiente a la distancia, pero cobarde, cuando estaba presente, 2 Corintios 10:10, que trataba engañosamente a los corintios, incluso en no apoyarlos, 2 Corintios 11:7-12, y que no se había mostrado como apóstol por sus obras, 2 Corintios 12:11-13.

Se puede preguntar a cuál de los cuatros partidos mencionados en 1 Corintios pertenecían los enemigos con que trata el apóstol en 2 Corintios 10-13. Es muy claro, y los estudiosos están de acuerdo en general, que fueron principalmente, si no exclusivamente, ultrajudaístas. Pero no hay unanimidad en cuanto a clasificarlos en una de las divisiones de las que habla la primera epístola. Siguiendo a F.C. Baur, muchos tales como Baljon, Davidson, Weiss, los identifican con aquellos cuyo lema era: "Yo soy de Cristo"; sin embargo, otros como Meyer y Zahn, los consideran como pertenecientes al partido que profesaba una especial lealtad hacia Pedro. Le damos preferencia a este punto de vista, sin embargo, con la condición de que en esta carta Pablo no está tratando con toda la facción, sino más bien con sus líderes, que habían venido probablemente de Judea con cartas de recomendación, 2 Corintios 3:1, y a quienes Pablo califica como "falsos apóstoles, obreros fraudulentos, que se disfrazan como apóstoles de Cristo", 2 Corintios 11:13– y que es muy posible que algunas de sus palabras se refieran a aquellos que, ignorando y despreciando toda autoridad humana, afirmaron ser de Cristo, no mantuvieron el honor y la fidelidad del apóstol en contra de los falsos maestros, Cp. 2 Corintios 10:7.

Siendo esta la situación en Corinto, cuando el apóstol escribió su segunda carta, fue llevado naturalmente a escribir con un propósito doble. En primer lugar, fue su deseo expresar su gratitud para la forma en que los corintios habían recibido su primera carta, y en informarles el gozo que experimentó cuando habían manifestado su voluntad de enmendar sus caminos y habían sido llenos de tristeza piadosa. Y en segundo lugar, consideró que le correspondía defender su apostolado contra las calumnias y los ataques malignos de los adversarios judaístas.

2. *Tiempo y Lugar.* En vista del relato que hemos dado del curso de eventos que siguieron a la redacción de 1 Corintios, no es muy difícil establecer aproximadamente tanto el tiempo como el lugar del escrito. Podemos asumir que, de acuerdo con el plan expresado en 1 Corintios 15:8, el apóstol permaneció en Éfeso hasta el Pentecostés del 57 D.C. Al dejar Éfeso fue a Troas, desde donde cruzó hacia Macedonia. Ahí encontró prontamente a Tito, presumiblemente en el verano de ese mismo año, y por lo tanto algún tiempo antes de estar listo para visitar Corinto, y recibió información de él con respecto a la condición de la iglesia corintia. Regocijado por lo que escuchó, pero al mismo tiempo comprendiendo el peligro que asechaba en la agitación de los judaizantes, inmediatamente escribió 2 Corintios, y la envió a Corinto por medio de Tito, que fue acompañado en su camino por dos de los hermanos, cuyos nombres no son registrados, 2 Corintios 8:18,22. Por lo tanto, la carta fue escrita en el verano de 57 D.C., en algún lugar en Macedonia.

Integridad
La integridad de la carta ha sido atacada especialmente en dos puntos. Algunos afirman que los versículos 2 Corintios 6:14-7:1 no pertenecen, donde se encuentran, sino que forman una interrupción complicada en el curso del pensa-

miento. Unos pocos estudiosos los consideran como parte de la carta perdida a la que se refiere 1 Corintios 5:9. Ahora bien, es cierto que a primera vista estos versículos parecen estar fuera de lugar, donde se encuentran, pero al mismo tiempo es muy posible dar una explicación plausible para su inserción en este punto. Cp. Meyer, Alford, Expositor Greek Testament.

Muchos críticos opinan que los capítulos 10-13 originalmente no formaron parte de esta carta. Hausrath y Schmiedel abogaron por la teoría de que ellos constituyeron parte de una así llamada carta dolorosa que se interpuso entre 1 y 2 Corintios. Las razones por las cuales separarían esta sección de los otros nueve capítulos son las siguientes: 1). El capítulo 10 comienza con las palabras Αὐτός δὲ ἐγὼ Παῦλος, donde δὲ marca estas palabras como una antítesis de algo que no se encuentra en lo procedente. 2). El tono del apóstol en estos últimos capítulos es notablemente diferente del de los otros nueve; de un tono calmado y alegre se cambia a uno de severa reprimenda y de aguda invectiva. 3). Ciertos pasajes que se encuentran en la primera parte apuntan a las declaraciones que se encuentran en los últimos capítulos, y de este modo, prueban que estos son parte de una carta anterior. Así 2 Corintios 2:3 refiere a 13:10, 1:23 a 13:2, y 2:9 a 10:6.

Pero a estos argumentos podemos replicar, en primer lugar, que δὲ a menudo no hace más que marcar la transición a un nuevo tema (Cp. 1 Corintios 15:1, 2 Corintios 8:1); en segundo lugar, que el cambio de tono no necesita sorprendernos si tomamos en consideración la posibilidad de que Pablo no escribiera toda la epístola de una sola sentada y, por lo tanto, en el mismo estado de ánimo; y el hecho de que en los últimos capítulos trata particularmente con los falsos maestros entre los corintios; y en tercer lugar, que los pasajes referidos no necesitan la elaboración por los críticos antes nombrados. Además, si adoptamos la teoría de que otra carta está intercalada entre nuestras dos epístolas canónicas, somos conducidos a un complicado esquema de transacciones con Corinto, un esquema tan complicado que es su propia condena.

Importancia Canónica
La iglesia antigua fue unánime en aceptar la epístola como parte de la Palabra de Dios. De los Padres Apostólicos, Policarpo la cita claramente. Marción la incluyó en su canon, y también es nombrada en el fragmento Muratoriano. Las versiones siriaca y latina antigua la contienen, y los tres grandes testigos del fin del segundo siglo la citan por nombre.

Esta epístola también tiene un valor permanente para la Iglesia de Dios. Está inseparablemente relacionada con 1 Corintios, y como tal también pone de manifiesto que no es la sabiduría del mundo sino la locura de la cruz que salva, y arroja más luz en la aplicación de los principios cristianos a las relaciones sociales. Más que cualquier otra epístola nos revela la personalidad de los apóstoles, y es por tanto una gran ayuda psicológica en la interpretación de sus escritos. También tiene un interés doctrinal considerable en que exhibe una parte de la escatología de los apóstoles, 2 Corintios 4:16-5:8, resalta el contraste entre la letra y el espíritu, 2 Corintios 3:6-18, describe la influencia benéfica de la gloria de Cristo, 2 Corintios 3:18-4:6, y contiene una declaración explícita de la reconciliación y renovación realizada por Cristo, 2 Corintios 5:17-21.

CAPÍTULO 13
La Epístola a los Gálatas

··· ಶಿ⊘ಛ ···

Contenido
La epístola a los Gálatas puede dividirse en tres partes:

I. *La Defensa del Apostolado de Pablo*, 1:1-2:21. Después de la usual introducción, el apóstol establece la ocasión de su escrito, Gálatas 1:1-10. En defensa de su apostolado señala que ha sido llamado por Dios mismo y recibido su evangelio por revelación directa, y que no tuvo ocasión de aprenderlo de los otros apóstoles, Gálatas 1:11-24; que los apóstoles mostraron su acuerdo con él al no demandar la circuncisión de Tito y al admitir su misión a los gentiles, Gálatas 2:1-10; y que incluso tuvo que reprender a Pedro, cuando este "pilar de la Iglesia" no fue fiel a la doctrina de la gracia gratuita, Gálatas 2:11-21.

II. *Su Defensa de la Doctrina de la Justificación*, 3:1-4:31. Aquí el apóstol claramente señala que los Gálatas recibieron el don del Espíritu por la fe, Gálatas 3:1-5; que Abram fue justificado por la fe, Gálatas 3:6-9; que la liberación de la maldición de la ley solo es posible a través de la fe, Gálatas 3:10-14; y que la ley tiene solamente un carácter incidental, viniendo, como lo hace, entre la promesa y su cumplimiento, Gálatas 3:15-29. Compara al judaísmo a un hijo que es menor, y al cristianismo como a un hijo que ha alcanzado la mayoría de edad, 4:1-7; advierte a los Gálatas que, dándose cuenta de su privilegio, no deben regresar a los pobres rudimentos de conocimiento, Gálatas 4:8-20; y dice que el judío es como el hijo de Agar, mientras que el cristiano se parece al hijo de Sara, Gálatas 4:21-3:1.

III. *Exhortaciones Prácticas*, 5:1-6:18. Los Gálatas son exhortados a permanecer en su libertad cristiana, Gálatas 5:1-12, una libertad que no es licencia sino obediencia, Gálatas 5:13-18. Las obras de la carne y los frutos del Espíritu son descritas para que los Gálatas puedan evitar los primeros y rendirse a los últimos, Gálatas 5:19-26. La forma correcta de tratar a los equivocados y débiles es señalada, y también la relación de lo que se siembra con lo que se cosecha, Gálatas 5:1-10. Pablo termina su carta con un breve sumario y bendición, Gálatas 6:11-18.

Características

1. La epístola a los Gálatas tiene mucho en común con la escrita a los Romanos. Ambas tratan el mismo tema general, a saber, que por las obras de la ley ningún hombre será justificado delante de Dios. Se cita el mismo pasaje del Antiguo Testamento en Romanos 4:3 y Gálatas 3:6, y se elabora el mismo argumento general, de que la promesa pertenece a aquellos que tienen fe como la que Abram había tenido incluso antes de que fuera circuncidado. En ambas epístolas Pablo busca reconciliar su reconocimiento de que la ley mosaica vino de Dios con su argumentación de que no era obligatoria para los cristianos. Además de estas similitudes, hay también muchas concordancias verbales y pasajes paralelos en estas cartas. De los últimos podemos mencionar Romanos 8:14-17 y Gálatas 4:5-7, Romanos 6:6-8 y Gálatas 2:20, Romanos 13:13 y Gálatas 5:16,17.

2. Sin embargo, por muy similar que puedan ser estas epístolas, hay también diferencias notables. En la epístola a los Romanos Pablo no se enfrenta directamente con adversarios personales que son hostiles a la verdad, ya que es escrita en un espíritu tranquilo y a lo sumo es polémico indirectamente. Esto es muy distinto en la epístola a los Gálatas. Había quienes en las iglesias de Galacia pervirtieron la doctrina de la cruz y pusieron en tela de duda la autoridad apostólica de

Pablo. Como resultado de esto, este es uno de los escritos más controversiales del apóstol, es una explosión de indignación, escrito en un tono ardiente.

3. Esta epístola abunda en contrastes sorprendentes. La gracia es contrastada con la ley en su aplicación judía, y especialmente en su aspecto ritual; la fe es colocada en relación antitética con las obras del hombre, los frutos del Espíritu se colocan contra las obras de la carne; la circuncisión es opuesta a la nueva creación, y la enemistad del mundo hacia la cruz de Cristo se manifiesta con gran relieve.

4. El estilo de esta carta es bastante único en que unifica las dos extremas afecciones del carácter admirable de Pablo: la severidad y la ternura. Al tiempo que habla en un tono frío y severo, como si apenas reconociera a los Gálatas como hermanos, entonces de nuevo todo su corazón parece anhelarlos. Es difícil imaginar algo más solemnemente severo que los versículos de apertura de la epístola y Gálatas 3:1-5, pero es igualmente difícil concebir algo más tiernamente cariñoso que las peticiones que encontramos en Gálatas 4:12-16; 18-20. Encontramos en esta carta una bella mezcla de invectiva aguda y tierna súplica.

Autoría
La autoría de la epístola no necesita estar sujeta a duda, ya que tanto la evidencia interna como externa es muy fuerte. La carta se encuentra en el canon de Marción, se nombra en el fragmento Muratoriano, y desde el tiempo de Ireneo se cita por nombre regularmente. Pero incluso si el testimonio externo no fuera suficientemente fuerte, la evidencia interna sería más que suficiente para establecer la autoría paulina. La carta misma lo atestigua, Gálatas 1:1, y claramente revela el carácter del gran apóstol; lo hace de la mejor manera, ya que es intensamente personal. Y aunque hay algunas dificultades en la armonía, cuando comparamos Gálatas 1: 18 y

Hechos 9:23; –Gálatas 1:18, 19 y Hechos 9:26– Gálatas 1:18; 2:1 y Hechos 9:26; 11:30; 12: 25; 15: 2– sin embargo, no son insuperables, y, en general, las alusiones históricas que se encuentran en la epístola encajan bien con la narrativa de Hechos.

Por un largo tiempo, Bruno Bauer fue el único en cuestionar la autenticidad de esta carta, pero desde 1882 la escuela alemana de Loman y Van Manen se le unieron, seguidos por Friedrich en Alemania. La principal razón para dudar es la supuesta imposibilidad de un desarrollo tan rápido del contraste entre el cristianismo judío y paulino como el que esta carta presupone. Pero los hechos no nos permiten dudar de que el conflicto ocurrió entonces, mientras que en el segundo siglo se había extinguido.

Las Iglesias de Galacia
Entre las epístolas de Pablo esta es la única que se dirige expresamente, no a un individuo ni a una sola Iglesia, sino a un grupo de iglesias, ταῖς ἐκκλησίαις τῆς Γαλατίας, Gálatas 1:2. ¿Cuándo fundó el apóstol esas iglesias gálatas? La respuesta a esa pregunta dependerá necesariamente de nuestra interpretación del término gálata, tal como es usado por el apóstol. Hay un uso doble de este apelativo, a saber, el geográfico y el político. Geográficamente, el término Galacia denota uno de los distritos del norte de Asia Menor, un distrito que limita al norte con Bitinia y Plafagonia, al este por la última provincia nombrada y el Ponto, al oeste por Frigia, y al sur por Licaonia y Capadocia. Sin embargo, el mismo nombre es empleado en un sentido político, oficial, para designar la provincia romana que incluía propiamente a Galacia, una parte de Frigia, Pisidia y Licaonia. Este doble significado del nombre Galacia ha llevado a dos teorías con respecto a la localización de las iglesias gálatas, a saber, la teoría gálata del norte y del sur. La primera aun representa el punto de vista prevaleciente, pero la última es aceptada por un número cada vez más numeroso de estudiosos.

Según la teoría de Galacia del norte, las iglesias de Galacia estuvieron situadas en el distrito geográfico indicado por ese nombre. Desde aproximadamente 280 D.C. este territorio fue habitado por gente Celta, consistente en tres tribus separadas, que habían emigrado ahí desde Europa del este, y que constituyeron poco antes de Cristo el reino de Galacia. Eran dados al culto de Cibeles "con su ceremonial salvaje y sus horribles mutilaciones", y se caracterizaban por su veleidad y su carácter inestable. "Inconstantes y beligerantes", dice Lightfoot, *Corn*. pág.14, "traicioneros en sus tratos, incapaces de un esfuerzo sostenido, fácilmente desanimados por su fracaso, tal como parecen, al ser vistos en su lado más obscuro". Los partidarios de esta teoría están de acuerdo generalmente que Pablo, con toda probabilidad, fundó las iglesias gálatas en las más importantes ciudades de este distrito, es decir, en la capital de Ankara, en Pesinunte, el principal asiento del espantoso servicio de Cibeles, y en Tavia, una fortaleza y un gran centro comercial a la vez. La teoría gálata del sur, por otro lado, identifica a las iglesias gálatas con aquellas fundadas por Pablo en su primer viaje misionero a Antioquía de Pisidia, Iconio, Listra y Derbe, sin excluir algunas otras iglesias que pudieron haber sido fundadas en la provincia.

La teoría de Galacia del norte se apoya en las siguientes consideraciones: 1). Es improbable que Pablo se dirigiera a los habitantes de Frigia, Pisidia y Licaonia como gálatas. Ese nombre podía darse propiamente solo a los celtas, los galos que vivían en Galacia propiamente dicha. 2). Es improbable que Pablo se hubiera referido a las iglesias fundadas por él y Bernabé conjuntamente, como si hubieran sido establecidas por él solo. 3). El carácter de los Gálatas, como es reflejado en esta carta, está en notable acuerdo con el de los celtas, cuya inconstancia fue sujeta de comentarios públicos. 4). Ya que, en los Hechos de los apóstoles, Misia, Frigia y Pisidia son términos geográficos, sin significado político, la inferencia parece perfectamente justificada de que el nombre de Galacia, cuando se encuentra junto a estos, es emplea en un sentido similar. 5). "La expresión usada en los Hechos de la visita de Pablo a estas partes, 'la región de Frigia y Galacia', muestra que el distrito no era Licaonia y Pisidia, sino alguna región que podría decirse que pertenecía a Frigia o Galacia, o a las partes contiguas una de otra" (Lightfoot).

Ahora no estamos inclinados a subestimar el valor de estos argumentos, pero sin embargo nos parece que no son del todo conclusivos. El primero nos causa la impresión de ser una suposición bastante arbitraria. Tomando en consideración que la provincia romana de Galacia fue organizada tan temprano como en el 25 D.C. (Cp. Ramsay, *Historical Comm. on the Galatians*, pág.103 ss. y Jweiss, *Real-Enc. Art. Kleinasien*), y por lo tanto había existido al menos 75 años cuando Pablo escribió esta carta, es difícil ver porque no pudo dirigirse a sus habitantes como gálatas. Esto es verdad especialmente en vista del hecho de que el apóstol muestra una decidida preferencia por la nomenclatura imperial, probablemente porque era la más honorable. Además, al escribir a las congregaciones en Galacia del sur no podía usar otro nombre, si no quería dirigirse a ellos en una forma confusa. En conexión con el segundo argumento, debemos tener en mente que esta epístola fue escrita después de la ruptura entre Bernabé y Pablo, cuando así parece; la labor fue dividida de manera que Pablo recibió el encargo de las iglesias del sur de Galacia. Por lo tanto, fue natural que sintiera la responsabilidad exclusiva de ellos. En el tercer argumento, Salmon, que también defiende la teoría de Galacia del norte, sabiamente confiaría poco, porque "se puede dudar de si los Celtas formaban el elemento predominante en las iglesias de Galacia", y debido a que "hombres de diferentes nacionalidades muestran una naturaleza común". *Introd.* pág.412. — No sentimos la contundencia del cuarto argumento porque, concediendo que Lucas usa el término Galacia en su sentido geográfico, esto no prueba nada sobre el uso de Pablo. De hecho, la suposición es que el apóstol no la uso así. Y el último argumento es de un valor bastante dudoso, ya que descansa en una interpretación incierta de las expresiones τὴν Φρυγίαν καὶ Γαλατικὴν, Hechos 16, y τὴν Γαλατικὴν Χώραν καὶ Φρυγίαν, Hechos 18: 23. La expresión en Gálatas 16:6 probablemente también puede ser traducida "la región frigio-gálata", refiriéndose a la parte de la provincia de Galacia que incluía Antioquía e Iconio, y que originalmente perteneció a Frigia. Sin embargo, en 18:23 donde se invierten los nombres, debemos traducir, "el territorio gálata y Frigia", el último nombre, según Ramsay, refiriéndose tanto a Frigia Gálata o Frigia Magna. En cualquier caso, parece peculiar que Pablo, si en esos lugares hace referencia a Galacia propiamente dicha, hablara del territorio gálata más bien que de Galacia.

La teoría de Galacia del Norte es defendida por Weiss, Davidson, Julicher, Godet y especialmente por Lightfoot. Pero la teoría de Galacia del Sur tiene también hábiles defensores, tales como Renan, Hausrath, Zahn, Baljon y sobre todo Ramsay, cuyos largos viajes e investigación en Asia Menor, combinados con un gran aprendizaje, lo capacitan para hablar con autoridad sobre las cuestiones concernientes a ese distrito. Esta teoría asume que Pablo usó el nombre Galacia en su sentido político oficial, y que las iglesias gálatas fueron las de Antioquía, Iconio, Listra y Derbe, y otros. Aunque no nos sentimos inclinados para hablar dogmáticamente sobre el tema, nos parece que esta teoría merece preferencia por las siguientes razones: 1). Fue evidentemente una costumbre uniforme de Pablo indicar la localización de las iglesias que fundó, no por la nomenclatura popular sino por la oficial. Así habla de las iglesias de Asia, 1 Corintios 16:19, las Iglesias de Macedonia, 2 Corintios 8:1, y las Iglesias de Acaya, 2 Corintios 1:1. Y que esto no era algo peculiar a Pablo, es probado por el hecho de que Pedro hace lo mismo en 1 Pedro 1:1, donde el término Galacia es usado obviamente en su sentido político, ya que todos los otros nombres se refieren a provincias romanas. Incluso Lightfoot admite que este es probablemente el caso. 2). Que Pablo fundó las iglesias en la provincia romana de Galacia es un hecho bien atestiguado, del cual tenemos una narración detallada en Hechos 13 y 14; por otro lado, no tenemos registro de cualquiera de sus iglesias establecidas en el distrito de ese nombre. Ciertamente no es muy obvio que Lucas en Hechos 16:6 quiere transmitir la idea de que el apóstol estableció iglesias en el norte de Galacia. Lo máximo que se puede decir es que Hechos 18:23 implica tal actividad previa de parte de Pablo, pero incluso esto depende de la interpretación correcta de la frase "la región de Galacia y Frigia". Lighfoot mismo considera como "extraño que, mientras tenemos más o menos conocimiento de la fundación de Pablo de otras importantes iglesias, ni un solo nombre de una persona o lugar, apenas un simple incidente de algún tipo, relacionado con la predicación de los apóstoles en Galacia, se haya preservado preservado en la historia o en la epístola". *Comm.* pág.20. 3). La epístola se refiere a la colecta para los santos de Judea, 2:10 y 1 Corintios 16:1 Pablo dice que ha ordenado a las iglesias de Galacia tener parte en esto. ¿Cuál es el significado del término Galacia aquí? De las epístolas de Pablo deducimos que las iglesias de Galacia, 1 Corintios 16:1, Macedonia, 2 Corintios 8:1, 9:2 y Acaya, Romanos 15:26, contribuyeron para esta causa, mientras que de Hechos 20:4 aprendemos que representantes de Asia también acompañaron a Pablo a Jerusalén, de acuerdo con el principio establecido en 1 Corintios 16:3,4. Ahora bien, si tomamos el nombre de Galacia en su sentido oficial aquí, entonces todas las iglesias fundadas por Pablo participan en esta obra de caridad; mientras que si lo interpretamos como refiriéndose a Galacia del Norte, no se mencionan las Iglesias de Antioquía, Iconio, Listra y Derbe, y la impresión que se crea es que no tomaron parte. Pero esto es excesivamente improbable, y la improbabilidad se ve aumentada por el hecho de que entre los representantes que acompañaron a Pablo también encontramos a Segundo y Gayo de Derbe y a Timoteo de Listra, mientras que no hay quien represente a Galacia del Norte. 4). De Gálatas 4:13 aprendemos que Pablo primero predicó el evangelio a los Gálatas a causa de una enfermedad de la carne. Esto puede significar que Pablo, viajando a través de Galacia, fue detenido por la enfermedad, o que reparó en este distrito, para recuperarse de alguna enfermedad. Pero el camino por Galacia del Norte no conducía a ningún lugar, a donde Pablo probablemente iría, y su clima era muy indeseable para un inválido. Por otro lado, la suposición es completamente natural de que el apóstol contrajo alguna enfermedad en las tierras bajas pantanosas de Panfilia, y por lo tanto buscó restauración en la atmósfera vigorizante de Antioquía de Pisidia. 5). En esta epístola Pablo repetidamente menciona a Bernabé como una persona bien conocida a los Gálatas, 2:1,9,13. Ahora él era el colaborador de Pablo al establecer las iglesias de Galacia del Sur, pero no acompañó al apóstol en su segundo viaje misionero, cuando se supone que habían sido fundadas las iglesias de Galacia del Norte. Es cierto que este argumento queda algo neutralizado por el hecho de que Bernabé es mencionado también en 1 Corintios 9:6; sin embargo, no es el caso, ya que las referencias en Gálatas son más específicas. En 2:9, donde Pablo busca demostrar su apostolado, también parece considerar deseable reivindicar la legitimidad de la misión de Bernabé, mientras que en 2:13 presupone que sus lectores tienen conocimiento de la posición tomada por Bernabé con respecto a la doctrina de la gracia gratuita. Por lo tanto, concluimos que las iglesias de Galacia fueron con toda probabilidad fundadas por Pablo en su primer viaje misionero en Galacia del Sur. Cp. especialmente Ramsay, *The Church in the Roman Empire* ppág.3-112; *St. Paul the traveler and the Roman citizen* ppág.89-151, y Zahns *Einleitung* II ppág.124-139.

Las iglesias gálatas estaban compuestas principalmente de cristianos gentiles, pero también contenían un importante elemento judío. Esto puede ser inferido de la narración en Hechos 13 y 14. Los gentiles estaban ansiosos de recibir la verdad, Gálatas 13:42, 46-48; 14:1, mientras que los judíos estaban mucho más divididos, algunos recibiendo con fe la palabra de los apóstoles, Gálatas 13:43; 14:1, y otros rechazándola con desprecio y maltrato a los mensajeros de la cruz, Gálatas 13:45, 50; 40:2, 5, 19. La impresión recibida de la narración es corroborada por la epístola, que en su mayoría se dirige a los griegos que todavía no habían aceptado la circuncisión, pero que habían sido últimamente instados a someterse a este rito, si no a todas las ceremonias judías, para que pudieran compartir las bendiciones del pacto de Abraham. El apóstol describe a toda la congregación de acuerdo con la mayoría de sus miembros, cuando dice en Gálatas 4:8: "Ciertamente, en otro tiempo, no conociendo a Dios, servíais a los que por naturaleza no son dioses". Sin embargo, es evidente de Gálatas 3:23-25,28 que también tenía en cuenta el elemento judío. Sin embargo, no debemos dudar, que la mayoría de los griegos que constituían las Iglesias Gálatas había asistido ya a la sinagoga de los judíos antes de convertirse al cristianismo, y por lo tanto pertenecían a los prosélitos, las personas llamadas devotos de quienes habla repetidamente Hechos. Esto puede ser inferido de Hechos 13:43; 14:1, y del hecho de que el apóstol presupone una cierta familiaridad en sus lectores con la historia patriarcal, la ley, los Salmos y los profetas.

Composición
1. *Ocasión y Propósito*. Después de que Pablo había predicado el evangelio a los Gálatas y los había visto comenzar bien en el camino verdadero de la salvación, los maestros judaizantes entraron al campo, celosos de sus prerrogativas judías. Probablemente fueron emisarios de Jerusalén que abusaron de la comisión que se les confió, o asumían una autoridad que no poseían de ninguna manera. No combatieron al cristianismo como tal, pero deseaban que fueran dirigido por medios judaístas. Todo convertido al cristianismo debía someterse a la circuncisión, si no es que a toda la ley. Su ense-

ñanza fue opuesta a la doctrina de Pablo, y solo podía ser sostenida desacreditando al apóstol. Por tanto, buscaron minar su influencia personal y despreciar su autoridad apostólica afirmando que no había sido llamado por Dios y que había recibido la verdad de segunda mano de los Doce. Parece que Pablo, cuando visitó por última vez a las iglesias gálatas, ya se había encontrado con algunos enemigos, Gálatas 1:9, pero ahora escuchó que su influencia se estaba incrementando, y que tuvieron éxito en persuadir a los gálatas para renunciar a sus privilegios cristianos, y virtualmente quizá sin darse cuenta, negar a Cristo que los había comprado, Gálatas 3:1; 4:9-11, 17; 5:7, 8, 10. Por tanto considera imperativo escribirles una carta.

El propósito del autor al escribir esta epístola fue, por supuesto, doble. Para que sus palabras pudieran ser efectivas, era necesario, primero que todo, que defendiera su autoridad apostólica probando que Dios lo había llamado y le había impartido la verdad del evangelio mediante una revelación directa. Y en segundo lugar, le correspondía exponer el error judío por el cual fueron extraviados, y defender la doctrina de la justificación por fe.

2. *Tiempo y Lugar.* Hay una gran diversidad de opiniones en cuanto al tiempo en que fue escrita la epístola. Zahn, Hausrath, Baljon y Rendall (en *The Expág.Gk. Test.*) la consideran como la primera epístola de Pablo, y asumen que fue escrita durante la primera parte de su estadía en Corinto en el año 53. Ramsay piensa que fue escrita desde Antioquía al final del segundo viaje misionero, es decir, y de acuerdo con su datación, también en el 53 D.C. Weiss, Holtzmann y Godet la refieren a la primera parte de la estancia de Pablo en Éfeso, cerca del año 54 o 55, mientras que Warfield prefiere colocarla hacia finales de este periodo en 57 D.C. Finalmente Lightfood y Salmon acuerdan en datarla después de la partida de Pablo de Éfeso. Esta gran diversidad de opiniones prueba que los datos para determinar el tiempo son pocos e incier-

tos. Aquellos que aceptan la teoría de la Galacia del Norte están virtualmente confinados a una fecha después del principio de la estancia de Pablo en Éfeso en el año 54, porque el πρότερον de Gálatas 4:13 parece implicar que el apóstol había visitado las iglesias de Galacia dos veces antes de escribir su carta, mientras que es por la misma razón más natural que los que defiende la teoría de la Galacia del Sur, encuentren su terminus ad quo en el 52 D.C. (a pesar de McGiffert), cuando Pablo había hecho una segunda visita a las iglesias de Galacia del Sur. Asumiendo, como lo hacemos, que esta carta fue dirigida a las iglesias de Galacia del Sur, podemos descartar la idea de que el apóstol la escribió durante el tercer viaje misionero, porque esto implicaría que ya las había visitado tres veces, en cuyo caso habría usado πρῶτον en vez de πρότερον en Gálatas 4:13. Además, si Pablo la escribió desde Éfeso, surge naturalmente la pregunta de por qué no visitó a los Gálatas en vez de escribirles, siendo que tenía un gran deseo de estar con ellos, Gálatas 4:20. Estamos inclinados a pensar que Pablo escribió esta carta en su segundo viaje misionero, después de que había pasado a Europa, y probablemente durante la primera parte de su residencia en Corinto, porque: 1). Gálatas 4:20 implica que Pablo estaba a cierta distancia de las iglesias gálatas, 2). La carta presupone que había pasado algún tiempo entre su composición y la segunda visita del apóstol, y 3). La carta no contiene saludos de Silas y Timoteo, quienes eran bien conocidos por los gálatas. Evidentemente todavía no habían llegado a Corinto.

Importancia Canónica
Nunca ha habido alguna duda seria con respecto a la canonicidad de la epístola. Fue recibida como autoritativa en todos los sectores de la iglesia desde los primeros tiempos. Hay alusiones a su lenguaje en los Padres apostólicos, Clemente de Roma, Policarpo e Ignacio. Justino Mártir, Melitón y Atenágoras parecen haberla conocido, y algunos de los herejes, especialmente los Ofitas, la usaron extensamente. Se

encuentra en el canon de Marción, se nombra en el fragmento Muratoriano, y la contienen las versiones siriaca y latina antigua. Desde el final del segundo siglo las citas se multiplican e incrementan en claridad y precisión.

Esta epístola también tiene un significado permanente para la Iglesia de Dios. Es esencialmente una defensa de la doctrina de la gracia gratuita, de la libertad cristiana de los creyentes del Nuevo Testamento contra aquellos que quisieran traerlos bajo la ley en su aplicación del Antiguo Testamento, lo que los pondría bajo la obligación de someterse a la circuncisión y participar en las ceremonias sombrías de días pasados. La gran exhortación central de esta carta es: "Estad, pues, firmes en la libertad con que Cristo nos hizo libres, y no estéis otra vez sujetos al yugo de esclavitud". *El camino del ritualista no es el camino de vida* es la lección que debe ser recordada por todos aquellos que están inclinados en enfatizar excesivamente la forma externa de la religión descuidando su espíritu y esencia.

CAPÍTULO 14
La Epístola a los Efesios

... ᛰᏣ ...

Contenido
La epístola a los Efesios se divide naturalmente en dos partes:

I. *La Parte Doctrinal que trata de la Unidad de la Iglesia*, 1:1-3:21. Después del destinatario y el saludo, Efesios 1:1-2, el apóstol alaba a Dios por las grandes bendiciones espirituales en Cristo, en quien los efesios han sido escogidos, adoptados y sellados con el Espíritu Santo de la promesa, Efesios 1:3-14. Da gracias por estas bendiciones y ora a Dios para que pueda dar a conocer a la Iglesia, el cuerpo glorioso de Cristo, que llena todo en todos, la gloria de su llamamiento celestial, Efesios 1:15-23. Luego compara la condición presente y pasada de los lectores, Efesios 2:1-13, y describe la obra de la reconciliación de Cristo, resultando en la unidad y la gloria de la Iglesia, Efesios 2:14-22. Después amplía el misterio del evangelio y recuerda a sus lectores que ha sido comisionado por Dios para darlo a conocer a la humanidad, Efesios 3:1-13. Ora que sean fortalecidos y capacitados para comprender la grandeza del amor de Cristo para la gloria de Dios, Efesios 3:14-21.

II. *La Parte Práctica que contiene Exhortaciones para una Conversación Digna del Llamado y Unidad de los Lectores*, 4:1-6:20. Los lectores son exhortados en mantener la unidad que Dios busca establecer entre ellos distribuyendo dones espirituales e instituyendo diferentes oficios, Efesios 4:1-16. No deben caminar como los gentiles hacen, sino de acuerdo con el principio de su nueva vida, evitando los vicios del antiguo hombre y practicando las virtudes del nuevo, Efesios 4:17-32.

En la sociedad debe ser su esfuerzo constante estar separados de los males del mundo y caminar con cautela; esposos y esposas deben conformarse en su relación muta a la imagen de Cristo y la Iglesia; los hijos deben obedecer a sus padres y los siervos a sus amos, Efesios 5:1-6:9. Finalmente, Pablo exhorta a los lectores a ser fuertes en el Señor, habiéndose puesto toda la armadura de Dios y buscando fuerza en la oración y la súplica; cierra su epístola con algo de inteligencia personal y un saludo doble, Efesios 6:10-24.

Características
1. Esta carta está marcada primero que todo por su carácter general. Tiene en común con la epístola a los Romanos, que comparte algo de la naturaleza de un tratado; no obstante, es una verdadera carta, como cualquier otra de las cartas de Pablo. Sin embargo, Deismann correctamente señala que "el elemento personal es menos prominente que el impersonal". *St. Paul*, pág.23. La carta no presupone, como las de Corintios y Gálatas, alguna situación histórica claramente marcada; no refiere a algún incidente histórico conocido para nosotros de alguna otra fuente, excepto el encarcelamiento de Pablo, y no contiene saludos personales. La única persona mencionada es Tíquico, el portador de la carta. Trata de una forma profunda y sublime sobre la unidad de todos los creyentes en Jesucristo, y de la conversación santa *en Cristo* que debe surgir de ella.

2. También se caracteriza por su gran similitud a la carta enviada a los Colosenses. Esta es tan grandiosa que algunos críticos la han considerado como una mera revisión y edición ampliada de la última, pero esta idea debe ser completamente descartada porque la diferencia entre ellas también es grande y fundamental. La epístola a los Colosenses es más personal y controversial que la de los Efesios; la primera trata de Cristo, la cabeza de la Iglesia, mientras que la segunda principalmente se ocupa de la Iglesia, el cuerpo de Cristo.

Sin embargo, a pesar de esto, la semejanza de las dos se observa fácilmente. Hay una buena razón para llamarlas cartas gemelas. En muchos casos se encuentran en ambas las mismas palabras y formas de expresión; el pensamiento es a menudo idéntico, mientras que difiere en lenguaje, y la estructura general de las epístolas es muy similar.

3. El estilo de la carta es en general muy elevado, y forma un gran contraste con la epístola a los Gálatas. Dice el Dr. Sanday: "Con pocas excepciones los estudiosos de distintas escuelas que han estudiado e interpretado esta epístola han estado de acuerdo en considerarla como una de las más sublimes y profundas de todos los escritos del Nuevo Testamento. A juicio de muchos que están autorizados a emitir una opinión, es la más grandiosa de todas las cartas paulinas". *The Expág.Ck. Test.* III pág.208. El estilo se caracteriza por una sucesión de cláusulas participiales y oraciones dependientes que fluyen como un torrente, y por largas digresiones. Uno se impresiona por su grandeza, pero a menudo es difícil seguir al apóstol mientras se eleva a alturas vertiginosas. El lenguaje es aún más notable en que contiene una serie de términos con un significado de gran alcance, tales como el consejo (βουλή), de Dios, su voluntad (θέλημα), su propósito (πρόθεσις), su buena voluntad (εὐδοκία), etc..., y también un gran número de ἅπαξ λεγόμενα. Según Holtzmann, hay 76 palabras que son peculiares a esta epístola, de las cuales 18 no se encuentran en ningún otro lugar de la Biblia, 17 no aparecen en el resto del Nuevo Testamento, y 51 están ausentes de todas las demás cartas paulinas (exceptuando las cartas pastorales). *Einleitung* pág. 259.

Autoría
La evidencia histórica para la autoría paulina de la epístola es excepcionalmente fuerte. Algunos estudiosos afirman que Ignacio incluso habló de Pablo como el autor, cuando dice en su epístola a los Efesios: "quien (refiriéndose a Pablo) a lo

largo de su epístola (ἐν πάσῃ ἐπιστολῇ) hace mención de ustedes en Cristo Jesús". Pero es muy dudoso, si la interpretación "en toda la epístola", no debe ser más bien "en cada epístola". Marción atribuye la carta a Pablo, y en el fragmento Muratoriano la Iglesia de Éfeso se menciona como una de las iglesias a las cuales Pablo escribió las epístolas. Ireneo y Clemente de Alejandría refieren a Pablo por nombre como el autor de esta carta y la citan como de él, mientras que Tertuliano menciona a Éfeso entre las iglesias que tuvieron epístolas apostólicas.

La evidencia interna también señala a Pablo como el autor. En el versículo de apertura de la epístola se nombra al escritor, y la estructura de la carta es característicamente paulina. En primer lugar, contiene la bendición y acción de gracias usual, seguido en la forma regular por el cuerpo de la epístola, compuesto de una parte doctrinal y una práctica, y finalmente termina con los saludos acostumbrados. Las ideas desarrolladas están en perfecto acuerdo con las que se encuentran en las cartas que ya hemos discutido, aunque en ciertos detalles avanzan más allá de ellas, como, por ejemplo, en la concepción teológica de la doctrina de la redención, y en la doctrina de la Iglesia como el cuerpo de Cristo con sus diversos órganos. El estilo de la epístola también es paulino. Es cierto que difiere considerablemente de la de Romanos, Corintios y Gálatas, pero muestra gran afinidad con el estilo de Colosenses y las Pastorales.

A pesar de toda la evidencia a favor de la autoría paulina de esta epístola, su autenticidad ha sido cuestionada por muchos estudiosos del Nuevo Testamento. De Wette, Baur y su escuela, Davidson, Holtzmann y Weizsacker están entre los más prominentes. La idea es que tiempo después, probablemente en el siglo segundo, un escritor se hizo pasar por el gran apóstol. Los fundamentos principales en que la epístola fue atacada son los siguientes: 1). Es tan similar a la epístola a los Colosenses que no puede ser un documento original. De Wette llega a la conclusión de que fue una "prolija amplificación" de la epístola a los Colosenses. Holtzmann, encuentra que en algunas partes la prioridad debe atribuirse a los Efesios más que a los Colosenses, defendiendo la teoría de que Pablo escribió una epístola a los Colosenses más corta que nuestra carta canónica; que un falsificador, guiado por esto, fabricó la epístola a los Efesios, y que este plagiario estuvo tan enamorado con su trabajo que, a su vez, revisó la epístola a los Colosenses de acuerdo con ella. 2). El vocabulario y, en general, el estilo de la epístola es tan distinto del de otras cartas de Pablo como para darle un sello paulino. Esta objeción se basa en parte, aunque no principalmente, en los numerosos ἅπαξ λεχόμενα, pero especialmente en el uso de palabras paulinas con un nuevo uso, tales como μυστήριον, οἰκονομία y περιποίησις, en la expresión de ciertas ideas en términos que difieren de las empleadas en otros lados por el apóstol para el mismo propósito, como, por ejemplo, θεὸς τοῦ κυρίου ἡμῶν Ἰησοῦ, Efesios 1:17, y sobre todo τοῖς ἁγίοις ἀποστόλοις καὶ προφήταις, Efesios 3:5, lo cual, se dice, es un chasquido de un tiempo posterior, cuando los apóstoles fueron tenidos en gran veneración, y no concuerda con la estima que los apóstoles tenían de sí mismos en Efesios 3:8; y sobre el hecho de que, como dice Davidson, "hay una plenitud de expresión que se aproxima a lo prolijo". 3). La línea de pensamiento en esta carta es muy distinta de las epístolas paulinas reconocidas. La ley está contemplada, no en su valor moral y religioso, sino solo como la causa de la enemistad y separación entre judíos y gentiles; la muerte de Cristo no se encuentra tanto como en las otras epístolas, mientras que su exaltación es hecha mucho más prominente; la parusía se coloca en el futuro distante, y en vez de la diversidad, la unidad de la Iglesia en Jesucristo es enfatizada. 4). La epístola contiene rastros de influencias gnósticas e incluso de montanismo en palabras tales como ἀιῶνες, πλήρωμα y γενεάι. 5). La carta, junto con los escritos de Juan, evidentemente apunta a reconciliar las facciones petrina y paulina, y por lo tanto enfatiza la unidad de la Iglesia.

Esto apunta inequívocamente al segundo siglo como el tiempo de su composición.

Pero estas objeciones no son suficientes para desacreditar la autoría paulina. Hombres tales como Lightfoot, Ellicott, Eadie, Meyer, Hodge, Reuss, Godet, Weiss, Baljon, Zahn, Sanday y Abbot la defienden. La similitud de la epístola a la de Colosenses se explica más naturalmente por el hecho de que las dos fueron escritas por el mismo autor, aproximadamente al mismo tiempo, bajo circunstancias similares, y a congregaciones vecinas. La idea de que no es sino una copia de la epístola a los Colosenses se ha abandonado generalmente, ya que parece que muchos pasajes favorecen la prioridad de Efesios. La teoría de Holtmann es muy complicada para ser considerada seriamente. Todo este argumento es muy peculiar en vista de los siguientes. Mientras que *deriva* su punto de la *similitud* de la epístola de Colosenses, *su* contundencia depende de la *diferencia* de esta carta con respecto a las otras epístolas de Pablo. Las características lingüísticas a las cuales los críticos llaman la atención no pueden refutar la autoría paulina. Si el ἅπαξ λεγομένα que se encuentra en esta carta prueba que esta es no paulina, debemos llegar a una conclusión similar con respecto a la epístola a los Romanos, porque esta contiene cientos de palabras que son peculiares. Los términos que se dicen ser usados con un nuevo sentido se reducen a la insignificancia mediante una inspección más cuidadosa. Y de las expresiones que se sostienen como inusuales, solo en Efesios 3:5 tienen alguna fuerza argumentativa. E incluso esto no debe causar sorpresa; no especialmente, si tomamos en consideración que Pablo designa a los creyentes en general como ἅγιοι, y que en este lugar aplica este epíteto al mismo tiempo a los apóstoles y a los profetas. Y además podemos preguntar si es razonable exigir que una mente fértil como la de Pablo debía siempre expresarse de la misma forma. El argumento derivado de la línea de pensamiento en esta epístola simplemente logra demostrar, lo que es perfectamente obvio, que el apóstol mira a la obra de redención desde un punto de vista diferente del de las otras cartas, que la mira *sub specie aeternitatis*. En la actualidad se acepta generalmente que los supuestos trazos de gnosticismo y montanismo no tienen valor argumentativo, ya que los términos referidos no tienen la connotación del segundo siglo en esta epístola. Similarmente al otro argumento de la escuela de Tubinga, de que la carta fue escrita evidentemente para subsanar la brecha entre las facciones judaístas y liberales de la Iglesia, es ahora descartado, porque se encontró que descansaba sobre una base ahistórica.

Destinatario
Hay una incertidumbre considerable con respecto al destino de esta epístola. La cuestión es si las palabras ἐν Ἐφέσῳ en Efesios 1:1 son genuinas. De hecho, están en todos los manuscritos existentes con la excepción de tres, a saber, los importantes manuscritos Aleph, B y el códice 67. El testimonio de Basilio es que los manuscritos más antiguos en su día no contenían estas palabras. Tertuliano nos informa que Marción le dio a la epístola el título *ad Laodicenos*, y Orígenes aparentemente no consideró las palabras como genuinas. Todas estas antiguas versiones las contienen, pero, por otro lado, Westcott y Hort dicen: "La evidencia transcripcional apoya fuertemente el testimonio de los documentos contra ἐν Ἐφέσῳ". *New Testament in Greek*, Appendix pág.123. Sin embargo, había en la Iglesia una tradición antigua y, excepto en lo que respecta a Marción, universal de que la epístola fue dirigida a los Efesios. Hoy en día los estudiosos generalmente rechazan las palabras, aunque aún son defendidas por Meyer, Davidson, Eadie y Hodge. La conclusión a la que han llegado la mayoría de los estudiosos es, de cualquier manera, que la epístola no fue escrita para los Efesios en absoluto, o que no fue solo para ellos, sino también para las otras Iglesias en Asia.

Ahora bien, si examinamos la evidencia interna, encontramos que ciertamente favorece la idea de que la epístola no estaba destinada para la iglesia efesia exclusivamente, porque 1). No contiene referencias a las circunstancias particulares de la iglesia efesia, sino que puede ser dirigidas a alguna de las iglesias fundadas por Pablo. 2). No hay saludos en ella de Pablo o de sus compañeros a alguien de la iglesia efesia. 3). La epístola contempla solo a cristianos paganos. Mientras que la iglesia en Éfeso estaba compuesta tanto de judíos como de gentiles, Efesios 2:11, 12; 4:17; 5:8. 4). A estas pruebas en ocasiones se suma que Efesios 1:15 y 3:2 hace parecer como si Pablo y sus lectores no se conocieran entre sí, pero esto no se implica necesariamente de estos pasajes.

Con toda probabilidad las palabras ἐν Ἐφέσῳ no estaban originalmente en el texto. Pero ahora surge naturalmente la pregunta de cómo debemos interpretar las siguientes palabras: τοῖς ἁγίοις τοῖς οὖσιν καὶ πιστοῖς, etc. Se han hecho muchas sugerencias. Algunos dirían: "Los santos que realmente son tales"; otros: "los santos existentes y fieles a Jesucristo"; incluso otros: "los santos que también son fieles". Pero ninguna de estas interpretaciones es satisfactoria: las primeras dos son difícilmente gramaticales, y la última implica que también hay santos que no son fieles, y que la epístola fue escrita para un grupo selecto. Probablemente la primera hipótesis sugerida por Ussher es correcta de que un espacio en blanco se dejó originalmente después de τοῖς οὖσιν, y que Tíquico o alguien más debía hacer varias copias de esta epístola y llenar en espacio en blanco con el nombre de la iglesia para la que cada copia debía ser enviada. El hecho de que la iglesia de Éfeso fue la más prominente de las iglesias para la que estaba destinada, explicaría la inserción de las palabras ἐν Ἐφέσῳ al transcribir la carta, y para la tradición universal con respecto a su destino. Por lo tanto, más probablemente, fue una carta circular, enviada a muchas iglesias en Asia, tales como Éfeso, Laodicea, Hierápolis, y otros. Probablemente es idéntica a la epístola ἐκ Λαοδικίας, Colosenses. 4:16.

Composición

1. *Ocasión y Propósito*. No hay nada en la epístola que indique que fue provocada por algunas circunstancias especiales en las iglesias de Asia. Al parecer fue simplemente la posibilidad de la partida de Tíquico y Onésimo para Colosas, Efesios 6:21,22; Colosenses 4:7-9, combinada con la información que Pablo recibió en cuanto a la fe de los lectores en el Señor Jesús, y con respecto a su amor para todos los santos, 1:15, que llevó a su composición.

Ya que la epístola no surgió por alguna situación histórica especial, el propósito de Pablo al escribirla fue naturalmente de carácter general. Parece como si lo que había oído de "la fe de los lectores en el Señor Jesús, y de su amor para todos los santos", involuntariamente fijó su pensamiento en la unidad de los creyentes en Cristo, y por lo tanto en aquel gran edificio: la Iglesia de Dios. Establece el origen, el desarrollo, la unidad y la santidad, y el glorioso final del cuerpo místico de Cristo. Dibuja la belleza trascedente del templo espiritual, del cual Cristo es la piedra del ángulo y los santos forman la super estructura.

2. *Tiempo y Lugar*. De 3:1 y 4:1 notamos que Pablo era prisionero cuando escribió esta epístola. De la mención de Tíquico como el portador de ella en Efesios 6:21, comparado con Colosenses 4:7 y Filemón 1:3, podemos inferir que estas tres cartas fueron escritas al mismo tiempo. Y generalmente se ha pensado que fueron compuestas durante el encarcelamiento de Pablo en Roma. Sin embargo, hay algunos estudiosos como Reuss y Meyer, que creen que datan del encarcelamiento en Cesarea, 58-60 D.C. Meyer insta a esta visión sobre las siguientes bases: 1). Es más natural y probable que el esclavo Onésimo haya huido hasta Cesarea que haber hecho el largo viaje hasta Roma. 2). Si estas epístolas habían sido enviadas desde Roma, Tíquico y Onésimo habrían llegado a Éfeso primero y después a Colosas. Pero en ese caso, el apóstol habría mencionado probablemente a Onésimo junto con Tíquico en Efesios, como lo hace en Colosenses 4:9, para asegurarle al esclavo fugitivo una buena recepción; la cual no era necesaria, sin embargo, si llegaban primero a Colosas, como lo harían al venir de Cesarea, ya que Onésimo permanecería ahí. 3). En Efesios 6:21 la expresión, "Para que también vosotros sepáis mis asuntos", implica que había otros que ya habían sido informados de ellos, a saber, los colosenses, Colosenses 4:8,9. 4). La solicitud de Pablo a Filemón en Filemón 22, para prepararle alojamiento para él, y eso también, para un uso eficaz, favorece la idea de que el apóstol estaba mucho más cerca de Colosas que de la muy distante Roma. Además, Pablo dice en Filipenses 2:24 que espera ir a Macedonia después de su liberación del encarcelamiento romano.

Pero estos argumentos no son conclusivos. Al primero podemos replicar que Onésimo estaría más seguro de la persecución de los *fugitivarii* en una gran ciudad como Roma que en una pequeña como Cesarea. El segundo argumento pierde su fuerza si esta epístola fue una carta circular, escrita para los cristianos de Asia en general. El καὶ en Efesios 6:21 es sujeto de distintas interpretaciones, pero encuentra una explicación suficiente en el hecho de que la epístola a los Colosenses se escribió primero. Y en réplica al último argumento diremos que Filemón 22 no habla de una *pronta venida*, y que el apóstol puede haber tenido la intención de pasar a través de Macedonia hasta Colosas.

Nos parece que las siguientes consideraciones favorecen la idea de que las tres epístolas bajo consideración fueron escritas desde Roma: 1). De Efesios 6:19-20 inferimos que Pablo tenía suficiente libertad durante su encarcelamiento para predicar el evangelio. Ahora bien, esto no está de acuerdo con lo que aprendemos del encarcelamiento en Cesarea de Hechos 24:23, mientras que está perfectamente de acuerdo con la situación en que Pablo se encontró en Roma según Hechos 28:16. 2). Los muchos compañeros de Pablo, a saber, Tíquico, Aristarco, Marcos, Justo, Epafras, Lucas y Demas, muy distintos de los que lo acompañaron en su último viaje a Jerusalén (Cp. Hechos 20:4), también apunta a Roma, donde el apóstol los podía utilizarlos para la obra evangelística. Cp. Filipenses 1:14. 3). Con toda probabilidad Filipenses pertenece al mismo periodo que las otras epístolas del encarcelamiento, y si este es el caso, la mención de la casa de César en Filipenses 4:22 también apunta a Roma. 4). La tradición también nombra a Roma como el lugar de composición. Efesios debe probablemente ser fechada cerca del 62 D.C.

Importancia Canónica
La iglesia primitiva no deja duda sobre la canonicidad de la epístola. Es posible que tengamos la primera mención de ello en el Nuevo Testamento mismo, Colosenses 4:16. Los escritos de Ignacio, Policarpo, Hermas e Hipólito contienen un pasaje que parece derivarse de nuestra epístola. Marción, el canon Muratoriano, Ireneo, Clemente de Alejandría y Tertuliano claramente testifican de su temprano reconocimiento y uso. No hay una voz que disienta en toda la antigüedad.

La importancia particular de la epístola yace en su enseñanza con respecto a la unidad de la iglesia: judíos y gentiles son uno en Cristo. Constantemente enfatiza el hecho de que los creyentes tienen su unidad en el Señor y, por lo tanto, contiene la expresión "en Cristo" cerca de doce veces. La unidad de los fieles se origina en su elección, ya que Dios el Padre los escogió en Cristo antes de la fundación del mundo, Efesios 1:4; encuentra su expresión en una conversación santa, santificada por el amor verdadero, que resulta naturalmente de su relación viviente con Cristo, en quien están juntamente edificados para ser una habitación de Dios en el Espíritu; y esto resulta en llegar a la "unidad de la fe y del conocimiento del Hijo de Dios, a un varón perfecto, a la medida de la estatura de la plenitud de Cristo". La gran exhortación práctica de la epístola es que los creyentes vivan dignamente en su unión con Cristo, ya que fueron en algún tiempo tinieblas, pero ahora son luz en el Señor, y por lo tanto deben caminar como hijos de la luz, Efesios 5:8.

CAPÍTULO 15
La Epístola a los Filipenses

··· &)(ʒ ···

Contenido
En la epístola a los Filipenses debemos distinguir cinco partes:

I. *Pablo Relata su Condición*, 1:1-26. El apóstol se dirige a los filipenses en la forma usual, Filipenses 1:1-2; y luego les informa de su gratitud por su participación en la obra del evangelio, de su oración por su aumento en fuerza y trabajo, del hecho de que incluso su encarcelamiento fue instrumento para difundir el evangelio, y de sus deseos y sentimientos personales, Filipenses 1:3-26.

II. *Su Exhortación para Imitar a Cristo*, 1:27-2:18. Exhorta a los filipenses a esforzarse por la unidad ejercitando la necesaria autonegación, Filipenses 1:27-2:4; les señala el modelo de Cristo, quien se humilló a sí mismo y fue glorificado por Dios, Filipenses 2:5-11; y expresa su deseo de que sigan el ejemplo de su Señor, Filipenses 2:12-18.

III. *Información con Respecto a los Esfuerzos de Pablo a favor de los Filipenses*, 2:19-30. Intenta enviarles a Timoteo para que puedan conocer su condición, y por lo tanto, les encomienda a este valioso siervo de Cristo, Filipenses 2:19-23, y aunque confiaba en que iría él mismo en breve les envía a Epafrodito, y les encarga darle una buena recepción, Filipenses 2:24-30.

IV. *Advertencias Contra el Error Judaísta y el Error Antinomiano*, 3:1-21. El apóstol advierte a sus lectores contra los zelotas judaístas que se jactaban en la carne, señalando a su propio ejemplo renunciando a sus prerrogativas carnales para poder ganar a Cristo y experimentar el poder de su resurrección, y en esforzarse por la perfección, Filipenses 3:15. Por el contrario, esto lo induce a advertirles también del ejemplo de aquellos cuyas vidas son terrenales y licenciosas, Filipenses 3:16-21.

V. *Exhortaciones Finales y Agradecimientos*, 4:1-23. Insta a los Filipenses a evitar toda disensión, Filipenses 4:1-3, los exhorta al gozo, liberarse de preocupación, y la búsqueda de todas las cosas buenas, Filipenses 4:4-9; con gratitud reconoce sus dones, invocando bendición sobre su amor, Filipenses 4:10-20, y cierra su epístola con saludos y bendiciones, Filipenses 4:21-23.

Características
1. La epístola a los Filipenses es una de las cartas más personales de Pablo; se asemeja en ese respecto a 2 Corintios. Ha sido llamada lo más parecida a una carta de todos los escritos de Pablo, y puede ser comparada a este respecto con 1 Tesalonicenses y Filemón. El toque personal es muy marcado a través de la epístola. No hay mucho dogma, y lo poco que se encuentra se introduce para propósitos prácticos. Esto es cierto incluso con referencia al pasaje clásico en Filipenses 2:6-11. El apóstol, con la perspectiva de un pronto martirio ante él, sin embargo, no sin esperanza de una pronta liberación, abre su corazón a su congregación más amada. Habla de las bendiciones que asisten sus labores en Roma, del aprieto en el que se encuentra, y expresa su deseo de permanecer con ellos. Manifiesta su amor por los Filipenses, se muestra preocupado por su bienestar espiritual, y expresa su profunda gratitud por su apoyo. Aunque en cadenas, se regocija, y pide a los lectores estar alegres. El tono de gozosa gratitud resuena en toda la epístola.
2. La carta en ningún sentido es controversial. No hay en ella polémica directa, hay muy poco que tenga en algún grado

un carácter polémico. El apóstol advierte contra los engañadores que están fuera de la iglesia, pero que pueden perturbar la paz, y previene sus ataques; insinúa disensiones, muy probablemente de naturaleza más práctica, en la congregación, y amonesta a los lectores para que sean pacíficos y abnegados, pero nunca asume una actitud polémica, como lo hace en Corintios o Gálatas. Todavía más, la epístola está singularmente libre de toda denuncia y represión; está escrita en un espíritu de alabanza. El apóstol encuentra poco para reprender y mucho para alabar a la iglesia filipense.

3. El destinatario de la epístola es peculiar en el sentido de que no solo nombra "a todos los santos en Cristo Jesús que están en Filipos", sino que agrega, "*con los obispos y diáconos*". En ese sentido es una epístola singular en su clase. Los saludos al final de la epístola también son únicos. Por un lado, son muy generales, mientras que, por el otro, "la casa de César" se destaca por una mención especial.

4. En cuanto estilo, Alford nos recuerda, que esta carta, como todas aquellas en que Pablo escribe con fervor, "es discontinua y abrupta, pasando rápidamente de un tema a otro, llena de exhortación sincera, advertencias afectuosas, profundas y maravillosas manifestaciones de su condición y sentimientos espirituales individuales, del estado del mundo cristiano y del pecaminoso, del consejo amoroso de nuestro Padre con respecto a nosotros, y el autosacrificio y triunfo de nuestro redentor". *Prolegomena* Sec. IV. Hay expresiones constantes de afecto, tales como ἀγαπητοί y ἀδελφοί. Obsérvese especialmente 4:1: "Así que, hermanos míos amados y deseados, gozo y corona mía, estad así firmes en el Señor, amados".

Autoría

La autoría paulina de esta epístola está muy bien establecida. Probablemente encontramos la primera referencia a ella en la epístola de Policarpo a los Filipenses, donde leemos: "El glorioso Pablo quien, estando personalmente entre ustedes, les enseñó exacta y seguramente la palabra de verdad, quien también, estando ausente, les escribió cartas (o, una carta) las cuales solo tienen que estudiar para ser edificados en la fe que les ha sido dada". El pasaje no refiere necesariamente a más de una carta. Nuestra epístola formó parte de la colección de Marción, se menciona en el canon Muratoriano, se encuentra en las versiones Siriaca y Latina antigua, y es citada por Ireneo, Clemente de Alejandría, Tertuliano y muchos otros.

Y este testimonio de antigüedad es claramente proporcionado por la evidencia suministrada por la propia epístola. Es autoconfirmada y tiene, al principio, la usual bendición y acción de gracias paulinas. Sin embargo, sobre todo, es como 2 Corintios en que la personalidad del apóstol está marcada fuertemente en ella que no deja lugar a dudas. Las circunstancias históricas que la epístola presupone, el tipo de pensamiento que contiene, el lenguaje que está formulado, y el carácter que revela, todo es paulino.

La evidencia en su favor es tan fuerte que su autenticidad ha sido generalmente admitida, incluso por los críticos más radicales. Por supuesto, Baur y la mayoría de su escuela la rechaza, pero incluso Hilgenfeld, Julicher y Pfleiderer la acepta como paulina. La gran mayoría de los estudiosos del Nuevo Testamento consideran las objeciones de Baur como frívolas, como, por ejemplo, de que la mención de los obispos y diáconos apunta a un estadio postpaulino de la organización eclesiástica, que no hay originalidad en la epístola, que contiene evidentes rastros de gnosticismo, que la doctrina de la justificación que establece no es la de Pablo, y que la epístola busca reconciliar a los partidos opuestos del siglo segundo, tipificados por Evodia y Síntique.

Recientemente, Holsten ha tomado las riendas en contra de la autenticidad de esta carta. Descartando muchos de los argumentos de Baur como irrelevantes, basa su ataque especialmente en las diferencias cristológicas y soteriológicas que discierne entre esta epístola y los otros escritos de Pablo. Los puntos más importantes a los que refiere son estos: 1). La idea del Cristo preexistente en Filipenses 2:6-11 no concuerda con el que se encuentra en 1 Corintios 15:45-49. De acuerdo con el primer pasaje, la humanidad de Cristo comienza con su encarnación; de acuerdo con el segundo, era incluso en su preexistencia "un hombre celestial". 2). Hay una evidente contradicción entre Filipenses 3:6, donde el escritor dice que era sin culpa con respecto a la justicia que está en la ley, y Romanos 7:21, donde el apóstol declara: "cuando quiero hacer el bien, el mal está en mi". 3). La doctrina de la justicia legal imputada es reemplazada por la de la justicia infusa en 3:9-11. 4). El escritor muestra una indiferencia singular hacia la verdad objetiva de su evangelio en Filipenses 1:15-18, una actitud que se compara extrañamente con la de Pablo en 2 Corintios 11:1-4, y especialmente en Gálatas 1:8,9.

Pero estas objeciones no tienen suficiente peso para refutar la autoría paulina. En 1 Corintios 15 el apóstol no habla de la preexistencia de Cristo, sino de Cristo tal como aparecerá en la parusía con un cuerpo glorificado. Con lo que Pablo dice en Filipenses 3:6 podemos comparar Gálatas 1:14. En ambos lugares habla de sí mismo desde el punto de vista del judío que considera a la ley meramente como un mandamiento externo carnal. Desde ese punto de vista, podía considerarse a sí mismo sin culpa, pero era muy diferente si contemplaba la ley en su profundo sentido espiritual. No es cierto que Pablo substituya una justicia infundida por una imputada en esta epístola. Claramente habla de la última en Filipenses 2:9, y entonces por medio de un infinitivo de propósito pasa a hablar de la justicia subjetiva de vida. No se dice que las personas mencionadas en Filipenses 1:15-18 predican un evangelio diferente al del apóstol; predicaban a Cristo, pero por motivos impuros. Por tanto, no pueden ser comparados con los adversarios de quienes habla Pablo en Corintios y Gálatas. A estos probablemente se refiere en Filipenses 3:2. Schurer dice: "Los argumentos de Holsten son tales que uno podría a veces creerlos debido a un desliz de pluma".

La iglesia en Filipos

La ciudad de Filipos antes se llamó Crénides, y después derivó su nombre de Filipo, el rey de Macedonia, que la reconstruyó y la hizo una ciudad fronteriza entre su reino y Tracia. Estaba situada en el río Gangites y en la importante vía Ignacia que conectaba el Adriático con el Helesponto. Después de vencer a sus enemigos, Octavio cerca de 42 A.C. designó a Filipos como uno de los lugares donde vivían los soldados romanos que habían cumplido su tiempo. La constituyó una colonia romana, con el privilegio especial del *jus italicum*, que incluía: "1). Exención de supervisión de los gobernadores provinciales, 2). Inmunidad de la contribución e impuestos a la propiedad, 3). Derecho a la propiedad en el suelo regulado por la ley romana". Estos privilegios, sin duda, atrajeron a muchos colonos, por lo que Filipos pronto se volvió una ciudad de tamaño considerable. Es descrito en Hechos 16:12 como "la principal ciudad de esa parte de Macedonia y Colonia".

A esa ciudad vino Pablo primero, cuando cerca del año 52, en obediencia a la visión del hombre macedonio, pasó de Asia a Europa. Esto estaba en armonía con su política general de predicar en los principales centros del imperio romano. Aparentemente los judíos no fueron numerosos en Filipos: no había sinagoga, así que el pequeño grupo de judíos y prosélitos simplemente acudían a la ribera del río para orar, y uno de los cargos presentados contra Pablo y Silas fue que eran judíos. En el lugar de oración, los misioneros se dirigieron a las mujeres reunidas, y fue decisivo en la conversión de Lidia quien, con una generosidad característica, inmediatamente los recibió en su casa. No leemos más de las bendiciones que coronaron sus labores ahí, pero descubrimos que en su partida había una compañía de hermanos a quienes hablaron palabras de consuelo.

Poco puede decirse de la composición de la iglesia Filipense. En la narración de su fundación no encontramos mención de judíos, aunque la asamblea en el río señala su presencia. Sin embargo, el hecho de que no había sinagoga, y de que los enemigos enfatizan despreciativamente la nacionalidad judía de los misioneros nos lleva a pensar en que fueron pocos y grandemente despreciados. Puede ser que aquellos que vivían ahí habían, bajo la presión del entorno, perdido muchas de sus características distintivas. La suposición es que algunos de ellos aceptaron la enseñanza de Pablo y Silas, pero no podemos decir qué tan grande proporción de la iglesia formaron. Con toda probabilidad fueron una pequeña minoría y no causaron fricción en la congregación. Pablo no se refiere a ellos en su carta, mucho menos condena sus principios judíos, como lo hace con los errores de los falsos hermanos en las iglesias de Corinto y Galacia. Los adversarios de quienes habla en 3:2 estaban evidentemente fuera de la iglesia. En general, la iglesia filipense era ideal, compuesta de personas de buen corazón, diligentes en la obra del Señor, y fielmente dedicadas a su apóstol.

Composición
1. *Motivo y Propósito*. El motivo inmediato de esta epístola fue una contribución traída por Epafrodito de la iglesia filipense. Habían mandado frecuentemente similares muestras de su amor al apóstol (Cp. 4:15,16; 2 Corintios 11:9), y ahora, después de que ellos habían perdido por algún tiempo la oportunidad de comunicarse con él, Filipenses 4:10, de nuevo proveyeron para sus necesidades. Por el esfuerzo excesivo en la obra del reino de Dios, su mensajero cayó enfermo en Roma. Al recuperarse, Pablo lo envió de regreso a Filipos, para calmar todos los temores sobre su condición, y utiliza esta oportunidad para enviar una carta a los Filipenses.

Su propósito al escribir esta carta fue evidentemente cuádruple. En primer lugar, deseaba expresar su gratitud por la generosidad de los filipenses, especialmente porque testificaba de la abundancia de su fe. En segundo lugar, deseaba expresar su amor sincero por la iglesia filipense que era su corona en el Señor. En tercer lugar, sintió que le correspondía advertirles contra los peligros que estaban presentes dentro del redil, y de los enemigos que los amenazaban desde fuera. Aparentemente había alguna disensión en la iglesia, Filipenses 1:27-2:17; 4:2, 3, pero, con toda probabilidad no era de carácter doctrinal, sino que más bien consistía en rivalidades personales y divisiones entre algunos miembros de la iglesia. En Filipenses 3:2 el apóstol más probablemente se refiere a los cristianos judaizantes que viajaron para hacer prosélitos, y también amenazaban a la iglesia de Filipos. Finalmente desea exhortar a su iglesia más amada a estar gozosos, a pesar de su encarcelamiento, y a llevar una vida verdaderamente cristiana.

2. *Tiempo y Lugar*. Como la epístola a los Efesios, la de Filipenses fue escrita en Roma. Mientras que muchos estudiosos asignan la primera a la cautividad en Cesarea, muy pocos refieren la última a ese período. El apóstol evidentemente residía en algún gran centro de actividad, los muchos amigos que lo rodeaban, su expectación gozosa de ser liberado pronto, su mención del pretorio, Filipenses 1:13, que puede ser la guardia pretoriana (según la mayoría de los comentaristas), o la suprema corte imperial (así Mommsen y Ramsay), y los saludos a la casa de César, todo apunta a Roma.
La epístola fue escrita, por lo tanto, entre los años 61-63. La única cuestión que queda es si fue compuesta antes o después de las otras tres epístolas de la cautividad. El punto de vista prevalente es que Filipenses es la última del grupo. Esta visión se apoya en los siguientes argumentos: 1) Las palabras del apóstol en Filipenses 1:12 parecen implicar que había pasado ya un largo período de encarcelamiento. 2) Se requirió un tiempo bastante largo en las comunicaciones entre Roma y Filipos indicado en la carta. Los filipenses habían oído del encarcelamiento de Pablo, habían enviado a Epafrodito a Roma, habían escuchado de la enfermedad de este

último ahí, y de esto su mensajero, a su vez, había recibido información. Por lo tanto, están implicados cuatro viajes. 3) Pablo anticipa que su caso pronto se decidirá, y aunque su resultado es incierto, de alguna forma espera una pronta liberación. Estos argumentos no son en absoluto concluyentes, pero ciertamente crean una fuerte presunción en favor de fechar la epístola después de las otras tres.

Bleek se inclinó a considerar Filipenses como la primera de las epístolas de la cautividad. Este punto de vista encontró un fuerte defensor en Lightfoot, que es seguido por Farrar en su *St. Paul*. Lightfoot defiende su posición señalando la similitud de esta epístola con Romanos, que implica, de acuerdo con él, que sigue inmediatamente a esta en orden temporal, y al hecho de que en esta epístola tenemos el último rastro de la controversia judaísta de Pablo, mientras que en Efesios y Colosenses comienza a lidiar con un gnosticismo incipiente, y sus enseñanzas con respecto a la iglesia tienen un cercano parecido y están íntimamente relacionadas con los puntos de vista presentados en las pastorales. Estas epístolas, por lo tanto, representan un mayor desarrollo de la doctrina de la iglesia. Pero estas pruebas no convencen, ya que el carácter de las epístolas de Pablo no fue determinado necesariamente por el orden en el cual fueron escritas, y el apóstol no escribió como alguien que presenta su sistema de pensamiento al mundo en cartas secuenciales. Sus epístolas fueron provocadas y determinadas por situaciones especiales. Y puede hacerse la pregunta de si parece plausible que algún desarrollo considerable de doctrina haya tenido lugar en el curso de un año y medio como máximo.

Importancia Canónica

La epístola a los Filipenses no es citada tanto como algunas de las precedentes, lo que probablemente se debe al hecho de que contiene un poco de material doctrinal. No obstante, que su canonicidad está bien establecida. Hay rastros de su lenguaje en Clemente de Roma e Ignacio. Policarpo, dirigiéndose a los Filipenses, habla más de una vez de que Pablo les escribió. La epístola a Diogneto, Justino Mártir y Teófilo contienen referencias a nuestra carta. En la epístola de las iglesias de Viena y Lyons se cita Filipenses 2:6. Marción la incluye y el canon Muratoriano habla de ella. Y es a menudo directamente citada y atribuida a Pablo por Ireneo, Clemente de Alejandría y Tertuliano.

Aunque la epístola primeramente es de naturaleza práctica, también tiene una gran importancia dogmática permanente. Contiene el pasaje clásico sobre la importante doctrina de la Kenosis de Cristo, Filipenses 2:6-11. Sin embargo, aparte de esto, su gran valor permanente es de carácter práctico. Nos revela la relación ideal entre Pablo y su iglesia filipense, una relación que la Iglesia de Dios debe buscar constantemente: él, busca diligentemente promover el bienestar espiritual de aquellos que estaban bajo su cuidado, incluso en tiempos de extrema angustia, y ellos, aunque no poseen gran riqueza, ministran voluntaria y amorosamente a las necesidades naturales de su amado apóstol. Nos señala a Cristo como el modelo de la abnegación y humillación que debe caracterizar siempre a sus seguidores. Llega a nosotros con la gran exhortación, impuesta por el ejemplo del gran apóstol, de seguir adelante hacia "al premio del supremo llamamiento de Dios en Cristo Jesús". Y finalmente nos muestra al cristiano satisfecho y gozoso, incluso cuando las sombras de la noche están cayendo.

CAPÍTULO 16
La Epístola a los Colosenses

... ⊱⊰ ...

Contenido
La Epístola a los Colosenses se puede dividir mejor en dos partes:

I. *La Parte Doctrinal, Enfatizando la Importancia Única de Cristo*, 1:1-2:23. Pablo comienza la carta con la bendición apostólica, la usual acción de gracias y una oración por sus lectores, Colosenses 1:1-13. Luego describe la preeminencia de Cristo como la Cabeza tanto de la creación natural como de la espiritual, que ha reconciliado todas las cosas con Dios, Colosenses 1:14-23, de cuyo misterio el apóstol mismo ha sido hecho ministro, Colosenses 1:24-29. Advierte a sus lectores en contra de las incursiones de la falsa filosofía que deshonra a Cristo. Ya que los colosenses tienen toda la plenitud de la Deidad en su Señor y Salvador, están arraigados en Él, y han resucitado con Él a una nueva vida, deben caminar en Él y evitar prácticas semijudías y del culto a los ángeles, Colosenses 2:1-19. Esto fue del todo necesario, porque habían muerto con Cristo a su antigua vida y a los rudimentos del mundo, Colosenses 2:20-23.

II. *La Parte Práctica, Contiene Diversas Directrices y Exhortaciones*, 3:1-4:18. Donde los creyentes han resucitado con Cristo a una nueva vida, deben separarse de los vicios del viejo hombre y vestirse con las virtudes cristianas, Colosenses 3:1-17. Las esposas deben someterse a sus maridos y los maridos deben amar a sus esposas, los hijos deben obedecer a sus padres y los padres deben tener cuidado de no desanimar a sus hijos, los siervos deben obedecer a sus amos y estos deben dar a sus siervos lo que les corresponde, Colosenses

3:18-4:1. Se insta el deber de la oración y acción de gracias, y se dan directrices para el correcto comportamiento de los creyentes hacia los inconversos, Colosenses 4:2-6. Con algunos avisos personales, muchos saludos y una salutación el apóstol cierra su epístola, Colosenses 3:7-18.

Características
1. En su aspecto formal, esta epístola difiere de la de Efesios en su carácter polémico. No es una exposición general de la verdad que se encuentra en Cristo Jesús, sin referencia a principios antagónicos, sino a una declaración de ella con miras especialmente a los errores que se fueron gradualmente infiltrando en la iglesia colosense, errores insidiosos de los cuales los colosenses, al parecer, poco se dieron cuenta del peligro. Es cierto que aquí no encontramos ninguna de las polémicas ardientes de la epístola a los Gálatas, ni de alguna de las invectivas agudas de 2 Corintios; sin embargo, es evidente el carácter controversial de esta carta.

2. En su aspecto material, exhibe una gran afinidad con la epístola a los Efesios. De ahí la afirmación de la crítica de que una no es más que la copia de la otra. Sin embargo, no debemos inferir de esto que la enseñanza de estas epístolas sea idéntica. Mientras que el contenido de Efesios es principalmente teológico, el de Colosenses es primariamente cristológico, la reconciliación de todas las cosas en Cristo, la Cabeza. Esencialmente, la cristología de esta carta está en perfecta armonía con la de las epístolas previas, pero hay una diferencia de énfasis. El escritor aquí coloca prominentemente ante sus lectores, no solo la soteriológica, sino también la importancia cósmica de Cristo. Él es la Cabeza tanto de la Iglesia como de la nueva creación. Todas las cosas fueron creadas por Él, y encuentran el propósito de su existencia en Él.

3. En cuanto al estilo y lenguaje, esta epístola muestra una

gran similitud con su carta gemela. De los 155 versículos en Efesios, 78 contienen expresiones que tienen paralelos en Colosenses. Hay las mismas oraciones involucradas de difícil interpretación, y también un gran número de ἅπαξ λεγόμενα. La carta contiene 34 palabras que están ausentes en todos los otros escritos de Pablo, 12 de las cuales se encuentran en otros libros del Nuevo Testamento, sin embargo (Cp. listas de estas palabras en Alford y en Abbotts *Comm*.). De estas 34 palabras, al menos 18 y, por lo tanto, más de la mitad, se encuentran en el segundo capítulo. Debido al carácter polémico de esta carta, el autor habla generalmente de una forma más realista de la que lo hace en Efesios, y es solo, cuando expone la majestad de Cristo, que se eleva a las alturas más sublimes. Comparando esta epístola con aquellas a los Corintios y a los Filipenses, Lightfoot dice: "se distingue de ellas por una cierta dureza de expresión, una falta de acabado que a menudo bordea en la obscuridad", *Comm.* pág.123.

Autoría
No hay buenas razones para dudar de la autoría paulina de esta epístola. Marción y la escuela de Valentino la reconocieron como genuina. Y los grandes testigos del segundo siglo, Ireneo, Clemente de Alejandría y Tertuliano la citan repetidamente por nombre.

Además, la evidencia interna favorece decididamente la autenticidad de la carta. Afirma haber sido escrita por el apóstol en 1:1, la línea de pensamiento desarrollada en ella es distintivamente paulina y está en notable armonía con la epístola a los Efesios; y si no descartamos primero varias de las epístolas paulinas y entonces comparamos el estilo de esta carta con el de aquellas que quedan, podemos afirmar confiadamente que el estilo es paulino. Además, las personas nombradas en 4:7-17 son todas, solo con un par de excepciones (a saber, Jesús llamado Justo y Ninfas), conocidas por haber sido compañeros o colaboradores de Pablo.

Sin embargo, la epístola no quedaría sin oposición. Mayerhoff comenzó el ataque en 1838, rechazándola, porque su vocabulario, estilo y pensamiento no eran paulinos; era muy similar a Efesios, y contenía referencias a la herejía de Cerinto. La escuela de Baur y muchos otros críticos, tales como Hoekstra, Straatman, Hausrath, Davidson, Schmiedel y otros, siguieron su ejemplo y consideraron a esta epístola como una producción del segundo siglo. Holtzmann, como ya hemos visto, encontró un núcleo genuino en ella.

Hay especialmente tres objeciones que están en contra de la autoría paulina de esta carta. 1) El estilo no es el del apóstol. El hecho de que la carta contiene 34 ἅπαξ λεγόμενα y que están ausentes términos característicamente paulinos, tales como δικαιοσύνη, σωτερία, ἀποκάλυψις y καταργεῖν, mientras que algunas partículas a menudo empleadas por el apóstol, como γάρ, οὖν, διότι y ἄρα se encuentran raramente, y que la construcción es a menudo enredada y caracterizada por una cierta pesadez, insta en contra de su autenticidad. 2) El error combatido en esta epístola, se dice, muestra claramente trazas del gnosticismo del segundo siglo. Estas se encuentran en el uso de los términos σοφία, γνῶσις, Colosenses 2:3, μυστήριον, Colosenses 1:26, 27; 2:2, πλήρωμα, Colosenses 1:19, ἀιῶνες, Colosenses 1:26, etc., en las series de ángeles nombrados en Colosenses 1:16, y en la concepción de Cristo en Colosenses 1:15. Se sostiene que apuntan al sistema de Valentín. 3). Cercanamente relacionado a lo anterior, está la objeción de que la cristología de esta epístola es no paulina. Davidson considera esto como el rasgo principal que señala hacia el gnosticismo, *Introd.* I pág.246, pero también se piensa que está en conflicto con la representación de Pablo en sus otros escritos, y que se acerca mucho a la doctrina juanina del logos. Cristo es representado como la imagen del Dios invisible, Colosenses 1:15, el ser central del universo, absolutamente preeminente sobre todo las cosas visibles e invisibles, Colosenses 1:16-18, el originador y la meta de la creación, y el perfecto Mediador, que reconcilia no solo a los pecadores sino a todas las cosas en el cielo y en la tierra con Dios, Colosenses 1:16-20.

En respuesta a esta primera objeción, podemos decir que el argumento derivado de los ἅπαξ λεγόμενα es irrelevante y aplicaría con igual fuerza en el caso de la epístola a los Romanos. Por el hecho de que más de la mitad de ellos se encuentran en el segundo capítulo es muy evidente que se debe al tema especial de esta carta. La diferencia entre Colosenses y algunos de los otros escritos paulinos también explica por qué los términos característicamente paulinos mencionados anteriormente están ausentes de nuestra epístola. Si Pablo hubiera usado exactamente las mismas palabras que emplea en otros lugares, eso también, con toda probabilidad, hubiera sido prueba positiva para muchos críticos de que la carta era una falsificación. Además, no debe ser considerado extraño que el vocabulario de una persona cambie de alguna manera en el curso del tiempo, especialmente cuando es colocada en un ambiente completamente distinto, como fue el caso de Pablo. Concordamos completamente con el Dr. Salmon, cuando dice: "no puedo suscribir la doctrina de que un hombre, al escribir una nueva composición, no debe, so pena de perder su identidad, emplear alguna palabra que no ha usado en una anterior". *Introd.* pág.148.

En cuanto a la segunda objeción, replicaríamos de que en lo absoluto no hay ninguna prueba de que la epístola presuponga el gnosticismo del segundo siglo. Los gnósticos evidentemente no la consideraron como una polémica dirigida en contra de sus principios, porque Marción y los valentinianos hicieron amplio uso de ella. Además, algunos de los elementos más importantes del gnosticismo, tales como la creación del mundo por un demiurgo, ignorante del Dios supremo u opuesto a Él, no se mencionan en la epístola. Pudo haber existido un gnosticismo incipiente en los tiempos de Pablo, pero también es posible que el error de la iglesia colosense de ninguna manera deba ser identificado con la herejía gnóstica. La erudición actual se inclina fuertemente al punto de vista de que de ninguna manera es gnosticismo a lo que Pablo se refiere en esta carta.

Con respecto al tercer argumento, no vemos porque el desarrollo posterior de la cristología paulina no pudo haber sido la obra de Pablo mismo. No hay nada en la cristología de esta epístola que entre en conflicto con la conceptualización reconocida de Pablo. Claramente encontramos la esencia de ello en Romanos 8:19-22, 1 Corintios 8:6, 2 Corintios 4:4, Filemón 2:5-11. Estos pasajes nos preparan para la declaración de Pablo con respecto a la importancia cósmica de Cristo, Colosenses 1:16,17. Y la conceptualización de que todas las fuerzas de la creación culminan en la gloria de Cristo no va en contra necesariamente de Romanos 11:36 y 1 Corintios 15:28, según los cuales todas las cosas existen para la alabanza de Dios, su creador.

La Iglesia en Colosas

Colosas fue una de las ciudades del bello valle del Lico en Frigia, situado a corta distancia de Laodicea y Hierápolis. Heródoto habla de ella como una gran ciudad, pero no conservó su magnitud hasta los tiempos del Nuevo Testamento, porque Estrabón solo la considera como una πόλισμα. No tenemos información al respecto de la fundación de la iglesia colosense. De los Hechos de los apóstoles aprendemos que Pablo pasó a través de Frigia dos veces, una al principio de su segundo viaje y de nuevo al principio de su tercer viaje misionero, Hechos 16:6; 18:23. Pero en el primero de estos viajes permaneció muy al este de Frigia occidental, donde estaba situada Colosas, y aunque en el segundo puede haber entrado al Valle de Lico, ciertamente no encontró ni fundó ahí la iglesia colosense, ya que él mismo dice en Colosenses 2:1 que los colosenses no habían visto su rostro en la carne. Con toda probabilidad, la prolongada residencia de Pablo en Éfeso y su predicación ahí por tres años, de modo que "todos los que habitaban en Asia, judíos y griegos, oyeron la palabra del Señor Jesús", Hechos 19:10, fue indirectamente responsable de la fundación de las iglesias en el Valle de Lico. La teoría más plausible es que Epafras fue uno de los efesios convertidos de Pablo y se volvió el fundador de la iglesia colosense. Esto es favorecido por Colosenses 1:7, donde la lectura correcta es καθὼς ἐμάθατε, y no καθὼς καὶ εμάθετε.

La iglesia consistía, al parecer, de cristianos gentiles, 1:21,27; 2:11-13; la epístola no contiene una sola pista de que hubiera judíos entre ellos. Sin embargo, estuvieron claramente expuestos a influencias judías, y esto no causa sorpresa en vista del hecho de que Antíoco el grande trasplantó dos mil familias judías de Babilonia a Lidia y Frigia, Jos. Ant. XII 6. 4. Este número, por supuesto, se había incrementado por el tiempo en que la epístola fue escrita. Lighfoot estima que el número de judíos libres fue más de once mil solo en el distrito del que Laodicea era la capital, cp. su ensayo sobre *The Churches of the Lycus Valley* en su Comm. pág.20.

De acuerdo con la epístola, los colosenses corrían peligro de ser engañados por ciertas falsas enseñanzas. En cuanto a la naturaleza exacta de la herejía colosense, hay una gran variedad de opiniones. Algunos la consideran como una mezcla de elementos judaístas y teosóficos, otros lo llaman gnosticismo o ebionismo gnóstico, e incluso otros lo consideran una forma de esenismo. Podemos inferir de la epístola que los engañadores eran miembros de la congregación, porque son descritos como aquellos que "no asiéndose de la Cabeza", Colosenses 2:19, una expresión que solo se aplica a aquellos que habían aceptado a Cristo. Y parece perfectamente claro que su error fue primariamente de carácter judío, ya que instaban a la circuncisión, no, de hecho, como una absoluta necesidad, sino como un medio de perfección, Colosenses 2:10-13; apelaban a la ley y enfatizaban sus requisitos ceremoniales y probablemente también las ordenanzas de los rabíes, Colosenses 2:14-17, 20-23. Sin embargo, ellos van claramente más allá del judaísmo que Pablo encontró en sus primeras epístolas, que enfatizaban falsamente ciertos requisitos de la ley y ajustaban sus puntos de vista a los de sus vecinos gentiles. Su concepción dualista del mundo los lleva, por otro lado, a un ascetismo que no era exigido por la ley. Consideraban como esencial abstenerse del uso de carne y vino, no porque estos fueran levíticamente impuros, sino porque esta abstinencia era necesaria para la mortificación del cuerpo, que consideraban como asiento de la carne. Descuidaron el cuerpo y aparentemente aspiraban a una pura existencia espiritual; su ideal era ser como los ángeles. Por otro lado, la consciencia de su gran pecado como seres materiales los hizo dudar para acercarse a Dios directamente. Y la doctrina judía de que la ley fue mediada por los ángeles, en conexión con la influencia que se atribuyó a los espíritus en su ambiente pagano, naturalmente los llevó a un culto de los ángeles como intermediarios entre Dios y el hombre. Entre los más altos espíritus también clasificaron a Cristo y no reconocieron su significado único. Por lo tanto, el error colosense fue una extraña mezcla de doctrinas judías, ideas cristianas y especulación pagana, y este carácter compuesto hace imposible identificarlo con algún sistema herético del tiempo apostólico. Cp. especialmente Zahn, *Einl.* I pág.329; Holtzmann, *Einl.* Pág.248; Lightfoot, *Comm.* pág.71,111; Biesterveld, *Comm.* pág.18-28.

Composición
1. *Motivo y Propósito*. De la misma epístola podemos deducir fácilmente lo que motivó a Pablo que la escribiera. Epafras, el fundador y probablemente también el ministro de la congregación había visto evidentemente el peligro, incrementándose gradualmente, que amenazaba al bienestar espiritual de la iglesia. Los engañadores no antagonizaron directamente con él o con Pablo, sin embargo, su enseñanza fue una subversión del evangelio de Pablo. Por tanto, informó al apóstol del estado de las cosas y esta información condujo a la composición de la epístola.

El objeto que Pablo tiene en mente es la corrección de la herejía colosense. Por tanto, claramente expone el significado único de Cristo, y el carácter todo suficiente de su redención. Cristo es la imagen del Dios invisible, el creador del mundo, y también de los ángeles, y el único mediador entre Dios y el hombre. Él, en quien habita la plenitud de la divinidad, ha reconciliado todas las cosas con Dios y ha liberado a los hombres del poder del pecado y de la muerte. En su muerte abrogó las sombras del Antiguo Testamento y finalizó el ministerio de los ángeles que estaba conectado con la ley, así que incluso este vestigio de un supuesto fundamento bíblico para la adoración de los ángeles había sido removido. En Él los creyentes son perfectos y solo en Él. Por tanto, los colosenses no debían volver a caer en los rudimentos del mundo, ni en la falsa humildad de adorar a los ángeles. Teniendo su vida en Cristo, debían conformarse a su imagen en todas sus relaciones domésticas y sociales.

2. *Tiempo y Lugar*. Para la discusión de esto nos referimos a lo que hemos dicho en relación con la epístola a los Efesios. La carta fue escrita en Roma cerca del 61 o 62 d.C. Por supuesto la mayoría de aquellos que rechazan esta epístola la fechan en algún momento del segundo siglo.

Importancia Canónica

El carácter canónico de esta epístola nunca ha sido puesto en duda por la Iglesia. Hay indicios leves pero inciertos de su uso en Clemente de Roma, Bernabé e Ignacio. Referencias más importantes de ella se encuentran en Justino Mártir y Teófilo. Marción le dio un lugar en su canon, y en el fragmento Muratoriano se nombra como una de las epístolas paulinas. Con Ireneo, Clemente de Alejandría y Tertuliano las citas se incrementan tanto en número como en precisión. El que la epístola no se cite tan a menudo como Efesios es probablemente debido a su carácter polémico.

El valor permanente de esta carta se encuentra primariamente en su enseñanza central de que la Iglesia de Dios es hecha perfecta en Cristo, su gloriosa Cabeza. Ya que Él es el

Mediador perfecto y la redención completa de su pueblo, ellos crecen en Él, como la cabeza del cuerpo; encuentran el cumplimiento de todos sus deseos en Él, como su Salvador, y alcanzan su perfección en Él, como la meta de la nueva creación. Su vida perfecta es la vida de toda la Iglesia. Por tanto, los creyentes deben buscar realizar cada vez más en cada átomo de su existencia la completa unión con su Cabeza divina. Deberán evitar todas las prácticas arbitrarias, todas las invenciones humanas y toda adoración voluntaria que desprecie al único Mediador y Cabeza de la Iglesia, Jesucristo.

CAPÍTULO 17
La Primera Epístola a los Tesalonicenses

... ಬಂಡಿ ...

Contenido
En la primera epístola a los Tesalonicenses distinguimos dos partes:

I. *La Apología de Pablo*, 1:1-3:13. La carta abre con la usual bendición apostólica y acción de gracias, 1 Tesalonicenses 1:1-4. Esta acción de gracias fue provocada por el hecho de que la obra del apóstol en Tesalónica no había sido en vano, sino que había resultado en una fe de la que se hablaba a por toda Macedonia y Acaya, 1 Tesalonicenses 1:5-10. El escritor recuerda a sus lectores de su labor entre ellos, enfatizando su sufrimiento, su buen comportamiento moral, honestidad, fidelidad, diligencia y amor, 1 Tesalonicenses 2:1-12. Agradece a Dios que lo habían recibido a él y su mensaje, y que había sufrido voluntariamente por la causa de Cristo en manos de los judíos, y les informa que había intentado muchas veces visitarlos, 1 Tesalonicenses 2:13-20. Su gran amor por ellos lo había inducido a enviar a Timoteo para afirmarlos y fortalecerlos en su aflicción, 1 Tesalonicenses 3:1-5, que había ahora regresado y confortó su corazón por el informe de su constancia, 1 Tesalonicenses 3:6-10. Ora para que el Señor los fortalezca, 1 Tesalonicenses 3:11-13.

II. *Exhortaciones Prácticas e Instrucciones Respecto a la Parusía*, 4:1-5:28. El apóstol exhorta a los Tesalonicenses que sigan la santificación, abstinencia de fornicación y fraude, ejercitándose en amor, diligencia y honestidad, 1 Tesalonicenses 4:1-12. Alivia sus temores respecto al futuro de aquellos que han muerto en Cristo, 1 Tesalonicenses 4:13-18, y amonesta a los tesalonicenses en vista de la próxima venida de Cristo a caminar como hijos de la luz para que puedan estar preparados para el día del regreso de Cristo, 1 Tesalonicenses 5:1-11. Después de exhortar a los hermanos a honrar a sus líderes espirituales, e instarlos a amonestar a los indisciplinados, a consolar a los de mente débil, a apoyar a los débiles, y practicar todas las virtudes cristianas, el apóstol cierra su epístola invocando la bendición de Dios sobre los tesalonicenses, expresando su deseo que la epístola sea leída a todos los hermanos, y con los saludos usuales, 1 Tesalonicenses 5:12-28.

Características
1. La epístola es como la de los Filipenses, es decir, una de las más parecidas a una carta de todos los escritos de Pablo. Está, como dice Deissmann, "llena de conmovedoras reminiscencias personales". El interés práctico predomina en gran medida sobre lo doctrinal, y aunque el elemento polémico no está del todo ausente, no es del todo prominente. La carta es primeramente una guía práctica, instrucción y aliento, para una iglesia fiel y perseguida, cuyo conocimiento es aún deficiente, y cuya debilidad, miedo y ocio necesitaban grandemente del consejo del apóstol.

2. Doctrinalmente, 1 Tesalonicenses es una de las epístolas escatológicas de Pablo. Se refiere muy poco a la venida de Cristo en la carne para darse en rescate por el pecado, pero discute abundantemente su futura venida como el Señor de la gloria. Hay al menos seis referencias a la parusía en esta breve carta, dos de los cuales son pasajes bastante extensos, 1 Tesalonicenses 1:10; 2:19: 3:13; 4:13-18; 5:1-11, 23. Esta doctrina es a la vez el motivo impulsor de las exhortaciones del apóstol, y el motivo suficiente para alentar a sus lectores, que esperaban el retorno de Cristo en el futuro cercano.

3. La epístola jamás apela al Antiguo Testamento como auto-

ridad, y no contiene citas de él. Sin embargo, encontramos referencia a su historia en 1 Tesalonicenses 2:15, y posibles reminiscencias de su lenguaje en 1 Tesalonicenses 2:16; 4:5, 6, 8, 9; 5:8. El lenguaje en 1 Tesalonicenses 4:15-17 muestra alguna similitud con 2 Esdras 5:42, pero el pensamiento es muy distinto.

4. El estilo de esta carta es completamente paulino, contiene una abundancia de frases y expresiones que tienen paralelos en otras epístolas de Pablo, especialmente con las de Corintios. Comparándola con los otros escritos del apóstol, encontramos que está escrita en un estilo tranquilo y desapasionado. Hay 42 palabras peculiares a ella, de las cuales 22 no se encuentran en ningún otro lado en el Nuevo Testamento, y 20 si, pero no en los escritos de Pablo.

Autoría
El testimonio externo en favor de la autoría paulina no es de ninguna manera deficiente. Marción incluyó la carta en su canon, y el fragmento Muratoriano lo menciona como uno de los escritos paulinos. Está contenido en las versiones Siriaca y Latina Antigua, y desde el tiempo de Ireneo, Clemente de Alejandría y Tertuliano es citada regularmente por nombre.

La evidencia interna también apunta claramente a Pablo como el escritor. La epístola llega a nosotros con el nombre de Pablo, y de aquellos que estaban asociados con él al escribirla, a saber, Silvano (Silas) y Timoteo, son conocidos por haber sido compañeros de viaje de Pablo en el segundo viaje misionero. Está marcada por la usual bendición paulina, acciones de gracias y saludos, y claramente refleja el carácter del gran apóstol de los gentiles. Aunque había sido sujeto de ataque, ahora es defendida por los críticos de casi cada escuela como una producción auténtica de Pablo.

Schrader y Baur fueron los primeros en atacarla en 1835. La gran mayoría de críticos, incluso los de la propia escuela de Baur, se volvieron contra ellos, hombres como Hilgenfeld, Pfleiderer, Holtzmann, Davidson, Von Soden y Julicher defienden la autenticidad de la carta. Sin embargo, encontraron seguidores especialmente en Holsten y Van der Vies.

De las objeciones presentadas contra la epístola, merecen consideración las siguientes: 1) En comparación con los otros escritos de Pablo, el contenido de esta epístola es muy insignificante; ni una simple doctrina, excepto la de 1 Tesalonicenses 4:13-18, adquiere prominencia. En general no es más que una reiteración de la obra de Pablo entre los Tesalonicenses, y de las circunstancias que acompañaron a su conversión, todas las cuales conocían muy bien. 2) La carta revela un progreso en la vida cristiana que es del todo improbable, si solo un periodo de pocos meses había pasado entre su composición y la fundación de la Iglesia, Cp. 1 Tesalonicenses 1:7, 8; 4:10. 3) El pasaje de 1 Tesalonicenses 2:14-16 no cabe en boca de aquel que escribió Romanos 9-11, y de quien fue alguna vez un fiero perseguidor de la Iglesia. Además, ella implica que la destrucción de Jerusalén fue ya una cosa del pasado. 4) La epístola es claramente dependiente de algún otro de los escritos paulinos, especialmente 1 y 2 Corintios. Comparar 1 Tesalonicenses 1:5 con 1 Corintios 2:4; 1 Tesalonicenses 1:6 con 1 Corintios 11:1; 1 Tesalonicenses 2:4 ss. con 1 Corintios 2:4, 4:3 ss.; 9:15 ss.; 2 Corintios 2:17; 5:11.

La convicción de estos argumentos no es evidente. Las cartas de Pablo tienen un carácter ocasional, y la situación en Tesalónica no exigía una exposición de doctrina cristiana salvo la deliberación sobre la parusía, pero requirió palabras de aliento, guía y exhortación, y también, en vista de las insinuaciones contra el apóstol, una cuidadosa revisión de todo lo que había hecho entre ellos. Considerada desde este punto de vista, la epístola no es en ningún sentido insignificante. Las palabras de 1 Tesalonicenses 1:7,8 y 4:10 no implican una larga existencia de la iglesia tesalonicense, sino que simplemente prueban la intensidad de su fe y amor. Tres o cuatro meses fueron suficientes para que la noticia de su gran fe se extendiera en Macedonia y Acaya. Además, las deficiencias de los tesalonicenses implican que su experiencia religiosa aún era corta en duración. En vista de que Pablo escribe en 2 Corintios y Gálatas con respecto a los judaizantes, no necesitamos sorprendernos de lo que dice en 1 Tesalonicenses 2:14-16. Si las palabras son severas, debemos recordar que fueron provocadas por una oposición amarga y obstinada que siguió al apóstol de lugar en lugar, y sobre la cual había meditado muchas veces por algún tiempo. Las dos últimas palabras de este pasaje no necesariamente implican que Jerusalén haya sido ya destruida. Son perfectamente inteligibles sobre la suposición de que Pablo, en vista de que la maldad de los judíos y de las calamidades que ya los había superado, Jos. Ant. XX 2,5,6, tenía un vivo presentimiento de su inminente destino. El último argumento es uno muy peculiar. Es equivalente a decir que la epístola no puede ser paulina porque hay muchas frases y expresiones paulinas en ella. Tal argumento es su propia refutación, y es neutralizado por el hecho de que, en el caso de otras cartas, la disimilitud lleva a otros críticos a la misma conclusión.

La Iglesia en Tesalónica

Tesalónica, originalmente llamada Termas (Heródoto), y que ahora lleva el nombre ligeramente alterado de Salónica, una ciudad de Macedonia, siempre ha sido muy importante en la historia y sigue siendo, después de Constantinopla, la segunda ciudad en la Turquía europea. Está situada en lo que antes se conocía como el Golfo Termáico, y está construida "en la forma de un anfiteatro en las laderas de la cabecera de la bahía". La gran vía Ignacia pasaba a través de ella de este a oeste. Por tanto, fue un antiguo e importante centro de comercio y por lo tanto tuvo un especial atractivo para los judíos, quienes se encontraban ahí en gran número. Casandro, que reconstruyó la ciudad en 315 a.C., con toda probabilidad le dio el nombre de Tesalónica en honor a su esposa. En el tiempo de los romanos fue la capital de la segunda parte de

Macedonia y la sede del gobernador romano de toda la provincia.

Pablo, acompañado por Silas y Timoteo, vino a esta ciudad, después de haber dejado Filipos cerca del año 52. Y como era su costumbre, fue a la sinagoga para predicar el evangelio de Jesucristo. El resultado de este trabajo fue una cosecha espiritual que consistía en algunos judíos, un gran número de prosélitos (tomando la palabra en su amplio significado) y muchas de las mujeres principales de la ciudad. De los Hechos de los apóstoles tenemos la impresión (aunque no se dice definitivamente) que las labores de Pablo en Tesalónica terminaron después de tres semanas, pero las epístolas más bien favorecen la idea de que su estadía ahí fue de mayor duración. Suponen una congregación floreciente y bien organizada, 1 Tesalonicenses 5:12, cuya fe se había convertido en la plática del día, 1 Tesalonicenses 1:7-9, y nos muestra que Pablo, cuando estuvo en Tesalónica, trabajó por su pan cotidiano, 1 Tesalonicenses 2:9; 2 Tesalonicenses 3:8, y recibió ayuda al menos dos veces de los Filipenses, Filipenses 4:16.

Sin embargo, su fructífera labor se vio truncada por la influencia maligna de judíos envidiosos, que atacaron la casa de Jasón, donde esperaban encontrar a los misioneros, y al fallar, llevaron a Jasón y a algunos de los hermanos ante las autoridades, πολιτάρχας (un nombre que se encuentra solo en Hechos 17:6,8, pero probó ser absolutamente correcto por las inscripciones, Cp. Ramsey, *St. Paul the traveler and the Roman Citizen* pág.227) y los acusaron de traición. "El paso dado por los politarcas fue el más suave, el más prudente dadas las circunstancias" (Ramsay). Como resultado, los hermanos consideraron aconsejable enviar a Pablo y a sus compañeros a Berea, donde muchos aceptaron la verdad, pero sus labores fueron nuevamente interrumpidas por los judíos de Tesalónica. Dejando a Silas y Timoteo aquí, el apóstol fue a Atenas, donde esperaba encontrarlos pronto. De la narración en los Hechos, parece que no acudieron al apóstol hasta después de su llegada a Corinto, pero 1 Tesalonicenses 3:1 implica que Timoteo estaba con él en Atenas; la teoría más natural es que ambos siguieron pronto al apóstol a Atenas, y que envió a Timoteo de ahí a Tesalónica para afirmar y consolar a la iglesia, y a Silas en alguna otra misión, posiblemente a Filipos, y ambos regresaron a él en Corinto.

De los datos en Hechos 17:4 y 1 Tesalonicenses 1:9; 2:14, podemos inferir que la iglesia de Tesalónica era de carácter mixto, compuesta de cristianos judíos y gentiles. Ya que no se hace referencia en las epístolas de las enseñanzas de los judíos y no se cita ni un simple pasaje del Antiguo Testamento, es casi seguro que sus miembros fueron mayormente cristianos gentiles. Solo tres de ellos nos son conocidos por la Escritura, a saber, Jasón, Hechos 17:5-9, y Aristarco y Segundo, Hechos 20:4. La congregación no era rica, 2 Corintios 8:2,3, con la excepción de pocas mujeres de buena clase, parece haber consistido principalmente de gente del pueblo que tenían que trabajar por el pan diario, 1 Tesalonicenses 4:11, 2 Tesalonicenses 3:6-12. Todavía no se habían separado de sus viejos vicios, porque todavía había entre ellos fornicación, 1 Tesalonicenses 4:3-5, fraude, 1 Tesalonicenses 4:6 y ociosidad, 1 Tesalonicenses 4:11. Sin embargo fueron celosos de la obra del Señor y formaron una de las Iglesias más amadas del apóstol.

Composición

1. *Motivo y Propósito.* Lo que llevó a Pablo a escribir esta carta, indudablemente fue el reporte que Timoteo le llevó con respecto a la condición de la iglesia tesalonicense. El apóstol sintió que había sido arrancado de ellos demasiado pronto y que no había tenido tiempo suficiente para afirmarlos en la verdad. Por tanto, estaba muy preocupado sobre su bienestar espiritual después de su partida forzada. La llegada de Timoteo le trajo algún alivio, porque se enteró mediante su colaborador que la iglesia, aunque perseguida, no dudó y que su fe se había vuelto ejemplo para muchos. Sin embargo

no estaba del todo tranquilo, ya que también escuchó que los judíos insinuaron que su conducta moral dejaba mucho que desear, mientras que había engañado a los tesalonicenses por ganancias temporales y vanagloria, 1 Tesalonicenses 2:3-10, que algunos vicios paganos todavía prevalecían en la iglesia, y que la doctrina de la parusía había sido malinterpretada, dando ocasión para el cese de las labores diarias, y otros, de sentirse preocupados sobre la condición futura de aquellos que habían muerto recientemente en medio de ellos. Esa información llevó a la composición de nuestra epístola.

En vista de todas estas cosas fue natural que el apóstol debiera tener un propósito triple al escribir esta carta. En primer lugar, deseó expresar su gratitud por la perseverancia fiel de los tesalonicenses. En segundo lugar, buscó afirmarlos en la fe, lo que era más necesario, ya que el enemigo había sembrado cizaña entre el trigo. Por tanto, les recuerda su trabajo entre ellos, señalando que su conversación entre ellos fue irreprochable, y que como verdadero apóstol había trabajado entre ellos sin codicia ni vanagloria. Y, en tercer lugar, pretendió corregir su concepción del regreso del Señor, enfatizando su importancia como un motivo para la santificación.

2. *Tiempo y Lugar*. Hay un poco de incertidumbre en cuanto al tiempo y el lugar de la composición, excepto en las filas de aquellos que consideran a la epístola como una falsificación. Cuando Pablo escribió esta carta, el recuerdo de su visita a Tesalónica aún era vívida, capítulos 1 y 2, y estaba evidentemente en un lugar céntrico, donde podía mantenerse informado del estado de las cosas en Macedonia y Acaya, 1 Tesalonicenses 1:7,8, y desde donde podía comunicarse fácilmente con la iglesia tesalonicense. Además, Silas y Timoteo estaban con él, de los cuales el primero asistió al apóstol solo en su segundo viaje misionero, y el último no pudo llevarle información de las condiciones de Tesalónica, hasta

que regresara con el apóstol en Corinto, Hechos 18:5. Por lo tanto la epístola fue escrita durante la estadía de Pablo en esa ciudad. Sin embargo, no debe ser datada al principio de la residencia corintia de Pablo, ya que la fe de los tesalonicenses se había ya vuelto manifiesta a través de Macedonia y Acaya, y algunas muertes habían ocurrido en la iglesia de Tesalónica. Tampoco podemos colocarla hacia el fin de ese período, porque 2 Tesalonicenses también fue escrita antes de que el apóstol dejara Corinto. Más probablemente fue compuesta hacia finales del 52 d.C.

Importancia Canónica
La canonicidad de esta epístola nunca fue cuestionada en tiempos antiguos. Hay algunas supuestas referencias a ella en los Padres apostólicos, Clemente de Roma, Bernabé, Ignacio y Policarpo, pero son muy inciertas. Marción y el fragmento Muratoriano y las versiones Siriaca y Latina Antigua testifican de su canonicidad; sin embargo, y desde finales del segundo siglo, su uso canónico es un hecho bien establecido.

En esta carta contemplamos a Pablo, el misionero, en la ausencia de alguna controversia directa, protegiendo cuidadosamente el interés de una de las más queridas iglesias, consolando y animándola como un padre. Fortalece el corazón de sus hijos espirituales perseguidos con la esperanza del regreso de Cristo, cuando los perseguidores serán castigados por su obra malvada, y los santos perseguidos, tanto los muertos como los vivos, recibirán su recompensa eterna en el reino de su Señor celestial. Y de esta manera el apóstol es un ejemplo digno de imitación, su lección es una lección de valor permanente. La parusía gloriosa de Cristo es la esperanza alegre de la iglesia militante y de todas sus luchas hasta el final de los tiempos.

Louis Berkhof

CAPÍTULO 18
La Segunda Epístola a los Tesalonicenses

··· ঔওঙ্গ ···

Contenido
El contenido de la carta se divide en tres partes:

I. *Introducción*, capítulo 1. El apóstol comienza su carta con la bendición regular, 2 Tesalonicenses 1:1-2. Agradece a Dios por el aumento de la fe y paciencia de los tesalonicenses, recordándoles el hecho de que en el día de la venida de Cristo, Dios proveerá descanso para su iglesia perseguida y castigará a sus perseguidores; y ora a Dios que pueda cumplir su buena voluntad en ellos para la gloria de su nombre, 2 Tesalonicenses 1:3-12.

II. *Instrucción con Respecto a la Parusía*, capítulo 2. La iglesia es advertida contra la decepción con respecto a la inminencia del gran día de Cristo y se le informa de que no vendrá hasta que el misterio de la iniquidad haya resultado en la gran apostasía, y el hombre de pecado haya sido revelado, cuya venida es según la obra de Satanás, y quien engañará a los hombres para su propia destrucción, 2 Tesalonicenses 2:1-12. Los tesalonicenses no necesitan temer la manifestación de Cristo, ya que han sido escogidos y llamados para gloria eterna, y los apóstoles desean que el Señor consuele sus corazones y los afirme en toda buena obra, 2 Tesalonicenses 2:13-17.

III. *Exhortaciones Prácticas*, capítulo 3. El escritor solicita la oración de la iglesia para sí mismo para que pueda ser librado de los hombres irracionales y malvados, y la exhorta a hacer lo que ha mandado, 2 Tesalonicenses 3:1-5. Deben alejarse de aquellos que son desordenados y no trabajan, porque cada uno debe trabajar por su pan diario y así seguir el ejemplo del apóstol, 2 Tesalonicenses 3:6-12. Todos los que no presten atención a la palabra apostólica deben ser censurados, 2 Tesalonicenses 3:13-15. Con una bendición y un saludo el apóstol cierra su carta, 2 Tesalonicenses 3:16-18.

Características
1. La característica principal de esta carta se encuentra en el pasaje apocalíptico, 2 Tesalonicenses 2:1-12. En estos versículos, que contienen la parte más esencial de la epístola, Pablo habla como profeta, revelando a su amada iglesia que el regreso de Cristo será precedido por una gran apostasía final y por la revelación del hombre de pecado, el hijo de perdición quien, como el instrumento de Satanás, engañará a los hombres, para que acepten la mentira y sean condenados en el gran día de Cristo. 2 Tesalonicenses, sin duda, fue escrita primariamente para esta instrucción.

2. Aparte de este importante pasaje doctrinal, la epístola tiene un carácter personal y práctico. Contiene las expresiones de gratitud por la fe y la perseverancia de la iglesia perseguida, palabras de aliento para los afligidos, consejo paterno para los hijos espirituales del apóstol, y dirección en cuanto a su conducta adecuada.

3. El estilo de esta carta, como la de 1 Tesalonicenses, es simple y directo, excepto en 2 Tesalonicenses 2:1-12, donde el tono es más elevado. Este cambio se explica por el contenido profético del pasaje. El lenguaje claramente revela el funcionamiento de la mente vigorosa de Pablo, que al expresar sus pensamientos no se limitó a unas pocas frases hechas. Además de las muchas expresiones que son característicamente paulinas, la carta contiene muchas que son peculiares a ella, y también un buen número que tiene en común solo con 1

Tesalonicenses. De los 26 ἅπαξ λεγόμενα en la carta, 10 no se encuentran en el resto del Nuevo Testamento, y 16 son usadas en otros lados del Nuevo Testamento, pero no en los escritos de Pablo.

Autoría
El testimonio externo de la autenticidad de esta epístola es tan fuerte como el de la autenticidad de la primera carta. Marción la tiene en su canon, el fragmento Muratoriano la nombra, y también se encuentra en las versiones Siriaca y Latina Antigua. Desde el tiempo de Ireneo se cita regularmente como una carta de Pablo, y Orígenes y Eusebio afirman que fue universalmente recibida en su tiempo.

La epístola misma afirma ser obra de Pablo, 2 Tesalonicenses 1:1 y de nuevo en 2 Tesalonicenses 3:17, donde el apóstol llama la atención sobre el saludo como una marca de autenticidad. Las personas relacionadas con la carta son las mismas que son mencionadas en 1 Tesalonicenses. Como en la mayoría de las cartas de Pablo, la bendición apostólica es seguida de acción de gracias. La epístola es muy similar a 1 Tesalonicenses y contiene algunas referencias cruzadas con ella, como, por ejemplo, en el caso de la parusía y de los ociosos. Claramente revela el carácter del gran apóstol, y su estilo puede llamarse con confianza paulino.

Sin embargo, la autenticidad de la epístola ha sido puesta en duda más que 1 Tesalonicenses. Schmidt fue el primero en atacarla en 1804, fue seguido por Schrader, Mayerhof y De Wette, quien después cambió de parecer, sin embargo. El ataque fue renovado por Kern y Baur en cuya escuela el rechazo a la epístola se volvió general. Su autenticidad es defendida por Reuss, Sabatier, Hofmann, Weiss, Zahn, Farrar, Godet, Baljon, Moffat y otros.

Las principales objeciones instadas contra la autenticidad de esta carta son las siguientes: 1) La enseñanza de Pablo con respecto a la parusía en 2 Tesalonicenses 2:1-12 no es consistente con lo que se escribió en 1 Tesalonicenses 4:13-18;

5:1-11. De acuerdo con la primera carta el día de Cristo es inminente y vendrá repentina e inesperadamente; la segunda enfatiza el hecho de que no está al alcance de la mano y que muchos signos lo precederán. 2) La escatología de este pasaje, 2 Tesalonicenses 2:1-12, no es de Pablo y claramente data de un tiempo posterior y fue probablemente tomado de la revelación de Juan. Algunos identifican al hombre de pecado con Nerón quien, aunque reportado muerto, se suponía que estaba escondido en el este y se esperaba su regreso; y encuentra a quien restringía el mal en Vespasiano. Otros sostienen que este pasaje claramente se refiere al tiempo de Trajano, cuando el misterio de iniquidad fue visto en la marea progresiva del gnosticismo. 3) Esta carta es en gran medida una repetición de 1 Tesalonicenses, y por lo tanto luce más como la obra de un falsificador que como una producción genuina de Pablo. Holtmann dice que, con la excepción de 2 Tesalonicenses 1:5, 6, 9, 12; 2:2-9, 11, 12, 15; 3:2, 13, 14, 17, la epístola completa consiste en una reproducción de pasajes paralelos de la primera carta. *Einl.* pág.214. 4) La epístola contiene un notable gran número de expresiones peculiares que no se encuentran en el resto de los escritos de Pablo, ni en todo el Nuevo Testamento. Cp. listas en Frames *Comm.* pág.28-34, en the Intern. Crit. Comm. 5) El saludo en 3:17 parece sospechoso. Parece el intento de un escritor tardío de evitar objeciones y atestiguar la autoría paulina.

Pero las objeciones planteadas no son suficientes para desacreditar la autenticidad de nuestra epístola. Las contradicciones en la enseñanza de Pablo con respecto a la parusía de Cristo son más aparentes que reales. Los signos que preceden al gran día no le quitarán valor alguno a lo repentino más de lo que los signos del tiempo de Noé impidieron que la inundación tomara por sorpresa a sus contemporáneos. Además, estos dos rasgos, lo repentino de la aparición de Cristo y los hechos portentosos que son los precursores de su venida, siempre van de la mano en las enseñanzas escatológicas de la Escritura. Daniel 11:1-12:3; Mateo 24:1-44; Lucas

17:20-37. En cuanto a la inmediatez de la venida de Cristo podemos decir, a lo sumo, que la primera epístola insinúa que el Señor puede aparecer durante esa generación (aunque posiblemente ni siquiera implica eso), pero no implica ciertamente que Cristo vendrá inmediatamente.

La escatología del segundo capítulo ha dado lugar a mucha discusión y especulación con respecto a la fecha y la autoría de la epístola, pero investigaciones recientes sobre las condiciones de la iglesia primitiva claramente han mostrado que el contenido de este capítulo de ninguna manera milita contra la autenticidad de la carta. Por tanto, aquellos que niegan la autoría paulina han dejado de confiar en ella. No hay nada improbable en la suposición de que Pablo escribió el pasaje con respecto al hombre de pecado. Encontramos representaciones similares ya en la época de Daniel (Cp. Daniel 11), en la literatura pseudo epigráfica de los judíos (Cp. Schfirer, *Geschichte des fiidischen Volkes* II pág.621 f.), y en los discursos escatológicos del Señor. Las palabras y expresiones encontradas en este capítulo son muy susceptibles de una interpretación que no necesita datar la epístola después del tiempo de Pablo. No podemos demorarnos en revisar todas las exposiciones preteristas o futuristas que han sido dadas (para lo cual cp. Alford, *Prolegomena* Section V), sino que solo podemos indicar de una manera general en qué dirección debemos mirar para la interpretación de este pasaje difícil. Al interpretar este pasaje debemos tener en mente continuamente su importancia profética y su referencia a algo que aún es futuro. Sin duda, hubo en la historia prefiguraciones del gran día de Cristo en que esta profecía encontró un cumplimiento parcial, pero la parusía de la que Pablo habla en estos versículos es incluso ahora cuestión de fiel expectación. La historia del mundo es conducida gradualmente a ella. Pablo fue testigo de alguna apostasía en su día, el μυστήριον της ἀνομίας ya estaba obrando, pero la gran apostasía (ἡ ἀποστασία) no podía llegar en su día, porque había una diseminación parcial de la verdad, y no llegará hasta los días que precedan inmediatamente a la segunda venida de Cristo, cuando el misterio de la impiedad se revelará por completo, y finalmente se encarnará en una sola persona, en el hombre de pecado, el hijo de perdición, que se convertirá entonces en un poder antagonista de Cristo (anticristo, ὁ ἀντικείμενος), sí a toda forma de religión, la misma encarnación de Satanás. Cp. versículo 9. Sin embargo, esto solo puede pasar después de que el poder que lo restringe sea quitado de en medio, un poder que es a la vez impersonal (κατέχον) y personal (κατέχων), y que puede referirse antes que nada a la administración estricta de justicia del imperio romano y al emperador como líder ejecutivo, pero ciertamente tiene un significado más amplio y probablemente se refiere en general a la "estructura de la política humana y aquellos que gobiernan esa política" (Alford). Para una exposición más detallada, cp. especialmente, Alford, *Prolegomena* Section V; Zahn, *Einleitung* I pág.162ss; Godet, *Introduction* pág.171.; y Eadie, *Essay on the Man of Sin* en Comm. pág.329ss.

No vemos la fuerza del tercer argumento, a menos que sea un hecho establecido que Pablo no podía repetirse hasta cierto punto, incluso en dos epístolas escritas dentro del espacio de pocos meses (en un tema que captó la atención de la mente del apóstol por algún tiempo) a la misma iglesia y, por lo tanto, en vista de condiciones casi idénticas. Este argumento parece extraño especialmente en vista del siguiente, que insta al rechazo de esta carta, porque es tan distinta a los otros escritos paulinos. Los puntos de diferencia entre nuestra carta y 1 Tesalonicenses son generalmente exagerados, y los ejemplos citados por Davidson para probar la disimilitud son justamente ridiculizados por Salmon, quien califica esa crítica como "crítica infantil, es decir, tal crítica puede proceder de un niño que insiste en que la historia siempre le debe ser contada de la misma manera". Introd. pág.398. El saludo en 2 Tesalonicenses 3:17 no apunta a un tiempo posterior del de Pablo, ya que también él tenía razón en temer la influencia maligna de las epístolas falsificadas, 2 Tesalonicenses 2:2. Simplemente afirma que, con miras a tal engaño, autenticaría en lo futuro todas sus cartas adjuntando un saludo autógrafo.

Composición
1. *Motivo y Propósito*. Evidentemente alguna información adicional con respecto al estado de las cosas en Tesalónica había llegado a Pablo, y pudo haber sido mediante los portadores de la primera epístola, o por medio de una comunicación de los ancianos de la iglesia. Parece ser que alguna carta había estado circulando entre ellos, pretendiendo venir de Pablo, y que algún espíritu de falsedad estaba operando en la congregación. La persecución de los tesalonicenses aun continuaba y había probablemente aumentado en fuerza, y en alguna forma había sido creada la impresión de que el día del Señor estaba a la mano. Esto llevó por un lado a una ansiedad febril, y por la otra, a la ociosidad. Por tanto, el apóstol consideró necesario escribir una segunda carta a los tesalonicenses.

El propósito del escritor fue alentar a la tan presionada iglesia, calmar la agitación señalando que la segunda venida del Señor no podía esperarse de inmediato, ya que el misterio de la iniquidad tenía que manifestarse primero y aparecer el hombre de pecado, y exhortar a los irregulares a una conducta tranquila, laboriosa y ordenada.

2. *Tiempo y Lugar*. Algunos escritores, como Grotius, Ewald, Vander Vies y Laurent defendieron la teoría de que 2 Tesalonicenses fue escrita antes que 1 Tesalonicenses, pero los argumentos aducidos para apoyar esa posición no pueden soportar la carga. Además, 2 Tesalonicenses 2:15 claramente refiere a una primera carta del apóstol. Con toda probabilidad nuestra epístola fue compuesta pocos meses después de la primera, porque por un lado, Silas y Timoteo todavía es-

taban con el apóstol, 2 Tesalonicenses 1:1, lo cual no fue el caso después de que dejó Corinto, y todavía eran hostigados por los judíos, por lo que lo más probable es que su caso todavía no había sido traído ante Gayo, Hechos 18:12-17; y por el otro, se produjo un cambio tanto en el sentimiento del apóstol, que no habla más de su deseo de visitar a los tesalonicenses, como en la condición de la iglesia a la que estaba escribiendo, un cambio que requeriría de algún tiempo. Debemos más probablemente datar la carta cerca de mediados del 53 D.C.

Importancia Canónica
La iglesia primitiva no encontró razón para dudar de la canonicidad de esta carta. Es cierto que se puede hacer un poco de énfasis en la supuesta referencia a su lenguaje en Ignacio, Bernabé, la Didajé y Justino Mártir. Sin embargo, es muy evidente, que Policarpo usó la epístola. Además, tiene un lugar en el canon de Marción, es mencionado entre las cartas paulinas en el fragmento Muratoriano, y está contenido en las versiones Siriaca y Latina Antigua. Ireneo, Clemente de Alejandría, Tertuliano y otros la citaban por nombre desde aquel tiempo. El gran valor permanente de esta epístola yace en el hecho de que corrige las falsas nociones con respecto a la segunda venida de Cristo, nociones que llevaron a la indolencia y al desorden. Somos enseñados en esta epístola que el gran día de Cristo no vendrá hasta que el misterio de la iniquidad que está obrando en el mundo logre su completo desarrollo, y envíe al hijo de perdición que como la misma encarnación de Satanás se pondrá en contra de Cristo y de su Iglesia. Si la Iglesia de Dios siempre hubiera recordado esta lección, se habría librado de muchas irregularidades y decepciones. La carta también nos recuerda una vez más el hecho de que el día del Señor será un día de terror para los malvados, pero un día de liberación y gloria para la Iglesia de Cristo.

CAPÍTULO 19
Las Epístolas Pastorales

··· ʚɞCʒ ···

Autoría

En el caso de estas epístolas parece mejor considerar la cuestión de la autoría primero, y tratarlas como una unidad en la discusión de su autenticidad. Cuando examinamos el testimonio externo de estas cartas encontramos que este de ninguna manera es deficiente. Si muchos han dudado de su autenticidad, no fue porque descubrieron que la iglesia primitiva no las reconoció. Es cierto que algunos herejes antiguos que reconocieron la autenticidad de las otras cartas atribuidas a Pablo rechazaron estas, tales como Basílides y Marción, pero Jerónimo dice que su juicio adverso fue puramente arbitrario. Desde el tiempo de Ireneo, Clemente de Alejandría y Tertuliano, que fue el primero en citar los libros del Nuevo Testamento por nombre, hasta el principio del siglo XIX, nadie había dudado de la autoría paulina de estas cartas. El fragmento Muratoriano las atribuye a Pablo, y están incluidas en todos los manuscritos. Versiones y listas de las cartas paulinas, en las cuales (con la sola excepción del fragmento Muratoriano) están arregladas en el mismo orden, a saber 1 Timoteo, 2 Timoteo, Tito.

En lo que respecta a la evidencia interna debemos llamar la atención en una forma preliminar a los pocos hechos que favorecen la autenticidad de estas cartas y tomar en consideración otras características en relación con las objeciones que son instadas en contra de ellas. Están bien atestiguadas; contienen la característica bendición paulina al principio, terminan con la salutación acostumbrada, y revelan la usual solicitud de Pablo por sus iglesias y por aquellos asociados con él en el trabajo; señalan la misma relación entre Pablo y sus hijos espirituales Timoteo y Tito que conocemos de otras fuentes, y refieren a personas (Cp. 2 Timoteo 4; Tito 3) que también son mencionadas en otros lugares como compañeros y colaboradores de Pablo.

Sin embargo, es especialmente sobre la fuerza de la evidencia interna que estas epístolas han sido atacadas. J.E.C. Schmidt en 1804, seguido pronto por Schleiermacher, fue el primero de arrojar duda sobre su autenticidad. Desde ese tiempo han sido rechazadas, no solo por la escuela de Tubinga y por prácticamente todos los críticos negativos, sino también por algunos estudiosos que usualmente se inclinan al lado conservador, tales como Neander (rechazando solo 1 Timoteo), Meyer, (Introd. to Romans) y Sabatier. Mientras que la mayoría de los críticos radicales rechazan estas cartas incondicionalmente, Credner, Harnack, Hausrath y McGiffert creen que contienen algunas secciones paulinas genuinas, el último estudioso nombrado considerando especialmente los pasajes que contienen referencias personales, tales como 2 Timoteo 1:15-18; 4:9-21; Tito 3:12,13, como auténticos, y suponiendo que algunos otros pueden ser salvados de las ruinas, *The Apostolic Age* pág.405. La autenticidad de las pastorales es defendida por Weiss, Zahn, Salmon, Godet, Barth y casi todos los comentaristas, tales como Huther, Van Oosterzee, Ellicott, Alford, White (en *The Expág.Gk. Test.*) y otros.

Muchos argumentos son empleados para desacreditar la autenticidad de estas cartas. Consideraremos las más importantes: 1) Es imposible encontrar lugar para su composición y la situación histórica que reflejan en la vida de Pablo, como la conocemos de los Hechos de los apóstoles. Reuss, quien aceptó provisionalmente su autoría paulina en su *History of the New Testament* I pág.80-85; 121-129, lo hizo con la clara condición de que tenían que encajar en algún lugar de la narración de los Hechos. Al descubrir que su esquema no funcionó bien, posteriormente rechazó 1 Timoteo y Tito. Cp. *Commentary on the Pastorals*. 2) La concepción de que el cristianismo que se encuentra en estas cartas no es paulino y claramente representa un desarrollo ulterior. Ellas contienen algunas ideas paulinas, pero estas son excepcionales. "No hay ningún rastro", dice McGiffert, "de la gran verdad fundamental del evangelio de Pablo: muertos a la carne y vida en el Espíritu". En vez de la fe por la cual somos justificados y unidos a Cristo, encontramos en primer plano la fe y la piedad de manera prominente. Cp. 1 Tim 1:5; 2:2,15;4:7s; 5:4; 6:5; 2 Tim 1:3;3:5,12; Tit 1:1; 2:12. Además, la palabra fe no denota, como en las cartas de Pablo, la fe que *cree*, sino más bien la suma y substancia de lo que *se cree,* 1 Tim 1:19; 3:9; 4:1,5; 5:8. Y se habla de la sana doctrina de una manera que le recuerda a uno la estima característica en que se tenía a la ortodoxia posteriormente, cp. 1 Tim 1:10; 4:6; 6:3; 2 Tim 4:3; Tit 1:9; 2:1,7. 3) La organización de la iglesia que se refleja en estas cartas apunta a una época posterior. Es improbable que Pablo, creyendo como lo hizo en la prontitud de la segunda venida de Cristo, pusiera mucha atención a los detalles de la organización; ni parece probable que pusiera tanto énfasis en los oficios recibidos por nombramiento eclesiástico, y tenga tan poca consideración de los dones espirituales que son independientes de la posición oficial y que ocupara un lugar tan prominente en los escritos no dudosos del apóstol. Además, la organización presupuesta en estas cartas revela las condiciones del segundo siglo. Junto a los πρεσβύτεροι, el ἐπίσκοπος es nombrado como primus inter pares (notar el singular en 1 Timoteo 3:1; Tito 1:7), y los titulares de cargos en general reciben una prominencia indebida. Hay una clase separada de viudas, de las cuales algunas tenían una posición oficial en la iglesia, tal como fue en el segundo siglo, 1 Timoteo 5. El oficio eclesiástico se confiere mediante la imposición de manos, 1 Timoteo 5:22, y el segundo matrimonio de obispos, diáconos y viudas que ministran no debía ser tolerado, 1 Timoteo 3:2, 12; 5:9-11; Tito 1:6. 4) Los falsos maestros y enseñanzas a los cuales refieren las epístolas son evidentemente gnósticos y gnosticismo del siglo segundo. El término ἀντιθὲσεις, 1 Timoteo 6:20, según Baur, contiene una referencia a la obra de Marción que llevaba ese título. Y las genealogías interminables de 1 Timoteo 1:4 se supone que refieren a los Eones de Valentín. 5) Sin embargo, la objeción más pesada es que el estilo de estas cartas difiere del de las epístolas paulinas en tal grado que implica una autoría diversa. Dice Davidson: "El cambio de estilo es tan grande para identificarse con la identidad del autor. La imitación de las frases y términos que ocurren en las epístolas auténticas de Pablo es obvia; inferioridad y debilidad muestran dependencia, mientras que nuevas construcciones y palabras traicionan a un escritor que trata nuevas circunstancias y da expresión a nuevas ideas, personificando al apóstol todo el tiempo. El cambio es palpable, aunque el autor se proyecta a la situación de Pablo el prisionero". Introd. II pág. 66. Holtzmann afirma que de las 897 palabras que constituyen estas cartas (exceptuando los nombres propios) 171 (léase 148) son ἅπαξ λεγόμενα, de las cuales 74 se encuentran en 1 Timoteo, 46 en 2 Timoteo y 28 en Tito. Además de estas hay un gran número de frases y expresiones que son peculiares y apuntan a un tiempo posterior a Pablo, tales como δώκειν δικαιοσύνην, 1 Tim. 6:11; 2 Tim. 2:22; φυλάσσειν τὴν παραθήκην, 1 Tim. 6:20; 2 Tim. 1:12, 14; παρακολουθεῖν τῇ διδασκαλίᾳ, 1 Tim. 4:6; 2 Tim. 3:10; βέβηλοι κενοφωνίαι, 1 Tim. 6:20; 2 Tim. 2:16; ἄνθρωπος θεοῦ 1 Tim. 6:11; 2 Tim. 3:17; etc. Por otro lado, muchas de las expresiones que juegan un papel destacado en la literatura paulina están ausentes de estas cartas, como ἄδικος, ἀκροβυστία, γνωπίζειν, δικαιοσύνη θεοῦ, δικαίωμα, ἔργα νόμου, ὁμοίωμα, παράδοσις, etc...

En cuanto concierne al primer argumento, debe admitirse que estas epístolas no encajan en la vida de Pablo, tal como la conocemos en los Hechos de los apóstoles. Su autenticidad depende de la cuestión de si Pablo fue liberado de nuevo después del encarcelamiento descrito en Hechos 28. Ahora tenemos razones, aparte de los contenidos de estas epístolas, para creer que fue liberado y reanudó sus labores misioneras. En vista del hecho de que Félix, Festo y Agripa no hallaron culpa en Pablo, y de que el apóstol fue enviado a Roma, solo porque apeló a César, la suposición es que no fue condenado en Roma. Esta suposición se ve reforzada por el hecho de que, cuando el apóstol escribió sus cartas a los Filipenses y a Filemón, la expectativa de su liberación parecía favorable, Filipenses 1:25; 2:24; Filemón 22; comparar 2 Timoteo 4:6-8. Se opone a esto que Pablo, al despedirse de los ancianos de Éfeso, les dice: "yo sé (οἶδα) que ninguno de todos vosotros... verá más mi rostro", Hechos 20:25. Puede dudarse, si tenemos el derecho de enfatizar este οἶδα para que se vuelva profético; si lo tenemos, es contrapesado por el οἶδα en Filipenses 1:25. La inferencia más natural de los datos de la Escritura (fuera de estas epístolas) es que Pablo fue liberado, y esto es confirmado por la tradición de la iglesia primitiva, como es expresado por Eusebio, *Church Hist.* II 22: se dice que Pablo (λόγος ἔχει) después de haberse defendido a sí mismo, haber empezado de nuevo el ministerio de la predicación, y después de haber entrado a la misma ciudad por segunda vez, y haber terminado su vida con el martirio. Mientras era prisionero, escribió una segunda epístola a Timoteo, en la que menciona su primera defensa, y su muerte inminente. Además, el fragmento Muratoriano habla de una visita que Pablo hizo a España, que no puede ser colocada antes del primer encarcelamiento romano. Y Clemente de Roma afirma en su carta a los Corintios, después de relatar que el apóstol trabajó en el este y el oeste, que llegó a "los límites del oeste". Ahora no parece probable que, quien vivía en Roma, se refiriera a la ciudad en el Tíber en esos términos. Y si esto no es el significado de esas palabras, la presuposición es que también hace referencia a España.

Los movimientos de Pablo después de su liberación son inciertos, y todo lo que pueda ser dicho con respecto a ellos es conjetural. Al dejar Roma probablemente primero fue a Macedonia y Asia Menor para las visitas previstas, Filipenses 1:23-26; Filemón 22, y luego emprendió su largo viaje a

España, Romanos 15:24. Regresando de ahí, posiblemente fue a Éfeso, donde tuvo una disputa con Himeneo y Alejandro, 1 Timoteo 1:20, y empleó los servicios de Onesíforo, 2 Timoteo 1:16-18. Dejando a Timoteo a cargo de la Iglesia efesia, partió para Macedonia, 1 Timoteo 1:3, desde donde más probablemente escribió 1 Timoteo. Después de esto, pudo haber visitado Creta con Tito, dejando a este último ahí para organizar las iglesias, Tito 1:5, y regresando a Éfeso de acuerdo con sus deseos, 1 Timoteo 3:14; 4:13, donde Alejandro el calderero le hizo gran mal, 2 Timoteo 4:14. Desde aquí probablemente escribió la epístola a Tito, porque estaba evidentemente en algún centro de empresa misionera, donde la compuso, Tito 3:12-15. Partiendo de Éfeso, fue a través de Mileto, 2 Timoteo 4:20, a Troas, 2 Timoteo 4:13, donde fue probablemente arrestado otra vez, y de donde fue llevado a Roma por Corinto, la morada de Erasto, 2 Timoteo 4:20, Romanos 16:23. En ese caso no llegó a Nicópolis, donde tenía la intención de pasar el invierno. En esta declaración procedemos sobre la presuposición de que el invierno mencionado en 2 Timoteo 4:21 es el mismo que el de Tito 3:12. El segundo encarcelamiento de Pablo fue más severo que el primero, 2 Timoteo 1:16,17; 2:9. Su primera defensa parece haber sido exitosa, 2 Timoteo 4:16,17, pero mientras se acercaba su audiencia final, tenía el presentimiento de acercarse al martirio. Según las *Crónicas* de Eusebio, Pablo murió como mártir en el año treinta de Nerón, o en 67 d.C.

La objeción de que la enseñanza teológica de estas epístolas es distinta de la de Pablo, debe ser tomada *cum grano salis*, porque esta enseñanza simplemente complementa y de ninguna manera contradice la conceptualización de las epístolas que están fuera de duda. No encontramos aquí un desarrollo objetivo de la verdad, sino solo una aplicación práctica de las doctrinas ya desarrolladas en cartas anteriores. Y era completamente apropiado que, como toda carta individual, también todo el ciclo de las epístolas paulinas terminara con admoniciones prácticas. Históricamente, esto se explica fácilmente, por un lado, por el hecho de que el periodo productivo de los apóstoles había llegado a un fin, y ahora es Pablo el anciano –porque todas las vicisitudes de una vida ocupada y tormentosa debe haber agotado su fuerza– que nos habla, Cp. Filemón 9; y, por otro lado, por el hecho de que la herejía que encuentra el apóstol aquí se había convertido en corrupción ética. Si se dice que el escritor de estas epístolas atribuye un carácter meritorio a las buenas obras, tomamos la excepción y la calificamos como una falsa declaración. Los pasajes referidos a, tales como 1 Timoteo 1:15; 3:13; 4:8; 6:18; 2 Timoteo 4:8, no prueba la afirmación. Ya que una declaración bastante completa de la verdad cristiana ha precedido estas cartas, no debe causar sorpresa que Pablo deba referirse a ella como "la sana doctrina", Cp. Romanos 6:17. Ni debe parecer extraño, en vista de esto, que, junto con lo subjetivo, el sentido objetivo de la palabra fe deba comenzar a reafirmarse. Encontramos una aproximación a esto ya en Romanos 12:6; Gálatas 1:23; Filipenses 1:27.

Es un error pensar que el énfasis que estas cartas ponen en la organización externa de las iglesias, y el tipo particular de la política eclesiástica que reflejan, impide la autoría paulina. No hay nada de extraño en el hecho de que Pablo, sabiendo que el día de Cristo no estaba a la mano (2 Tesalonicenses 2:1-12), debiera poner especial énfasis sobre el gobierno de la iglesia ahora que su ministerio estaba llegando a su fin. Más bien, podría haber causado sorpresa si no hubiera hecho la provisión para el futuro de sus iglesias. Y es perfectamente natural también que enfatizara los oficios en la iglesia más que los dones espirituales extraordinarios, ya que estos gradualmente se desvanecieron y dieron lugar para los ministerios ordinarios de la palabra. La posición de que los titulares de cargos mencionados en estas cartas prueban un desarrollo más allá de la era apostólica no está corroborada por los hechos. Los diáconos fueron designados poco después del establecimiento de la iglesia, Hechos 6; los ancianos fueron escogidos de lugar en lugar, conforme el apóstol fundaba iglesias entre los gentiles, Hechos 14:23; y en Filipenses 1:1, Pablo se dirige no solo a los Filipenses en general, sino también a "los obispos y diáconos". Además, en Efesios 4:11 el apóstol dice: "Y él mismo constituyó a unos, apóstoles; a otros, profetas; a otros, evangelistas; a otros, pastores y maestros". Seguramente no parece que las epístolas pastorales sean notablemente distintas a este respecto de las otras. Si se dice que el obispo se vuelve prominente aquí como para indicar que la levadura de la jerarquía ya estaba trabajando, respondemos que en el Nuevo Testamento los términos ἐπίσκοπος y πρεσβύτερος, son claramente sinónimos. El hecho de que se habla del obispo en singular no prueba nada opuesto. Ni una sola vez los obispos y los presbíteros son colocados uno junto al otro como denotando dos clases separadas, y en Tito 1:5-7 los términos son claramente intercambiables. El caso de Febe, Romanos 16:1 ciertamente no respalda la teoría de que el oficio de los diáconos no fue creado hasta el siglo segundo. Y los pasajes, que se supone prohíben el segundo matrimonio de los oficiales, son también de una interpretación demasiado incierta para justificar las conclusiones extraídas de ellos.

Dado que los errores, a los cuales estas cartas se refieren, fueron de un carácter gnóstico –como Alford está dispuesto a conceder–, de ninguna manera se sigue que las epístolas son producciones del siglo segundo, ya que los primeros signos de la herejía gnóstica es sabido que tienen su aparición en la era apostólica. Pero es una suposición no probada que el escritor se refiera al gnosticismo de cualquier clase. Es perfectamente evidente de las cartas que la herejía fue judaísta, aunque no del tipo farisaico, pareciéndose mucho al error que amenazó a la iglesia colosense. Hort, después de examinarla cuidadosamente llega a la conclusión de que "hay una falta total de evidencia para cualquier cosa que apunte incluso a un gnosticismo rudimentario o esenismo". En vista del hecho de que los engañadores presumían de ser maestros de la ley, 1 Timoteo 1:7, y de que el término γενεαλογία es puesto en conexión cercana con "discusiones acerca de la ley" en Tito 3:9, la presunción es que no contiene referencia alguna a las emanaciones de los eones gnósticos, sino más bien, como supone Zahn, a disputas rabínicas con respecto a genealogías judías. Y la palabra "antítesis", de la cual dice Hort que no puede referirse a la obra de Marción, simplemente es descriptiva de la oposición en la cual los herejes que, se jactaban de un conocimiento superior, se colocaron con respecto evangelio.

El argumento del estilo ha probado a menudo ser muy precario. Si el vocabulario de una persona fuera una cantidad fija, si estuviera limitado al uso de cierto conjunto de frases y expresiones, y su estilo, una vez adquirido, fuera incambiable y necesariamente careciendo de flexibilidad, un caso plausible podría presentarse. Pero, de hecho, esa no es la condición habitual de las cosas, y ciertamente no fue el caso con Pablo, que en gran medida moldeó el lenguaje del Nuevo Testamento. No necesitamos y no podemos negar que el lenguaje de las pastorales tiene muchas peculiaridades, pero al buscar explicar estas, no debemos buscar refugio inmediatamente en una supuesta diferencia de autoría, sino más bien tener en cuenta la influencia de la edad avanzada de Pablo, de las condiciones alteradas de su vida, de la situación en la cual se encontraban los lectores, y de los sujetos con los cuales estaba obligado a lidiar en estas epístolas. Y no debemos olvidar lo que N.J.D. White dice, *Expág.Gk. Test.* IV pág.63, que "no se deben permitir que las peculiaridades reconocidas obscurezcan el hecho igualmente indudable de que las epístolas presentan no solo tantas palabras paulinas características como las que ha usado el escritor, sino que, en la cuestión más significativa de los giros de expresión, el estilo de las cartas es fundamentalmente paulino. Cp. también los juiciosos comentarios de Reuss sobre el estilo de estas cartas. *History of the New Testament*, I pág.123.

Al concluir nuestra discusión de la autenticidad de las epístolas pastorales queremos remarcar: 1) Los críticos admiten que las objeciones instadas por ellos contra la autenticidad de estas cartas no aplican a las tres en el mismo grado. Según Baur, 2 Timoteo y Tito son las menos sospechosas. Sin embargo, mantiene que 1 Timoteo siempre será "la traición de sus espurios hermanos". Pero sería razonable cambiar la aseveración sobre Reuss, y decir que "en la medida en que no se presenten pruebas decisivas y palpables de lo contrario, las dos que son en sí menos sospechosas deben siempre brindar protección a la tercera". Ibid. Pág.84. 2) Baur y sus seguidores correctamente sostienen que, para probar lo espurio de estas cartas, tuvieron que señalar el propósito positivo de la falsificación, en la cual, de acuerdo con Reuss, fracasaron por completo, cuando dijeron que fue para combatir las herejías gnósticas que prevalecieron después del 150 d.C., Ibid. pág.124 ss. 3) Parece una confesión de derrota, cuando muchos de los críticos negativos admiten que los pasajes en que se encuentran las reminiscencias personales, deben ser considerados como genuinos, porque significa que ceden su caso donde sea que pueden ser controlados. Para una discusión más amplia sobre la autenticidad de estas cartas, Cp. Alford, *Prolegomena* Section I; Holtzmann, *Einl.* ppág.274-292; Zahn, *Einl.* I pág. 459-491; Godet, *Introd.* pág. 567-611; Farrar, *St. Paul*, II pág. 607-622; Salmon, *Introd.* pág. 433 452; McGiffert, *Apostolic Age* ppág.399-423; Davidson, *Introd.* II ppág.21 76. Lock (en *Hastings D. B. Artt. I Timoteo, II Timoteo y Tito*).

CAPÍTULO 20
La Primera Epístola a Timoteo

··· ∞Ω ···

Contenido
La primera epístola a Timoteo puede ser dividida en cuatro partes:

I. *Introducción*, 1:1-20. El apóstol comienza recordando a Timoteo que lo había dejado en Éfeso para contrarrestar las herejías prevalecientes, 1 Timoteo 1:1-10. Dirige la atención de su hijo espiritual al evangelio contradicho por esos errores, agradece al Señor por haber sido hecho ministro de este evangelio, y encarga a Timoteo actuar de acuerdo con ese evangelio, 1 Timoteo 1:11-20.

II. *Regulaciones Generales para la Vida de la Iglesia*, 2:1-4:5. Aquí primero que todo encontramos todas las instrucciones para la intercesión pública y para el comportamiento de hombres y mujeres en las reuniones de la iglesia, 1 Timoteo 2:1-15. Estas son seguidas por una declaración explícita de las cualidades que son necesarias en los obispos y diáconos, 1 Timoteo 3:1-13. El propósito expreso de estas indicaciones es promover el buen orden de la iglesia, columna y baluarte de la verdad, esencialmente revelada en Cristo, de la cual salieron los falsos hermanos, 1 Timoteo 3:14-4:5.

III. *Consejo Personal a Timoteo*, 4:6-6:2. Aquí el apóstol habla del comportamiento de Timoteo hacia los falsos maestros, 1 Timoteo 4:6-11, de la forma en la cual debe considerar y cumplir sus deberes ministeriales, 1 Timoteo 4:12-16, y de la actitud que debe asumir hacia los miembros individuales de la iglesia, especialmente hacia las viudas, los ancianos y los esclavos, 1 Timoteo 5:1-6:2.

IV. *Conclusión*, 6:3-21. El apóstol hace ahora otro ataque sobre los maestros heréticos, 1 Timoteo 6:3-10, y exhorta a Timoteo a ser fiel a su llamamiento y evitar toda enseñanza errónea, dándole indicaciones especiales con respecto a los ricos, 1 Timoteo 6:11-21.

Características
1. Esta carta es una de las epístolas pastorales de Pablo, que se llaman así, porque fueron escritas a personas dedicadas al trabajo pastoral y contienen muchas indicaciones para los deberes pastorales. Fueron enviadas, no a las iglesias, sino a los oficiales, instruyéndolos sobre cómo comportarse en la casa de Dios. Sin embargo, es evidente con la posible excepción de 2 Timoteo, que no estaban destinadas exclusivamente para las personas a las cuales estaban dirigidas, sino también para las iglesias en las cuales estos trabajaban. Cp. en lo que respecta a esta epístola, 1 Timoteo 4:6, 11; 5:7; 6:17.

2. De lo precedente se sigue que esta carta no es doctrinal sino práctica. No encontramos un desarrollo objetivo ulterior de la verdad aquí, sino directrices claras para su aplicación práctica, especialmente en vista de las tendencias divergentes. La verdad desarrollada en las epístolas previas es representada aquí como la "sana doctrina" que debe ser el estándar de la vida y la acción, como "la fe" que debe ser guardada, y como "la palabra fiel digna de toda aceptación". El énfasis claramente recae sobre los requisitos éticos de la verdad.

3. La carta enfatiza, como ninguna otra epístola, la organización externa de la iglesia. El apóstol siente que el fin de su vida se aproxima rápidamente, y por lo tanto considera necesario dar instrucción más detallada con respecto a los oficiales de la iglesia, para que, cuando se vaya, sus jóvenes colaboradores y la iglesia misma puedan saber cómo deben ser

regulados sus asuntos. De los oficiales, el apóstol menciona al ἐπίσκοπος y los πρεσβύτεροι, que son evidentemente idénticos, el primer nombre indicando su trabajo, y el segundo enfatiza su edad; el διάκονοι, el γυναῖκες, si 3:11 se refiere a las diaconisas, lo cual es muy probable (así Ellicott, Alford, White en *Expág.Gk. Test.*) y el χῆραι, capítulo 5, aunque es dudoso, de si estos fueron de hecho oficiales.

4. Con respecto al estilo de las epístolas pastorales en general, Huther comenta: "En las otras epístolas paulinas la plenitud del pensamiento del apóstol lucha con la expresión, y causa dificultades peculiares en la exposición. Los pensamientos se sobreponen uno sobre el otro, y están tan entrelazados en muchas formas que pocas veces el nuevo pensamiento comienza antes que se haya dado una expresión correcta del pensamiento que lo precedió. De esta confusión no hay ejemplo en las epístolas pastorales. Incluso en esos pasajes tan cercanos a este estilo confuso, tales como el principio de la primera y segunda epístolas de Timoteo (Tito 2: 11; 3:4) la relación de ideas sigue siendo en general simple". *Comm.* pág.9. Esta estimación es en general correcta, aunque difícilmente hablaríamos del estilo de Pablo en sus otras cartas como "un estilo confuso".

La Persona a la que se escribió la carta

Pablo dirige esta carta a "Timoteo mi hijo en la fe", 1 Timoteo 1:2. Encontramos la primera mención de Timoteo en los Hechos 16:1, donde es presentado como un habitante de Listra. Fue el hijo de madre judía y un padre griego, de los que no tenemos más conocimiento. Se dice, tanto de su madre Eunice como de su abuela Loida, que eran cristianas en 2 Timoteo 1:5. Y con toda probabilidad fue convertido por Pablo en su primer viaje misionero, debido a que ya era un discípulo cuando el apóstol entró en Listra en su segundo viaje. Tenía una buena reputación en su ciudad natal, Hechos 16:2, y, siendo circuncidado por causa de los judíos, se unió a Pablo y Silas en sus labores misioneras. Pasando con los misioneros a Europa y ayudándoles en Filipos, Tesalónica y Berea, permaneció con Silas en el último lugar mencionado, mientras Pablo avanzó hacia Atenas y Corinto, donde finalmente se unieron de nuevo al apóstol, Hechos 17:14; 18:5. Cp. Sin embargo, también 1 Tesalonicenses 3:1 y pág. 222 arriba. Se quedó ahí con los misioneros y su nombre aparece con los de Pablo y Silvano en los destinatarios de las dos epístolas a los Tesalonicenses. Después lo encontramos ministrando al apóstol durante su larga estadía en Éfeso, Hechos 19:22, desde donde fue enviado a Macedonia y Corinto, Hechos 19:21, 22; 1 Corintios 4:17; 16:10, aunque es dudoso de si llegó a esa ciudad. Fue de nuevo en compañía de Pablo, donde 2 Corintios fue escrita, 2 Corintios 1:1, y acompañó al apóstol a Corinto, Romanos 16:21, y de nuevo en su retorno por Macedonia a Asia, Hechos 20:3-4, probablemente también a Jerusalén, 1 Corintios 16:3. Luego se le menciona en las epístolas del encarcelamiento, que muestran que estuvo con el apóstol en Roma, Filipenses 1:1; Colosenses 1:1; Filemón 1. Desde este tiempo en adelante, no escuchamos más de él hasta que las epístolas pastorales lo muestran estar a cargo de la iglesia efesia, 1 Timoteo 1:3.

De 1 Timoteo 4:14, y 2 Timoteo 1:6 aprendemos que fue apartado para el ministerio por Pablo con la imposición de manos, de acuerdo con declaraciones proféticas del Espíritu, 1 Timoteo 1:18, cuando probablemente recibió el título de evangelista, 2 Timoteo 4:5, aunque en 1 Tesalonicenses 2:6 es vagamente clasificado con Pablo y Silas como apóstol. No sabemos cuándo tuvo lugar esta ordenación formal, si al mismo principio de su obra, o cuando fue puesto a cargo de la iglesia en Éfeso.

El carácter de Timoteo es claramente marcado en la Escritura. Su disposición para dejar su hogar y someterse al rito de la circuncisión revelan su abnegación y seriedad de propósito. Esto es aún más sorprendente, ya que era muy cariñoso, 2 Timoteo 1:4, delicado y a menudo enfermo, 1 Timoteo 5:23. Al mismo tiempo era tímido, 1 Corintios 16:10, dudando en afirmar su autoridad, 1 Timoteo 4:12, y necesitaba ser advertido contra la lujuria juvenil, 2 Timoteo 2:22, y ser animado en la obra de Cristo, 2 Timoteo 1:8. Sin embargo fue un siervo valioso de Jesucristo, Romanos 16:21, 1 Tesalonicenses 3:2; Filipenses 1:1; 2:19-21; e hijo espiritual amado del apóstol, 1 Timoteo 1:2; 2 Timoteo 1:2; 1 Corintios 4:17.

Composición

1. *Motivo y Propósito*. Esta carta fue motivada por la necesidad de Pablo de partir de Éfeso a Macedonia, 1 Timoteo 1:3, el temor de que pudiera ausentarse más de lo que primero esperaba, 1 Timoteo 3:14, 15, y la dolorosa consciencia de los insidiosos errores que estaban amenazando a la iglesia efesia. Dado que Timoteo conocía estas herejías, el apóstol se refiere a ellas solo en términos generales que no transmiten una idea muy definida de su carácter real. Las personas que las propagaron eran miembros prominentes de la iglesia, posiblemente incluso oficiales, 1 Timoteo 1:6, 7, 20; 3:1-12; 5:19-25. Su herejía era primariamente de carácter judío, 1 Timoteo 1:7, y probablemente resultado de una exageración de las demandas de la ley, una aplicación errónea de las ideas cristianas y un puñado de especulaciones orientales. Afirmaban ser maestros de la ley, 1 Timoteo 1:7, se enorgullecían como los rabís de la posesión de conocimiento especial, 1 Timoteo 6:20, y, quizá suponiendo que la materia era mala o al menos el asiento del mal, propagaron un falso ascetismo, prohibiendo el matrimonio y exigiendo la abstinencia de cierta comida, 1 Timoteo 4:3, y enseñando que la resurrección ya había sucedido, más probablemente reconociendo solo una resurrección espiritual, 2 Timoteo 2:18. El encargo confiado a Timoteo era por lo tanto difícil, por cuya razón el apóstol consideró necesario escribir esta epístola.

En relación con esta situación descrita, el propósito de Pablo fue doble. En primer lugar, decidió animar a Timoteo. Este hermano, siendo joven y de una disposición tímida, necesitaba mucho más la palabra alegre del apóstol. Y, en segundo lugar, su objetivo era dirigir la guerra de Timoteo contra las falsas doctrinas que se habían diseminado en la iglesia. Posiblemente fue también para prevenir el caos que estas podrían crear, si se les permitía el cargo a aquellos que las enseñaban, el que haga énfasis en la elección cuidadosa de los oficiales, y sobre la necesidad de censurarlos, si lo hacen mal.

2. *Tiempo y Lugar.* La epístola muestra que Pablo había dejado Éfeso para ir a Macedonia con la intención de regresar pronto. Y fue porque anticipó algún retraso que escribió esta carta a Timoteo. Por tanto, podemos estar seguros de que fue escrita en algún lugar en Macedonia.

Pero el tiempo cuando el apóstol escribió esta carta no es tan fácil de determinar. ¿En qué ocasión Pablo dejó Éfeso para ir Macedonia, dejando a Timoteo en Éfeso? No después de su primera visita a Éfeso, Hechos 18:20, 21, porque en esa ocasión el apóstol no partió para Macedonia sino para Jerusalén. Tampoco fue cuando dejó Éfeso en su tercer viaje misionero después de tres años de residencia, de modo que Timoteo no se quedó, sino que había sido enviado antes que él a Corinto, Hechos 19:22; 1 Corintios 4:17. Algunos están inclinados a pensar que debemos asumir una visita de Pablo a Macedonia durante su residencia efesia, una visita que no está registrada en los Hechos de los apóstoles. Pero entonces también debemos encontrar lugar ahí para el viaje del apóstol a Creta, ya que es improbable que la epístola de Pablo a Tito estuviera separada por un gran intervalo de tiempo de 1 Timoteo. Y a esto se debe agregar el viaje a Corinto. Esta teoría es muy improbable en vista del tiempo que Pablo pasó en Éfeso, en comparación con la obra que hizo ahí, y del silencio absoluto de Lucas con respecto a estas visitas. Debemos datar la carta en algún lugar entre el primer y el segundo encarcelamiento de Pablo. Fue más probablemente después del viaje del apóstol a España, ya que en la ocasión anterior que visitó Éfeso después de su liberación, llegó a esa ciudad por Macedonia, y por lo tanto no sería probable regresar de ahí de inmediato. Probablemente la carta deba ser fechada cerca del 65 o 66 d.C.

Importancia Canónica
No hay la más ligera duda en la iglesia antigua en cuanto a la canonicidad de esta epístola. Encontramos alusiones más o menos claras a su lenguaje en Clemente de Roma, Policarpo, Hegesipo, Atenágoras y Teófilo. Estaba contenida en las versiones Siriaca y Latina Antigua y referida a Pablo por el fragmento Muratoriano. Ireneo, Clemente de Alejandría y Tertuliano la citan por nombre, y Eusebio la reconoce entre los escritos canónicos generalmente aceptados.

El gran valor perdurable de esta epístola se encuentra en el hecho de que enseña a la iglesia de todas las generaciones, cómo uno, especialmente un oficial, se debe comportar en la casa de Dios, manteniendo la fe, guardando su preciosa verdad en contra de las incursiones de las falsas doctrinas, combatiendo el mal que se encuentra en la herencia del Señor, y manteniendo el buen orden en la vida de la Iglesia. "Da testimonio", dice Lock (*Hastings D.B.* Art. 1 Timoteo) "de que una concepción de la religión altamente ética y espiritual es consistente y está protegida por regulaciones cuidadosas sobre la adoración, el ritual y el ministerio organizado. No hay oposición entre lo externo y lo interno, entre el espíritu y el cuerpo organizado".

CAPÍTULO 21
La Segunda Epístola a Timoteo

··· ❧CG ···

Contenido
El contenido de esta epístola se divide en tres partes:

I. *Consideraciones para Fortalecer el Valor de Timoteo*, 1:1-2:13. Después del saludo, 2 Timoteo 1:1-2, el apóstol insta a Timoteo a despertar su don ministerial, a ser valiente en el sufrimiento, y a retener la verdad que se le confió, 2 Timoteo 1:3-14, reforzando estas solicitudes señalando al ejemplo disuasorio del infiel y el ejemplo estimulante de Onesíforo, 2 Timoteo 1:15-18. Además, lo exhorta a ser fuerte en el poder de la gracia, a encargar la verdadera enseñanza a otros, y a estar listo para enfrentar el sufrimiento, 2 Timoteo 2:1-13.

II. *Exhortaciones que Tratan Primeramente de la Enseñanza de Timoteo*, 2:14-4:8. Timoteo debe instar a los cristianos a evitar la ociosidad y las discusiones inútiles, y debe enseñar correctamente la verdad, evitando balbuceos vanos, 2 Timoteo 2:14-21. Debe también evitar las pasiones juveniles, las cuestiones necias e insensatas, y a los falsos maestros quienes, con propósitos egoístas, convierten la verdad de Dios en injusticia, 2 Timoteo 2:22-3:9. Se le exhorta a cumplir fielmente con sus enseñanzas pasadas, sabiendo que los sufrimientos vendrán a cada verdadero soldado y que los engañadores se volverán cada vez más peores, 2 Timoteo 3:10-17, y cumplir con su deber como evangelista con sobriedad y coraje, especialmente porque Pablo ahora está listo para ser sacrificado, 2 Timoteo 4:1-8.

III. *Reminiscencias Personales*, 4:9-22. Pablo le pide a Timoteo venir a Roma rápidamente, traer a Marcos y también tomar su capa y libros, y evitar a Alejandro, 2 Timoteo 4:9-15. Habla de la deserción por parte de las personas, la protección que le proporcionó el Señor, y su confianza para el futuro, 2 Timoteo 4:16-18. Con saludos especiales, otro relato de sus colaboradores, y una salutación final el apóstol termina su carta, 2 Timoteo 4:19-22.

Características
1. 2 Timoteo es la más personal de las epístolas pastorales. Doctrinalmente no tiene gran importancia, aunque contiene el pasaje de prueba más fuerte para la inspiración de la Escritura. En general el pensamiento se centra en Timoteo, el fiel colaborador de Pablo, a quien el apóstol alienta en la presencia de grandes dificultades, a quien inspira a los esfuerzos nobles y abnegados en el reino de Dios, y a quien exhorta a pelear dignamente la guerra espiritual contra los poderes de la obscuridad, para que reciba una recompensa espiritual.

2. Es la última epístola de Pablo, la última obra del gran apóstol, después de una vida de devoción a una noble causa, una vida de servicio cristiano. Lo vemos aquí con el trabajo hecho, enfrentando una muerte de mártir. Mirando al pasado, su corazón está lleno de gratitud por la gracia de Dios que lo salvó del abismo que se abría a sus pies, que lo llamó y capacitó para ser un mensajero de la cruz, que lo protegió cuando lo amenazaban peligros, y que coronó su trabajo con ricos frutos espirituales. Y mientras dirige sus ojos al futuro, la seguridad tranquila y la esperanza gozosa son la fuerza de su alma, porque sabe que el firme fundamento de Dios permanecerá, ya que el Señor castigará a los hacedores de maldad y será la eterna recompensa de sus hijos. Ya tiene las visiones del reino celestial, de la gloria eterna, de la venida del juez justo, y de la corona de justicia, la herencia bendita de todos los que aman la llegada de Cristo.

Composición

1. Motivo y Propósito. El motivo inmediato para escribir esta epístola fue el presentimiento del apóstol de su pronto final. Estaba ansioso de que Timoteo llegara a él rápidamente, trayendo consigo a Marcos. Con toda probabilidad deseaba dar a su hijo espiritual algún consejo paternal y alguna instrucción práctica antes de su partida. Pero creemos que no solo esto requería una carta como 2 Timoteo. Otro factor debe ser tomado en consideración. Pablo no estaba seguro de que Timoteo lograra llegar a Roma antes de su muerte, y sin embargo se dio cuenta de que la condición de la iglesia efesia, el peligro al cual estaba expuesto ahí Timoteo y la importancia de la obra confiada a su joven ministro, exigía una palabra apostólica de consejo, aliento y exhortación. Parece que la iglesia efesia estaba amenazada por la persecución, 2 Timoteo 1:8; 2:3, 12; 3:12; 4:5, y la herejía a la cual el apóstol se refiere en su primera epístola todavía abundaba en el círculo de creyentes. Había quienes contendían sobre palabras, 2 Timoteo 2:14, no eran espirituales, 2 Timoteo 2:16, corruptos de mente, 3:8, se entregaban a cuestiones tontas e ignorantes, 2 Timoteo 2:23, y a fábulas, 2 Timoteo 4:4, inclinados a un bajo estándar de moralidad, 2:19, y enseñando que la resurrección ya había sucedido, 2 Timoteo 2:18.

Por lo tanto, el objeto de esta epístola es doble. El escritor quiere advertir a Timoteo de su inminente partida, informarle de sus pasadas experiencias en Roma y de su actual soledad, y exhortarlo a venir rápidamente. Sin embargo, además de esto deseaba fortalecer a su hijo espiritual en vista de la profunda obscuridad de las pruebas y la persecución que amenazaban a la iglesia desde afuera, y prepararlo contra el más triste peligro de la herejía y la apostasía que acechaba dentro del redil. Timoteo es exhortado a mantener la fe, 2 Timoteo 1:5, 13, a soportar las penas como un buen soldado de Jesucristo, 2 Timoteo 2:3-10, a evitar toda forma de herejía, 2 Timoteo 2:16-18, a instruir con mansedumbre a aquellos que permanecen en el evangelio, 2 Timoteo 2:24-26, y a continuar en las cosas que ha aprendido, 2 Timoteo 3:14-17.

2. Tiempo y Lugar. De 2 Timoteo 1:17 es perfectamente claro que esta carta fue escrita en Roma. El apóstol fue de nuevo prisionero en la ciudad imperial. Aunque no tenemos absoluta certeza, consideramos probable que fue arrestado otra vez en Troas en el año 67. La situación en la cual se encontraba en Roma es muy distinta de la que se refleja en las otras epístolas de la cautividad. Ahora es tratado como un criminal común, 2 Timoteo 2:9, sus amigos asiáticos a excepción de Onesíforo, se apartaron de él, 2 Timoteo 1:15, los amigos que estuvieron con él durante su primer encarcelamiento ahora están ausentes, Colosenses 4:10-14; 2 Timoteo 4:10-12, y la perspectiva del apóstol es muy distinta de la que se encuentra en Filipenses y Filemón. Es imposible decir qué tanto tiempo el apóstol ya había estado en prisión, cuando escribió la epístola, pero del hecho de que había tenido una audiencia, 2 Timoteo 4:16 (que no puede referirse a la del primer encarcelamiento, Cp. Filipenses 1:7, 12-14), y esperaba ser sacrificado pronto, inferimos que compuso la carta hacia el final de su encarcelamiento, a saber, en el otoño del 67 d.C.

Importancia Canónica
La canonicidad de esta epístola jamás ha sido cuestionada por la iglesia, y el testimonio de su uso temprano y general de ninguna manera es deficiente. Hay claros rastros de su lenguaje en Clemente de Roma, Ignacio, Policarpo, Justino Mártir, los Hechos de Pablo y Tecla, y Teófilo de Antioquía. La carta está incluida en todos los manuscritos, las antiguas versiones y la lista de epístolas paulinas. El fragmento Muratoriano la menciona como una producción de Pablo, y desde el final del segundo siglo es citada por nombre.

La epístola tiene cierto valor doctrinal permanente en cuanto contiene el más importante pasaje de prueba para la inspiración de la Escritura, 2 Timoteo 3:16, y también tiene una permanente importancia histórica ya que contiene el testimonio escritural más claro de la vida de Pablo después de su primer encarcelamiento romano. Pero Lock bien dice que "su principal interés es el carácter, y de él surgen dos retratos". Tenemos aquí: 1) El retrato del ministro cristiano ideal, ocupado en la obra de su maestro, confesando su nombre, proclamando su verdad, pastoreando su rebaño, defendiendo su herencia, y combatiendo a los poderes del mal, y 2) El "retrato del ministro cristiano, con su trabajo hecho, enfrentando la muerte. Aceptando alegremente el presente, pero con sus ojos mirando principalmente al pasado o al futuro" (Lock en *Hastings D.B.* Art. 2 Timoteo). Está agradecido por la obra que se le permitió hacer, y espera serenamente el día de su coronación.

CAPÍTULO 22
La Epístola a Tito

··· ⛤ ···

Contenido
El contenido de esta epístola puede ser dividido en tres partes:

I. *Instrucción con Respecto al Nombramiento de Ministros, 1:1-16.* Después del saludo de apertura, Tito 1:1-4, el apóstol recuerda a Tito sus pasadas instrucciones para nombrar presbíteros, Tito 1:5. Enfatiza la importancia del alto carácter moral en un supervisor, para que tal oficial pueda mantener la sana doctrina y pueda refutar a los oponentes que engañan a otros y, clamando conocer a Dios, lo niegan con sus palabras, Tito 1:6-16.

II. *Indicaciones Sobre la Enseñanza de Tito, 2:1-3:11.* Pablo hace que Tito inste a todas las clases que estaban en la iglesia de Creta, a saber, los ancianos y las mujeres, las jóvenes y los hombres, y los esclavos, para que regulen su vida en armonía con las enseñanzas del evangelio, ya que todos fueron entrenados en la gracia salvadora de Dios para elevarse sobre el pecado y llevar vidas piadosas, Tito 2:1-14. En lo que respecta a su relación con el mundo exterior, Tito debe enseñar a los creyentes a someterse a las autoridades, y a ser amables hacia todos los hombres, recordando que Dios los ha liberado de los antiguos vicios paganos, para poder dar un ejemplo a otros de vidas nobles y útiles, Tito 3:1-8. Él mismo debía evitar cuestionamientos tontos y rechazar a los herejes, que se negaron a escuchar su amonestación, Tito 3:9-11.

III. Detalles Personales, 3:12-15. Instruye a Tito de unírsele en Nicópolis después de que Artemas y Tíquico hayan venido a Creta, trayendo consigo a Zenas y Apolos, el escritor termina su carta con una salutación final.

Características
1. Como las otras epístolas pastorales también esta carta es de naturaleza personal. No estaba dirigida a alguna iglesia individual o a un grupo de iglesias, sino a una persona individual, uno de los hijos espirituales de Pablo y colaboradores en la obra del Señor. Al mismo tiempo no es personal como 2 Timoteo, sino que tiene un carácter semiprivado. Es perfectamente evidente, de la misma epístola (Cp. Tito 2:15), que su enseñanza fue también dirigida a la iglesia en Creta a la cual Tito estaba ministrando.

2. Esta carta es mucho más parecida a 1 Timoteo, lo cual se debe al hecho de que las dos fueron escritas casi al mismo tiempo y fueron provocadas por situaciones muy similares. Es más corta que la primera epístola, pero cubre casi el mismo terreno. No encontramos en ella algún avance en las enseñanzas doctrinales de las otras cartas de Pablo; de hecho, contiene muy poca enseñanza doctrinal, además de las declaraciones extensas de la doctrina de gracia en Tito 2:11-14 y 3:4-8. El primero de estos pasajes es un *locus classicus*. El principal interés de esta epístola es eclesiástico y ético, el gobierno de la iglesia y la vida moral de sus miembros reciben la debida consideración.

La persona a quién se escribió la Epístola
Pablo dirigió la carta a "Tito, verdadero hijo en la común fe", 1:4. No encontramos a Tito en los Hechos de los apóstoles, lo que es muy notable, ya que fue uno de los compañeros más confiables de Pablo. Por esta razón algunos suponían que debe ser identificado con alguno de los otros colaboradores de Pablo, por ejemplo, Timoteo, Silas o Justo, Hechos 18:7.

Pero ninguno de estos satisface las condiciones.

Primero se le menciona en Gálatas 2:1,3 donde sabemos que fue un griego, que no fue obligado a someterse a la circuncisión, para que Pablo diera a sus enemigos un control contra sí mismo. De Tito 1:4 inferimos que fue uno de los convertidos por los apóstoles, y Gálatas 2:3 nos informa que acompañó a Pablo al Concilio de Jerusalén. De acuerdo con algunos, la frase ὁ σὺν ἐμοί en este pasaje implica que también estaba con Pablo, cuando escribió la epístola a los Gálatas, pero la inferencia es bastante injustificada. Probablemente llevó 1 Corintios a su destino, 2 Corintios 2:13, y después de su regreso a Pablo, fue enviado a Corinto de nuevo para completar la colecta para los santos de Judea, 2 Corintios 8:16. Más probablemente fue también el portador de 2 Corintios. Cuando luego escuchamos de él, está en la isla de Creta a cargo de la(s) iglesia(s) que había(n) sido fundada(s) ahí, Tito 1:4-5, y se le solicita que se una a Pablo en Nicópolis, Tito 3:12. Evidentemente estaba con el apóstol en la primera parte de su segundo encarcelamiento, pero pronto lo dejó para ir a Dalmacia, en contra del mandato o el deseo de Pablo. Las tradiciones con respecto a su vida posterior son de dudoso valor.

Si comparamos 1 Timoteo 4:12 con Tito 2:15, tenemos la impresión de que Tito fue mayor que sus colaboradores en Éfeso. La timidez de este último no caracterizó al primero. Mientras que Timoteo fue a Corintio, al parecer, con alguna duda, 1 Corintios 16:10, Tito no retrocedió ante la delicada tarea de completar la colecta para los santos en Judea, sino que la emprendió por su propia cuenta, 2 Corintios 8:16, 17. Estaba lleno de entusiasmo por los corintios, estaba libre de motivos equivocados en su trabajo entre ellos, y siguió los pasos del apóstol, 2 Corintios 12:18.

Composición
1. Motivo y Propósito. El motivo para escribir esta epístola se encuentra en el deseo de Pablo de que Tito fuera a él en un

futuro cercano, y en la condición de la(s) iglesias(s) de Creta, cuyo origen está perdido en la obscuridad. Probablemente la isla fue evangelizada poco después del primer pentecostés por aquellos cretenses que fueron convertidos en Jerusalén, Hechos 2:11. Durante la última parte de su vida Pablo visitó la isla e hizo preparativos para la organización externa de la(s) Iglesia(s) ahí. Cuando partió, encargó esta importante tarea a su hijo espiritual, Tito1:5. La(s) iglesia(s) estaban compuestas tanto de judíos como de gentiles, Tito 1:10, de distintas edades y de varias clases, Tito 2:1-10. Los cretenses no tenían una muy buena reputación, Tito 1:12, y algunos de ellos no creían en su renombrado carácter, incluso después de haberse vuelto a Cristo. Aparentemente los errores que se habían infiltrado en la(s) iglesia(s) fueron muy similares a aquellos con los que Timoteo había lidiado en Éfeso, aunque probablemente fue incluso más prominente en ellos el elemento judaísta, Tito 1:10, 11, 14; 3:9.

El objeto de Pablo al escribir esta carta es convocar a Tito para venir a él, tan pronto como alguien haya tomado su lugar, para darle direcciones con respecto a la ordenación de los presbíteros en las distintas ciudades, para advertirle contra los herejes en la isla, y guiarlo en su enseñanza y en su trato con aquellos que no quieren aceptar su palabra.

2. *Tiempo y Lugar.* Respecto al tiempo cuando esta carta se escribió no hay unanimidad. Aquellos que creen en la autenticidad de la carta, y al mismo tiempo postulan un solo encarcelamiento romano, buscan un lugar para ella en la vida de Pablo, como lo conocemos de Hechos. De acuerdo con algunos, fue escrita durante la primera estadía del apóstol en Corinto, desde donde, en ese caso, debe haber hecho un viaje a Creta; otros piensan que fue compuesta en Éfeso, después de que Pablo dejó Corinto y visitó Creta en el camino. Pero la palabra "continuó" en Hechos 18:11 parece excluir un viaje de Corinto a Creta. Además, ambas teorías dejan la familiaridad de Pablo con Apolos, presupuesto en esta carta, sin

explicación, Tito 3:13. Incluso otros fecharán la visita a Creta y la composición de esta carta en algún lugar entre los años 54 y 57, cuando el apóstol residió en Éfeso, pero esta hipótesis también está cargada con objeciones insuperables. La epístola debe haber sido compuesta en el intervalo entre el primer y el segundo encarcelamiento del apóstol, y suponiendo que el invierno de Tito 3:13 sea el mismo que el de 2 Timoteo 4: 21, probablemente en la primera parte del año 67. No tenemos forma de determinar, donde fue escrita la carta, aunque algo se puede decir en favor de Éfeso.

Importancia Canónica
La iglesia desde el principio aceptó la epístola como canónica. Hay pasajes en Clemente de Roma, Ignacio, Bernabé, Justino Mártir y Teófilo que sugieren dependencia literaria. Además, la carta se encuentra en todos los manuscritos y en las versiones Siriaca y Latina Antigua, y es referida en el fragmento Muratoriano. Ireneo, Clemente de Alejandría y Tertuliano la citan por nombre.

El valor permanente de la carta es en algunos aspectos muy similar a 1 Timoteo. Tiene una importancia histórica en el sentido de que nos informa de la difusión del cristianismo en la isla de Creta, una pieza de información que no podemos tomar de alguna otra fuente bíblica. Como 1 Timoteo, enfatiza para todas las edades por venir la necesidad de la organización de la iglesia y las cualificaciones especiales de los oficiales. Es única en colocar prominentemente delante de nosotros el valor educativo de la gracia de Dios para la vida de todo hombre, hombre y mujer, joven y viejo, esclavos y libres.

CAPÍTULO 23
La Epístola a Filemón

... ᛉ☾☉ᛤ ...

Contenido
Podemos distinguir tres partes en esta breve carta:

I. *La Introducción, 1-7*. Esta contiene el destinatario, la acostumbrada bendición, y la acción de gracias del apóstol por la caridad de Filemón, por el crecimiento que Pablo espera, porque consuela grandemente a los santos.

II. *La Solicitud, 8-21*. Más que ordenar a Filemón, el apóstol viene a él con una solicitud, a saber, recibir de nuevo al esclavo convertido Onésimo y perdonarlo de su acto indebido. Pablo refuerza su solicitud señalando la conversión de Onésimo, y de su propia voluntad de devolverle a Filemón lo que perdió, aunque podría pedirle una retribución, y confía que Filemón haga más de lo que le pide.

III. *Conclusión, 22-25*. Confía en que será liberado, el apóstol solicita a Filemón preparar para él alojamiento. Con saludos de sus colaboradores y una salutación final termina su carta.

Características
1. Esta carta está estrechamente relacionada con la epístola que fue enviada a la iglesia colosense. Fueron compuestas al mismo tiempo, fueron enviadas a la misma ciudad y, con una sola excepción (la de Justo), contiene saludos idénticos. Al mismo tiempo se distingue de Colosenses en que es una carta privada. Sin embargo, no está dirigida a un solo individuo, sino a una familia y a los creyentes de su casa.

2. La carta se caracteriza además por una gran delicadeza y

tacto. Es prueba contundente de la cortesía cristiana, y, por lo tanto, ha sido llamada "la epístola cortés". En ella vemos a Pablo, el caballero, manejando una cuestión con consumada habilidad. Aunque puede ordenar, prefiere solicitar a Filemón que perdone y reciba de nuevo a su antiguo esclavo. Con tacto hace referencia al beneficio espiritual que se obtuvo de lo que puede llamarse pérdida material. En una forma delicada recuerda a Filemón la deuda que le debía, y expresa su confianza de que este hermano en Cristo incluso hará más de lo que le ha solicitado.

Autoría

Marción incluyó esta carta en su colección paulina, y el fragmento Muratoriano también la adjudica a Pablo. Tertuliano y Orígenes la citan por nombre, y Eusebio la reconoce entre las cartas paulinas.

Además, la epístola tiene todas las marcas de una producción autentica paulina. Se auto atestigua, contiene la usual bendición paulina, acción de gracias y salutación, revela el carácter del gran apóstol y claramente exhibe su estilo.

Sin embargo, incluso esta epístola breve y admirable no ha gozado de reconocimiento universal. Baur la rechaza por su cercana relación con Colosenses y Efesios, las cuales consideraba como espurias. La llama "el embrión de un romance cristiano", como el de las Seudoclementinas, cuya tendencia es mostrar que lo que se pierde en la tierra es ganado en los cielos. Weizsacker y Pfleiderer están algo inclinados a seguir a Baur. Encuentran prueba para el carácter alegórico de la carta en el nombre Onésimo que significa rentable, útil. El último piensa que esta nota puede haber acompañado a la epístola a los Colosenses, para ilustrar mediante un ejemplo ficticio los preceptos sociales contenidos en esa carta. Tal crítica no debe ser tomada en serio. El dictamen de Hilgenfelds es que Baur no ha tenido éxito en llevar su explicación al nivel de probabilidad. Y Renan dice: "Solo Pablo puede haber escrito esta pequeña obra maestra".

La persona a quién se escribió la Epístola

La carta está dirigida a "Filemón, colaborador nuestro, y a la amada hermana Apia, y a Arquipo nuestro compañero de milicia, y a la iglesia que está en tu casa", Filemón 1-2. Poco se sabe de este Filemón. Fue evidentemente un habitante de Colosas, Colosenses 4:9, y aparentemente perteneció a la clase pudiente. Tenía esclavos, recibió a un círculo de amigos en su casa, y era capaz de preparar alojamiento para Pablo, Filemón 22. Su generosidad fue generalmente conocida, Filemón 5-7, y se hizo útil en el servicio cristiano. Fue convertido por Pablo, Filemón 19, más probablemente durante los tres años de residencia del apóstol en Éfeso. Apia se considera generalmente como la esposa de Filemón, mientras que muchos consideran a Arquipo como su hijo. Notamos de Colosenses 4:17 que este último que tenía un oficio en la iglesia. Probablemente tomó temporalmente el lugar de Epafras. La expresión "la iglesia que está en tu casa" indudablemente se refiere a los cristianos de Colosas que se reunían en la morada de Filemón para adorar.

Composición

1. *Motivo y Propósito.* El motivo para escribir esta epístola se indica claramente en la carta misma. Onésimo, el esclavo de Filemón se fugó y, al parecer, defraudó a su amo, Filemón 18-19. Huyó a Roma, donde de alguna manera –es inútil adivinar como– cayó con Pablo, a quien pudo haber conocido durante el tiempo de su residencia en Éfeso. El apóstol fue instrumento en convertirlo y mostrarle la maldad de su camino, Filemón 10, y aunque le habría retenido para la obra, le envió de regreso a Colosas en deferencia a la demanda de Filemón. Sin embargo, no le envió con las manos vacías, sino que le dio una carta de recomendación, en que informa a Filemón del cambio ocurrido en Onésimo por el cual el antiguo esclavo se convirtió en un hermano; le encarga una recepción favorable en la familia de su amo y en el

círculo que se reúne en su casa para el culto, e incluso insinúa la conveniencia de liberarlo.

2. *Tiempo y Lugar*. Para la discusión del tiempo y lugar de la composición, cp. lo que se dice respecto a la epístola a los Efesios.

Importancia Canónica

Esta epístola es raramente citada por los Padres de la iglesia primitiva, que se debe indudablemente a su brevedad y a su falta de contenido doctrinal. La carta es reconocida por Marción y el fragmento Muratoriano, y está contenida en las versiones Siriaca y Latina Antigua. La cita Tertuliano más de una vez, pero no se encuentra rastro de ella en Ireneo y Clemente de Alejandría. Eusebio la clasifica con los *homologoumena* y Jerónimo argumenta largamente contra aquellos que rechazan aceptarla como paulina. La iglesia nunca ha dudado de su canonicidad.

El valor permanente de esta pequeña carta es tanto psicológico como ético. Nos muestra a Pablo en su correspondencia de manera amigable con un hermano en Cristo, y así nos da una nueva visión de su carácter, el carácter de un perfecto caballero, discreto, refinado, habilidoso y sin embargo firme, un carácter digno de imitación. Además, nos revela cómo Pablo, en vista de la unidad de los vínculos y libertad en Jesucristo, trata con la desconcertante cuestión de la esclavitud. No exige la abolición de la institución, ya que el tiempo para tal drástica medida no había llegado, pero claramente insinúa una anticipación como el resultado natural de la obra redentora de Cristo.

CAPÍTULO 24
La Epístola a los Hebreos

··· ଔଓ ···

Contenido
En esta epístola podemos distinguir cinco partes.

I. La Superioridad de Cristo como Mediador, 1:1-4:16. El escritor comienza diciendo que la revelación del Nuevo Testamento fue mediada por el mismo Hijo de Dios, que es muy superior a los ángeles, Hebreos 1:1-14; cuya revelación uno solo puede descuidar con el riesgo de perder su alma, Hebreos 2:1-4, y en quien y a través de quien se realiza el ideal del hombre a través del sufrimiento, Hebreos 2:5-18. Luego señala que Cristo es mayor que Moisés, como el constructor es más grande que la casa y el hijo es superior al siervo, Hebreos 3:1-6, por lo que es necesario que escuchemos a su voz, ya que la incredulidad nos priva de las bendiciones de la salvación, como es claramente visto en la historia de Israel, Hebreos 3:7-19. Josué no los llevó al descanso, así que la promesa permaneció incumplida, y debemos trabajar para entrar en ese descanso, buscando fortaleza en nuestro sumo sacerdote, Hebreos 4:1-16.

II. Cristo el verdadero Sumo Sacerdote, 5:1-7:28. Como todo sumo sacerdote, Cristo fue tomado de entre los hombres para representarlos en el culto, y fue llamado por Dios, Hebreos 5:1-5, pero a diferencia de estos fue hecho sacerdote según la orden de Melquisedec, y así vino a ser el autor de la salvación eterna para aquellos que lo obedezcan, Hebreos 5:6-10. Debido a que los lectores no eran todavía capaces de entender todo lo que se podía decir con respecto al sacerdocio de Cristo según el orden de Melquisedec, el autor los exhorta a avanzar hacia un conocimiento más perfecto, a tener cuidado de la apostasía, y a ser diligentes para heredar, a través de la fe y la paciencia, las promesas del Dios siempre fiel, Hebreos 5:11-6:20. Volviendo ahora al tema en cuestión, el escritor describe el carácter único de Melquisedec, Hebreos 7:1-10, y contrasta el sacerdocio de Cristo con el de la orden de Aarón, con respecto a la descendencia en la carne (Levi—Juda), Hebreos 7:11-14, permanencia (temporal—eterna) Hebreos 7:15-19, solemnidad y peso (sin juramento—con juramento) Hebreos 7:20-22, número (muchos—uno) Hebreos 7:23-24, y luego argumentó la necesidad de un sumo sacerdote para nosotros, Hebreos 7:25:28.

III. *Preeminencia del Nuevo Pacto Mediado por Jesucristo*, 8:1-10:18. Como sumo sacerdote Cristo actualmente está ministrando en el cielo, del que el tabernáculo sobre la tierra no fue sino una sombra, ya que Él es el mediador, no del antiguo, sino del nuevo pacto, Hebreos 8:1-13. Los servicios ordenados y el santuario de la antigua dispensación fueron meramente figuras para el tiempo presente, y señalaban los mejores servicios que Cristo, el mediador del nuevo pacto, prestaría en el santuario celestial, ya que no entraría con la sangre de toros y cabras, sino con su propia sangre, trayendo así redención eterna, Hebreos 9:1-28. Los sacrificios de la antigua dispensación no podían quitar el pecado, y por lo tanto, Cristo se ofreció a sí mismo para nuestra purificación y para darnos acceso al trono de Dios, Hebreos 10:1-18.

IV. *Aplicación de las Verdades Presentadas y Epílogo Personal*, 10:19-13:25. El escritor exhorta a los lectores a acercarse a Dios con confianza, les advierte contra la apostasía, recordándoles sus graves consecuencias y de sus primeras pruebas, asegurándoles que el justo por la fe vivirá, Hebreos 10:19-39. Ilustra este punto presentando a su consideración una larga línea de héroes que triunfaron en la fe, Hebreos 11:1-40. En vista de estos ejemplos los insta a soportar la disciplina que es una señal de su filiación y ministra a su santificación, y les advierte contra el despreciar la gracia de Dios, Hebreos 12:1-17. Dado que han recibido privilegios mucho mayores que los santos del Antiguo Testamento, deben esforzarse en servir a Dios aceptablemente con reverencia y temor piadoso, Hebreos 12:18-29. Luego siguen algunas exhortaciones generales respecto a la hospitalidad, matrimonio, contentamiento, el seguir las pisadas de sus maestros, y la necesidad de guardarse contra las doctrinas extrañas, Hebreos 13:1-17, después de lo cual el escritor cierra la carta con algunos avisos y saludos personales, Hebreos 13:18-25.

Características
1. La epístola a los Hebreos no tiene una apariencia de carta de los escritos confesamente paulinos. No contiene el nombre del autor, ni de los destinatarios. Y si no fuera por algunas extraviadas notas personales, Hebreos 10:34; 13:18, 25, y por las felicitaciones y saludos encontrados al final, podríamos considerar este escrito como un tratado más que una epístola. Deissman, quien enfatiza el carácter no literario de las composiciones admitidas como paulinas, e insiste que deben ser consideradas como cartas reales, considera este escrito como una epístola distinta a una carta, y piensa que es muy importante reconocer su carácter literario. Según él, "es históricamente el ejemplo más antiguo de la literatura artística cristiana". *Light from the Ancient East* pág.64 ss.; 236 ss.; 243.

2. La relación en la cual se encuentra la enseñanza de este libro con el Antiguo Testamento es única. No ve la ley como un cuerpo de mandamientos impuestos a la obediencia del hombre, sino como un sistema ritual provisto por la misericordia de Dios, y claramente revela su insuficiencia como una institución para quitar los pecados, ya que solo puede eliminar la contaminación ceremonial y no puede purificar el corazón. En armonía con esta divergencia de la concepción paulina prevaleciente de la ley, no considera la ley, como las

indudables cartas de Pablo, como un episodio que interviene temporalmente, a causa del pecado, entre la promesa y su cumplimiento, sino como una representación típica, como una revelación primitiva de las bendiciones a las que apuntaba la promesa. En ella la imagen de las realidades del Nuevo Testamento se ve débilmente, es el botón que gradualmente se convierte en una bella flor. Las realidades que responden a las sombras del Antiguo Testamento son señaladas en detalle, y por lo tanto esta epístola es para todas las edades el comentario inspirado sobre el ritual del Antiguo Pacto, iluminando las páginas del Levítico con luz celestial. Debemos tener en mente que los términos tipo y antitipo son empleados en un sentido bastante inusual en esta carta; su significado se invierte de alguna manera. Los lugares sagrados del tabernáculo terrenal son llamados ἀντίτυπα de lo verdadero y celestial, Hebreos 9:24; según este uso, los últimos son, por supuesto, los tipos del primero, cp. Hebreos 8:5.

3. La carta también es peculiar en la manera en que cita el Antiguo Testamento. Mientras que en los escritos que llevan el nombre de Pablo las citas son parte del hebreo y parte de la Septuaginta, en esta epístola derivan uniformemente del griego. Además, el método de citas es distinto del de las otras cartas. Mientras que estas generalmente se refieren a los pasajes citados, a sus autores humanos, excepto en casos donde habla Dios en primera persona en el Antiguo Testamento, nuestra epístola con pocas excepciones los remite al autor principal, a saber, a Dios o al Espíritu Santo, ofreciendo así prueba indudable de la creencia del autor en la inspiración de las Escrituras.

4. El lenguaje de esta epístola es la mejor literatura griega del Nuevo Testamento. No encontramos al autor luchando, por así decirlo, con un lenguaje escaso para expresar la abundancia de pensamientos que lo invaden. No hay construc-

ciones rotas, ni oraciones titubeantes, y, aunque son introducidos unos pocos paréntesis, no perturban el pensamiento, Cp. Hebreos 11:38; 12:20, 21. Todas las oraciones están equilibradamente balanceadas y el estilo fluye con gran regularidad. El escritor parece haber puesto especial atención al ritmo retórico y al equilibrio de las palabras y las oraciones. Wescott dice: "El estilo del libro es característicamente helenístico, quizá podemos decir, hasta donde alcanza nuestro escaso conocimiento, alejandrino". *Comm.* pág.LXI.

Autoría
La autoría de la epístola a los hebreos constituye una cuestión muy difícil. El testimonio externo es de un carácter conflictivo. La más explícita y antigua tradición es la de Alejandría, donde Clemente testificó que la epístola fue escrita por Pablo en lenguaje hebreo y fue traducida por Lucas al griego. Orígenes considera los pensamientos de la epístola como los de Pablo, pero el lenguaje como el de un discípulo del gran apóstol, y finalmente llega a la conclusión de que solo Dios sabe quién escribió esta carta. No menciona un original hebreo. Sin embargo, tanto Clemente como Orígenes concuerdan al considerar a la epístola griega como Paulina solo en un sentido secundario. En Italia y Europa occidental no se sostiene generalmente que la carta sea de Pablo. Esto es lo más notable, ya que encontramos el primer rastro de su existencia en occidente, en los escritos de Clemente de Roma. Hipólito e Ireneo estaban familiarizados con ella, pero no la aceptaron como de Pablo, Cajos reconoció solo trece epístolas paulinas y Eusebio dice que aun en su época algunos romanos mantenían una opinión negativa. En África del Norte, donde la tradición romana se seguía usualmente, la carta no fue considerada como obra de Pablo. Tertuliano la atribuye a Bernabé. En el cuarto siglo la tradición oriental prevaleció gradualmente sobre la occidental, especialmente a través de la influencia de Agustín y Jerónimo, aunque de ninguna forma se sentían seguros de que Pablo fuera el autor. Duran-

te la Edad Media esta cuestión discutida casi nunca se debatió, pero cuando inició la Reforma, se expresaron de nuevo las dudas sobre la autoría de Pablo. Erasmo cuestionó si Pablo había escrito la carta, Lutero conjeturó que Apolos fue el escritor, Calvino pensó que podría ser la obra de Lucas o de Clemente, y Beza sostuvo que fue escrita por un discípulo de Pablo. Al presente son relativamente pocos los que mantienen la autoría de Pablo.

Y si examinamos la evidencia interna de la epístola, encontramos que señala lejos de Pablo. Debe admitirse que su enseñanza es en un sentido general paulino, pero esto no prueba que Pablo fue el autor. Hay también algunas expresiones en la carta que tienen paralelos en las epístolas de Pablo. Comparar, por ejemplo, Hebreos 2:14 con 2 Timoteo 1:10; 1 Corintios 15:26; Hebreos 2:8 con 1 Corintios 15:27. Pero esta similitud puede encontrar su explicación en la familiaridad de los autores con los escritos paulinos. La declaración en Hebreos 10:34 no puede ser instada en favor de Pablo, no especialmente, si adoptamos la lectura τοῖς δεσμίοισ συνεπαθήσατε, en la que casi todos los editores críticos están de acuerdo, y que ciertamente es favorecida por el contexto. La expresión en Hebreos 13:19 no prueba que el escritor fue un prisionero, cuando escribió estas palabras, mucho menos que fuera Pablo. Ni tampoco la noticia con respecto a Timoteo en Hebreos 13:23 apunta necesariamente al apóstol, porque alguno de los antiguos compañeros de Pablo pudo haber hecho la misma declaración. Además, no sabemos de algún tiempo en la vida de Pablo cuando Timoteo estuvo prisionero. Si hubiera otra evidencia positiva de la autoría paulina, algunos de estos supuestos criterios pudieran servir como pruebas corroborativas, pero tal evidencia no está disponible. La característica principal de la epístola es tal que la autoría de Pablo queda desacreditada: 1) La carta, a diferencia de las epístolas paulinas, es completamente anónima. No contiene el nombre del autor ni del destinatario. Además, la bendición acostumbrada y la acción de gracias faltan por completo. 2) En Hebreos 2:3 el escritor claramente se distingue a sí mismo y a sus oyentes de aquellos que escucharon al Señor, es decir, de sus discípulos y apóstoles directos. ¿Podría Pablo haber dicho que había escuchado la palabra del evangelio solo de los seguidores directos del Señor, y no del Señor mismo? La suposición no parece razonable en vista de Gálatas 1:12. 3) Aunque la enseñanza de la epístola está en completa armonía con la de Pablo, sin embargo, no revela la tendencia usual del razonamiento paulino. Como señala Bruce (*Hastings D.B. Art*. Hebrews, Epistle to), hay una ausencia total de la antítesis paulina entre ley y gracia, fe y obras, carne y espíritu, mientras que se encuentra en vez de ello la antítesis de sombra y realidad, tipo y antitipo. 4) Mientras que es costumbre que Pablo tome algunas de sus citas del hebreo y a menudo cita de memoria, el escritor de la epístola siempre deriva sus citas de la Septuaginta, y con tal exactitud que parece haber tenido el manuscrito ante él. No le gusta que Pablo refiera sus citas al autor humano sino al auctor primarius. Y en vez del método paulino para citar, γέγραπται ο ἡ γραφή λέγει a menudo emplea μαρτυρεῖor φησί. 5). Hay también una gran diferencia en los nombres atribuidos al mediador. En los escritos de Pablo encontramos los nombres, Cristo, el Señor, el Señor Jesucristo, Jesucristo nuestro Señor, nuestro Señor Jesucristo, y muy raramente el simple Jesús. En nuestra epístola, por otro lado, Jesús es el nombre habitual del Salvador, Jesucristo es usado tres veces, el Señor, doce, pero el nombre paulino completo, nuestro Señor Jesucristo está completamente ausente. 6) La prueba más fuerte contra la autoría paulina se considera ser generalmente el argumento del estilo. Dice el Dr. Salmon: "No hay aquí nada de la rudeza de San Pablo, que nunca parece estar solícito sobre las formas de expresión, y cuyos pensamientos surgen tan rápido como empujándose unos a otros en la lucha por expresarse. Esta es una composición tranquila, exhibe palabras sonoras y oraciones bien balanceadas. Ya he mostrado que no atribuyo a Pablo alguna uniformidad rígida de expresión, y que no estoy tentado a negar que una carta sea suya solamente porque contiene un cierto número de palabras o frases que no se encuentran en sus otras composiciones, pero en este caso me encuentro incapaz de afirmar la autoría paulina en vista de tanta diferencia en la estructura de las oraciones, y en el tono general de la epístola, en la forma general de presentar las doctrinas, y en otros puntos que no demoraré en enumerar". *Introd.* pág.464 s.

En vista de todo lo anterior, es casi seguro que Pablo no escribió la epístola a los Hebreos. Pero ahora surge naturalmente la cuestión: ¿Quién la escribió? Se han dado muchas respuestas, como Bernabé (Tertuliano), Lucas o Clemente (Calvino), Apolos (Lutero), Silas (Bohme, Godet), Aquila y Priscila (Harnack), de los cuales solo dos son, al presente, seriamente considerados, a saber, Bernabé y Apolos, aunque la sugerencia de Harnack ha encontrado el favor en algunos. Renan, Hausrath, Weiss, Salmon y Barth aceptan la autoría de Bernabé, confiando especialmente en los hechos: 1) que Tertuliano señala a él como el autor, de esta forma transmitiendo no solo su propia opinión sino la tradición de África del Norte, 2) que Bernabé fue un hombre apostólico y como levita estaría familiarizado con el ritual judío, y 3) que, como habitante de la isla de Chipre, habría con toda probabilidad estado sujeto a la influencia de la cultura alejandrina. Por otro lado, Lunemann, Farrar, Alford y Zahn sostienen que Apolos responde mejor a los requisitos, ya que, 1) fue un hombre de excelente cultura griega, 2) estaba bien familiarizado con los escritos de Pablo, y 3) como nativo de Alejandría estaba profundamente imbuido de los pensamientos de la escuela alejandrina. Pero se ha objetado que Bernabé no pudo haber sido contado con la segunda generación de cristianos, Hebreos 2:3, y que ciertamente sabía hebreo, con lo cual, al parecer, el autor de la epístola no estaba familiarizado; y de Apolos, que no hay tradición alguna que conecte su nombre con la epístola, y que las alusiones históricas en Hebreos 13:18-24 no tienen algún punto de contacto con la vida de Apolos como la conocemos de los Hechos de los apóstoles. Si tuviéramos que escoger entre los dos, Bernabé sería nuestra opción, pero preferimos con Moll, Wesctcott, Dods, Baljon y Bruce (*Hastings D.B.*) confesar nuestra ignorancia en este punto y evitar el continuar con el dictamen de Orígenes. El pensamiento general de la epístola es paulino, pero solo Dios sabe quién la escribió.

Destinatario
Bajo este encabezado debemos considerar dos cuestiones: 1. ¿Fue la carta escrita para los cristianos judíos o gentiles? 2. ¿Dónde se localizaban los primeros lectores?

1. Hasta una fecha reciente la opinión general era que la epístola fue compuesta para cristianos judíos. Sin embargo, últimamente algunos estudiosos, como Schuirer, Weizsacker, Von Soden, Julicher y McGiffert llegaron a la conclusión opuesta. Ellos argumentan que los fundamentos enumerados en Hebreos 6:1-2, fueron adecuados solo para catecúmenos gentiles, que la expresión "el Dios viviente" en Hebreos 9:14 implica un contraste entre el Dios verdadero y los ídolos paganos, y que las exhortaciones al final de la epístola fueron más apropiados para los gentiles que para los cristianos judíos. De estos pasajes se ha argumentado con gran ingenuidad que los lectores originales fueron cristianos gentiles, pero también son susceptibles de una interpretación plausible desde el punto de vista opuesto. Cp. los comentarios y también Dods, *Expág.Gk. Test.* IV pág.231. Parece preferible sostener que los primeros lectores fueron de extracción judía. En apoyo a esta teoría no podemos depender del título πρός Ἑβραίος, porque la suposición es que este, aunque pueda ser rastreado hasta el siglo segundo, no es original. Sin embargo, expresa la temprana convicción de la iglesia de que la carta fue dirigida antes que todo a los cristianos judíos. Las características generales de la carta señalan en la misma dirección. La epístola supone que sus lectores están

en peligro de recaer en el judaísmo, y su simbolismo, basado completamente en el tabernáculo y sus servicios, es peculiarmente adecuado a judíos convertidos. Toda la epístola tiene una fisionomía judía. Decimos con Bruce: "si los lectores fueron de hecho gentiles, fueron gentiles completamente disfrazados con vestiduras judías y usaban una máscara con rasgos pronunciadamente judíos, tanto así que la verdadera nacionalidad ha estado oculta por diecinueve siglos. *Hastings D.B.*

2. ¿Pero en dónde debemos buscar a los primeros lectores? Algunos eruditos, que consideran este escrito como un tratado, son de la opinión de que no fue destinado para una localidad definida, sino para los cristianos en general (Lipsius, Reuss); sin embargo, esta opinión no puede ser aprobada en vista de los muchos pasajes que no tienen significado a menos que estén dirigidos a un círculo definido de cristianos, por ejemplo, Hebreos 5:11-12; 6:9-10; 10:32; 12:4. Al mismo tiempo es imposible determinar con certeza la localidad exacta en que los lectores se encontraban. Los cuatro lugares que recibieron la consideración más destacada a este respecto son Alejandría, Antioquía (en Siria), Roma y Jerusalén, de los cuales, al parecer, la elección realmente se encuentra entre los últimos dos. La posición de que la carta fue enviada a los cristianos judíos de Jerusalén o de toda Judea, es defendida por Moll, Lunemann, Salmon, Weiss y Westcott, y es apoyada por las siguientes consideraciones: 1) El nombre Ἑβραῖος, encarnando una tradición antigua, ciertamente les queda mejor que a los cristianos de alguna otra comunidad. 2). Eran los más propensos a desarrollar un gran amor por el ritual judío y estar expuestos al peligro de estos distritos. 3). Su(s) iglesia(s) era(n) puramente judía(s), lo que concuerda mejor con la total ausencia de cualquier referencia a los cristianos gentiles en la epístola. 4) Ciertamente entenderían el simbolismo de la carta mucho mejor que los cristianos de la diáspora. 5) Un pasaje como Hebreos 13:12-13 tiene una pe-

culiar pertinencia si fue escrita para ellos. Sin embargo, las objeciones que se instan contra esta hipótesis, que los pasajes Hebreos 3:2 y 5:12 difícilmente son aplicables a los cristianos de Jerusalén o Judea, que estos, en vez de ejercer la liberalidad, Hebreos 6:10, fueron continuamente objetos de caridad, que la carta fue escrita en griego y no en hebreo, y que, hasta donde sabemos, Timoteo no tenía ninguna relación particular con la iglesia de Jerusalén. Muchos estudiosos de hoy, tales como Alford, Zahn, Baljon, Dods, Hotzmann, Julicher y Von Soden se fijaron en Roma como el destino de esta carta. En favor de estos instan: 1) El saludo de Hebreos 13:24 es evidentemente el de alguien que ha salido de Italia a sus viejos amigos en casa. 2) El primer rastro del uso de esta epístola se encuentra en los escritos de Clemente y en el Pastor de Hermas, ambos hechos desde Roma. 3) El término ἡροηγούμενοι, Hebreos 13:7,17,24 no estaba en boga en las iglesias paulinas, pero fue usado en Roma, ya que Clemente habla de προηγούμενοι. 4) Las persecuciones mencionadas en Hebreos 10:32-34 probablemente refieren a las de Nerón y sus predecesores. Pero esta teoría está cargada de objeciones; que fue exactamente en Roma que la canonicidad de esta carta se cuestionó por siglos; que la congregación en Roma fue primariamente cristiana gentil (lo cual rechaza Zahn, sin embargo); y que las palabras de Hebreos 12:4 difícilmente fueron aplicables a los cristianos en Roma después de la persecución de Nerón. A nuestro juicio la primera teoría merece preferencia, a menos que estemos preparados para admitir que la epístola fue escrita a los cristianos gentiles.

Composición
1. *Motivo y Propósito*. Esta carta fue motivada por el peligro de la apostasía que amenazaba a los lectores. Por un tiempo habían profesado el cristianismo, Hebreos 5:12, y por ello habían soportado la persecución, e incluso habían soportado alegremente el despojo de sus bienes, Hebreos 10:32-34. Pero estaban decepcionados, al parecer, en dos aspectos. En pri-

mer lugar, en su expectativa del pronto regreso de Cristo para vencer sobre sus enemigos y transformar la aflicción de sus seguidores en dicha eterna. Cristo permaneció oculto a su vista y sus sufrimientos continuaban, incluso aumentaron en severidad. En la penumbra que los rodeaba no tenía ningún apoyo visible para su fe. Y, en segundo lugar, estaban decepcionados por la actitud que su propia gente tomó hacia la nueva religión. Por un tiempo habían combinado su servicio cristiano con el culto de sus padres, pero se hizo cada vez más evidente que los judíos como pueblo no aceptarían a Cristo. Sus hermanos según la carne persistieron en la oposición y se volvieron incluso más intolerantes a los seguidores de Jesús. El tiempo se acercaba rápidamente cuando tendrían que romper con los servicios del templo y buscar en otro lado el apoyo de su fe. Por lo tanto, se habían vuelto débiles, Hebreos 12:12, habían dejado de progresar, Hebreos 5:12, estaban inclinados a la incredulidad, Hebreos 3:12, y en peligro de caer, Hebreos 6:4-6. Al regresar a la judería, podían escapar de la persecución a la que estaban sujetos y disfrutar de sus anteriores privilegios.

El escritor desea advertirles contra el peligro al que estaban expuestos, y exhortarlos a permanecer leales a su estándar cristiano; para hacer esto señala, a manera de contraste, la verdadera naturaleza y el valor intrínseco de la religión cristiana. El servicio a Dios del Antiguo Testamento solo contenía las sombras de las realidades del Nuevo Testamento. Cristo es mayor que los ángeles, capítulo 1, es mayor que Moisés, capítulo 3, es nuestro verdadero sumo sacerdote, que a través de su sufrimiento abrió el camino al cielo y nos dio libre acceso irrestricto a Dios, capítulos Hebreos 5-10. Fue perfeccionado a través de los sufrimientos, para que pudiera simpatizar con sus seguidores en sus pruebas y aflicciones, Hebreos 2:10, 17, 18; 4:15, y pudiera llevarlos a través del sufrimiento a la gloria. Si ahora es invisible a nuestra vista, es solo porque ha entrado en el santuario, donde continuamente ministra a las necesidades espirituales de sus seguidores, y les asegura el libre acceso al trono de Dios, Hebreos 4:16; 6:18-20; 9:24; 10:18-22. Puede parecer distante, sin embargo, está cerca, y aquellos que creen pueden disfrutar de su presencia y fuerza a través de la fe. Que es el verdadero sustento en tiempos de necesidad, capítulo 11, 12:1-2. Y aunque se demore por algún tiempo, seguramente vendrá a su debido tiempo para llevar a sus hijos a la gloria. Deben salir voluntariamente del campamento, llevando su reproche, ya que disfrutan de privilegios mucho mayores que los santos del Antiguo Testamento y entrarán al final en su herencia eterna.

2. *Tiempo y Lugar*. No es sencillo determinar la fecha de esta carta, ya que no contiene menciones precisas de tiempo. La mayoría de los estudiosos concuerdan en colocarla antes de la destrucción de Jerusalén. Así Moll, Kurtz, Hilgenfeld, Reuss, Davidson, Weiss, Godet, Westcott, Salmon, Bruce, Barth, Dods. Sin embargo, otros, como Baur, Kluge, Zahn, Meijboom, Volkmar y Hausrath la reducen a una fecha tardía. A nuestra consideración, la evidencia favorece una fecha antes de la destrucción del templo, porque 1) Aunque es verdad que el autor no habla del templo sino del tabernáculo, el peligro al que estaban expuestos los cristianos hebreos parece implicar que los servicios del templo aún se llevaban a cabo. 2) Si el ritual judío ya había cesado, es extraño que el escritor no se refiera a él cuando describe el carácter transitorio de la antigua dispensación. Y 3) El tiempo presente usado por el escritor en la descripción de los servicios judíos, Hebreos 8:4s; 9:6,9 (cp. Gk.); 10:1ss; 13:10 crea la suposición de que el servicio del templo aún continuaba. Es cierto que los paralelos de tal uso presente de eventos pasados pueden ser señalados en Clemente de Roma. Pero, como regla, el uso del presente implica la existencia del sujeto del que se habla, en el tiempo del hablante; y la cuestión de Hebreos 10:2, "De otra manera cesarían de ofrecerse" es ciertamente difícil de interpretar desde algún otro punto de vista. No es posible

decir qué tanto tiempo antes de la destrucción de Jerusalén fue escrita la carta, pero por el tono solemne del escritor, y del hecho de que, según él, los lectores vieron el día del Señor aproximarse, Hebreos 10:25, inferimos que fue poco antes de la gran catástrofe. Cp. también Hebreos 12:26-27. No nos equivocaremos mucho si fechamos la epístola cerca del año 69.

Importancia Canónica
La carta no fue considerada canónica en la Iglesia occidental hasta el siglo cuarto; sin embargo, en la Iglesia oriental el reconocimiento de su apostolicidad y canonicidad fueron de la mano. Clemente de Alejandría a menudo cita la carta como canónica, y Orígenes lo hace a veces, aunque no estaba seguro de su autoría paulina. La epístola se encuentra en la Peshitta, pero no está claro si también tuvo un lugar en la traducción Siriaca antigua. Desde el siglo cuarto, la Iglesia occidental también admitió su autoridad canónica. El valor intrínseco de la carta naturalmente la recomendó como autoritativa y como parte de la Palabra de Dios. Agustín y Jerónimo la consideraron como canónica, aunque aún tenían escrúpulos acerca de la autoría de Pablo, y fue incluida en la lista autorizada por los Concilios de Hipona en 393 y Cartago en 397 y 419. Desde aquel tiempo la iglesia no volvió a cuestionar la autoridad canónica de la epístola hasta el tiempo de la Reforma, cuando algunos teólogos luteranos tuvieron serias dudas.

El valor permanente de esta epístola yace especialmente en dos hechos, que se puede decir implican un tercero. En primer lugar, pone de manifiesto, como ningún otro libro del Nuevo Testamento lo hace, la unidad esencial de las religiones tanto del Antiguo como del Nuevo Testamento. Ambos son de Dios, ambos se centran en Cristo, ambos pertenecen a las mismas verdades espirituales, y ambas apuntan en llevar al hombre a Dios. En segundo lugar, la epístola enfatiza la diferencia entre las dos dispensaciones; la primera contiene las sombras, la otra corresponde a realidades; los servicios de la primera son terrenales y por lo tanto carnales y temporales; los de la otra son celestiales y por lo tanto espirituales y permanentes; el ministerio de la primera efectuando solo la pureza ceremonial y la unión con Dios; el de la otra, resultando en la purificación del alma y en la comunión espiritual con Dios en los cielos. Y debido a que la carta presenta así la relación del Antiguo Pacto con el Nuevo, es un comentario inspirado sobre el completo ritual mosaico.

CAPÍTULO 25
La Epístola General de Santiago

··· ⛤⛥ ···

Contenido

No hay partes claramente definidas en esta epístola, por lo tanto, no se intenta clasificar su contenido. Después del saludo de apertura, el escritor señala al significado de la tentación en la vida de sus lectores, los exhorta a pedir con fe la sabiduría para soportarla y les advierte no referir sus tentaciones internas a Dios, Santiago 1:1-18. Luego los amonesta a recibir la Palabra con toda humildad y llevarla a cabo en acción, Santiago 1:19-27. Les advierte contra el respeto que las personas muestran a favor de los ricos a expensas de los pobres, les recuerda el hecho de que quien viola la ley en un punto viola toda la ley, Santiago 2:1-13; y afirma que es una tontería confiar en la fe sin las obras, ya que esta está muerta, Santiago 2:14-26. Sigue una advertencia contra la enseñanza imprudente y la crítica, basada en la dificultad de controlar la lengua, que todavía es de gran importancia, Santiago 3:1-12. Se recomienda la sabiduría de lo alto a los lectores, ya que la sabiduría de este mundo está llena de amarga envidia y produce confusión y maldad, mientras que la sabiduría divina está llena de misericordia y produce buenos frutos, Santiago 3:13-18. Luego el autor reprende a los lectores por su espíritu pendenciero, que resulta del egoísmo y lujuria que infecta incluso a las oraciones y las vuelve inútiles, y los exhorta a humillarse ante Dios, Santiago 4:1-12. Condena a aquellos que, orgullosos de sus posesiones, olvida su dependencia de Dios, y denuncia al rico que oprime y roba al pobre, Santiago 4:13-5:6, después de lo cual insta a los hermanos a ser pacientes, sabiendo que el Señor está cerca, Santiago 5:7-11. Finalmente advierte a sus lectores contra jurar en vano, da un consejo especial a los enfermos, los exhorta a orar unos por otros, recordándoles la eficacia de la oración, y de la bendición de apartar a un pecador de su camino de pecado, Santiago 5:12-20.

Características
1. Desde un punto de vista literario, la epístola de Santiago es muy distinta a las de Pablo. Estas últimas son cartas reales, lo cual no se puede decir de esta epístola. No hay bendición al principio, ni alguna salutación o saludos al final. Además, contiene muy pocos puntos para definir las circunstancias históricas tales como las que nos son conocidas de otras fuentes. Zahn llama a esta epístola, "eine... in schriftliche Form gefasste Ansprache" (un... discurso en forma escrita) *Einl.* I pág.73. Barth habla de ella como, "eine Sammlung von Ansprachen des Jakobus an die Gemeinde zu Jerusalem" (una colección de discursos de Santiago a la iglesia en Jerusalén), que, él cree que fue llevado por un oyente y enviado a los cristianos judíos de la diáspora. *Einl.* pág.140. Y Deissman dice: "La epístola de Santiago es desde el principio una pequeña obra de la literatura, un panfleto dirigido a toda la cristiandad, una verdadera epístola (a diferencia de una carta). El contenido general concuerda con esto. No hay detalles únicos de una situación particular, como los tenemos en las cartas de Pablo, sino simplemente cuestiones generales, la mayoría de ellas aun concebibles bajo las condiciones presentes de la vida de la iglesia". *Light from the Ancient East.* pág.235.

2. El contenido de la epístola no es doctrinal sino ético. El escritor no discute alguna de las grandes verdades de la redención, sino que da preceptos morales para la vida de sus lectores. No hay ninguna enseñanza cristológica; se menciona el nombre de Cristo un par de veces, a saber, Santiago 1:1; 2:1. Beischlag comenta correctamente que es "so wesentlich noch Lehre Christi und so wenig noch Lehre von Christo" (tanta enseñanza de Cristo y a la vez tan poca enseñanza de

Cristo). La carta puede ser llamada, *la epístola de la ley real*, Santiago 2:8. El énfasis no descansa en la fe, sino en las obras de la ley, que el escritor ve, no en su aspecto ceremonial, sino en su profundo significado moral y como un todo orgánico, de modo que el transgredir un solo precepto es equivalente a violar toda la ley. El elemento esencial de la vida, de acuerdo con la ley, es un amor que se revela en obediencia agradecida a Dios y en una devoción abnegada al prójimo.

3. Algunos eruditos, como, por ejemplo, Spitta, afirman que esta epístola no es realmente cristiana sino un escrito judío, pero el contenido claramente prueba lo contrario, Sin embargo, debe de admitirse que la epístola tiene un aspecto algo judío. Mientras que el escritor nunca señala a la vida ejemplar de Cristo, sí se refiere al ejemplo de Abram, Rahab, Job y Elías. En muchos pasajes revela su dependencia de la literatura de sabiduría judía, del sermón del monte, y de las palabras de Jesús en general; compare Santiago 1:2 con Mateo 5:12; Santiago 1:4 con Mateo 5:48; Santiago 1:5 con Mateo 7:7; Santiago 1:6 con Marcos 11:23; Santiago 1:22 con Mateo 7:24; Santiago 2:8 con Marcos 12:31; Santiago 2:13 con Mateo 5:7; 18:33; Santiago 4:10 con Mateo 23:12; etc.... Además, el autor no toma prestado su lenguaje figurativo de las instituciones sociales y civiles del mundo griego y romano, como Pablo hace a menudo, sino lo deriva, como el mismo Señor ha hecho, del suelo nativo de Palestina, donde habla del mar, Santiago 1:6; 3:4, de la lluvia temprana y tardía, Santiago 5:7, de la vid y la higuera, Santiago 3:12, del viento abrasador, Santiago 1:11, y de la sal y de las fuentes amargas, Santiago 3:11-12.

4. La epístola está escrita en un griego excepcionalmente bueno, aunque helenista. El vocabulario del autor es rico y variado, y perfectamente adecuado para la expresión de sus nobles sentimientos. Sus oraciones no se caracterizan por una gran variación, sin embargo, no tienen nada de simpli-

cidad en absoluto, bordeando la monotonía, que marca los escritos de Juan. Los distintos pensamientos son muy claramente expresados, pero en ciertas instancias hay alguna dificultad en seguir su secuencia lógica. Encontramos algunos ejemplos de paralelismo hebreo especialmente en el cuarto capítulo; sin embargo, los hebraísmos realmente son muy pocos, cp. el genitivo adjetival en Santiago 1:25, y el instrumental εν en Santiago 3:9.

Autoría

De acuerdo con el testimonio externo, Santiago el hermano del Señor, es el autor de esta epístola. Orígenes es el primero en citarlo por su nombre, y solo es en la traducción latina de las obras de Rufino que el autor es descrito como "Santiago, el hermano del Señor". Eusebio menciona a Santiago, el hermano de Cristo, como el supuesto autor, señalando, sin embargo, que la carta fue considerada espuria. Jerónimo, reconociendo su autenticidad, dice: "Santiago, llamado el hermano del Señor, llamado el justo, escribió una sola epístola, que se encuentra entre las siete católicas".

El autor simplemente se designa "Santiago siervo de Dios y del Señor Jesucristo", Santiago 1:1, dejando así la cuestión de su identidad como conjetura, ya que había otras personas de ese nombre en la Iglesia apostólica. Sin embargo, se admite generalmente que solo hay un solo Santiago que cumple con los requisitos, a saber, el hermano del Señor, porque: 1) El escritor fue evidentemente un hombre de gran autoridad y reconocido como tal no solo por los judíos en Palestina sino también por los de la diáspora. Solo hay un Santiago del que se puede decir esto. Mientras que Santiago, el hermano de Juan, y Santiago el hijo de Alfeo desaparecen pronto de vista en los Hechos de los Apóstoles, este Santiago se destaca prominentemente como cabeza de la iglesia de Jerusalén. Durante el ministerio público del Señor todavía no creía en Cristo, Juan 7:5. Probablemente su conversión se relacionó con la aparición especial del Señor a él después de la resurrección, 1 Corintios 15:7. En los Hechos lo encontramos pronto como un hombre de autoridad. Cuando Pedro había escapado de prisión, después de que Santiago el hermano de Juan había sido asesinado, dice a los hermanos: "Haced saber esto a Jacobo", Hechos 12:17. Pablo dice que él, a su regreso de Arabia, fue a Jerusalén y vio solo a Pedro y a Santiago, el hermano del Señor, Gálatas 1:18, 19. En la siguiente visita, Santiago, Cefas y Juan, que parecían ser los pilares, le dieron la mano a Pablo y a Bernabé en señal de compañerismo, Gálatas 2:9. Incluso después ciertos emisarios vinieron de parte de Santiago a Antioquía y aparentemente tuvieron una influencia considerable, Gálatas 2:12. La parte principal en el Concilio de Jerusalén es tomada por este Santiago, Hechos 15:13. Y cuando, al final de su tercer viaje misionero, Pablo llega a Jerusalén, primero saluda informalmente a los hermanos, y al siguiente día "entró con nosotros a ver a Jacobo, y se hallaban reunidos todos los ancianos", Hechos 21:18. 2) La autoría de este Santiago también es favorecida por comparación de la carta, Hechos 15:23-29, muy probablemente escrita bajo la influencia inspirada de Santiago, junto con su discurso en el Concilio de Jerusalén, y de ciertas partes de nuestra epístola, que revelan asombrosas similitudes. El saludo χαίρειν Hechos 15: 23, Santiago 1:1 ocurre solo en otra parte en el Nuevo Testamento, en Hechos 23:26. Las palabras τὸ καλὸν ὄνομα τὸ ἐπικληθὲν ἐφ' ὑμᾶς, Santiago 2:7, solo pueden tener paralelo en el Nuevo Testamento en Hechos 15:17. Tanto el discurso de Santiago y la epístola se caracterizan por alusiones al Antiguo Testamento. El término cariñoso ἀδελφός, ocurre con frecuencia en la epístola (cp. Santiago 1:2,9,16,19; 2:5,15; 3:1; 4:11; 5:7,9,10,12,19); también se encuentra en Hechos 15:13, 23; compare especialmente, Santiago 1:27, Hechos 15:29, ἐπισκέπτεσθαι, Santiago 5 :19, 20; Hechos 15 :19; ἀγαπητός, Santiago 1:16, 19; 2:5; Hechos 15:25. 3) Las palabras del destinatario son perfectamente aplicables a este Santiago en particular. No afirma que es un apóstol, como lo hace Pablo y Pedro en sus epístolas. Sin embargo, podría objetarse que, si era el hermano del Señor, habría hecho énfasis en esa relación para destacar su autoridad. Pero ¿no parece mucho más probable, en vista del hecho de que Cristo señaló definitivamente la insignificancia comparativa de esta relación terrenal, Mateo 12:46-50, que Santiago tendría cuidado de no hacer que esto fuera la base de alguna concesión especial, y por lo tanto simplemente habla de sí mismo como un siervo de Dios y del Señor Jesucristo?

Ahora surge la pregunta de si Santiago puede ser identificado con Santiago, el hijo de Alfeo, uno de los apóstoles del Señor, Mateo 10:3; Marcos 3:18; Lucas 6:15; Hechos 1:13. Esta identificación implicaría que los así llamados hermanos del Señor fueron en realidad sus primos, una teoría que Jerónimo mencionó cerca del 383 d.C., y que, junto con la visión de Epifanio (que estos hermanos fueron hijos de José de una antiguo matrimonio) se instó especialmente en el interés de la perpetua virginidad. Pero esta teoría no está confirmada por los datos de la Escritura, porque: 1) Los hermanos del Señor son distinguidos de sus discípulos en Juan 2:12, y de los doce después de su llamamiento en Mateo 12:46ss; Marcos 3:31 ss.; Lucas 8:19 ss.; y Juan 7:3. Se afirma que no pertenecían al círculo de sus discípulos, indirectamente en Mateo 13:55; Marcos 6:3, y directamente en Juan 7:5. 2) Aunque es verdad que los primos son en ocasiones llamados hermanos en la Escritura, cp. Génesis 14:16; 29:12,15, no necesitamos asumir que este es el caso también en el ejemplo ante nosotros. Además, es dudoso que Santiago el hijo de Alfeo fuera un primo de Jesús. De acuerdo con algunos esta relación está claramente implicada en Juan 19:25, pero no es de ninguna manera cierto que, en ese pasaje, "María la mujer de Cleofas" esté en yuxtaposición con, "la hermana de su madre". Si aceptamos esa interpretación, debemos estar preparados para creer que había dos hermanas que tenían el mismo nombre. Es más plausible pensar que Juan habla de cuatro en vez de tres mujeres, especialmente en vista del hecho de que los evangelios hablan de al menos cinco en relación con la muerte y resurrección de Jesús, cp. Mateo 27:56; Marcos 16:1; Lucas 24:10. Pero incluso si suponemos que habla de tres, ¿cómo vamos a probar la identidad de Alfeo y Cleofas? Y en caso de que podamos demostrar esto, ¿cómo debemos explicar el hecho de que solo dos hijos de María, mujer de Cleofas, son mencionados, a saber, Santiago y José, Mateo 27:56; Marcos 15:40; Lucas 24:10, comparar Juan 19:5, mientras que hay cuatro hermanos del Señor, Mateo 13:55; Marcos 6:3, a saber, Santiago, José, Judas y Simón? Se ha argumentado que Judas es señalado como un hermano menor de Santiago en Lucas 6:16; Hechos 1:13, donde leemos de un Ἰούδας Ἰακώβου. Pero es contrario a la analogía el suplir la palabra hermano en tales casos. 3) Encontramos repetidamente a los hermanos del Señor en compañía de María, la madre de Jesús, tal como esperaríamos encontrar a los hijos con su madre. Además, en pasajes como Mateo 12:46; Marcos 3:31-32; y Lucas 8:19 es un error exegético tomar la palabra madre en su sentido literal, y luego poner una distinta interpretación en la palabra hermano. Por lo tanto, concluimos, que Santiago, el hermano del Señor y el autor de esta epístola, no fue un apóstol. Hay dos pasajes que parecen señalar en una dirección diferente, a saber, Gálatas 1:19 y 1 Corintios 15:7, pero en el primer pasaje εἰ μὴ puede ser adversativo más que una excepción, como en Lucas 4:26-27, cp. *Thayer* in loco, y el nombre de apóstol no estaba limitado a los doce. Las consideraciones de Lange en favor de identificar al autor con Santiago, el hijo de Alfeo, son más bien subjetivas.

Santiago parece haber sido un hombre de buen sentido común, con un juicio bien balanceado, que piloteó la pequeña vasija de la iglesia de Jerusalén a través de los oleajes judaístas con una mano hábil, gradualmente destetándola de las observancias ceremoniales sin ofender y reconociendo la mayor libertad de las iglesias gentiles. Era altamente respetado en toda la iglesia por su gran piedad y su sincera devoción a los santos. El relato de Hegesipo con respecto a su gran santidad y hábitos ascéticos está con toda probabilidad muy sobregirado. Cp. Eusebius II 23.

La autoría de Santiago ha sido cuestionada por muchos estudiosos durante el último siglo, tales como DeWette, Schleiermacher, Baur, Hilgenfeld, Holtzmann, Harnack, Spitta, Baljon y otros. Las principales razones para considerar la epístola como espuria son las siguientes: 1) La condición de la iglesia reflejada en ella recuerda la de la iglesia en Roma en el tiempo de Hermas, cuando el brillante primer amor había perdido su fervor. 2) El griego en que la epístola está escrita es mucho mejor del que uno podría razonablemente esperar de Santiago, que siempre residió en Palestina. 3) El escritor no menciona la ley de Moisés, ni refiere a alguno de sus preceptos, sino que simplemente insta a los lectores a guardar la ley perfecta que requiere amor, caridad, paz, etc., tal como lo haría un escritor del siglo segundo, mientras que Santiago creyó en la validez permanente de la ley mosaica, al menos para los judíos. 4) La epístola tiene rastros de dependencia de algunas de las epístolas de Pablo, especialmente Romanos y Gálatas, de la epístola a los Hebreos y de 1 Pedro, y claramente contradice la doctrina paulina de la justificación por fe.

Pero estos argumentos no necesitan sacudir nuestra convicción en cuanto a la autoría de Santiago. La condición implícita en esta carta, al menos en parte, bien puede suponerse que se sabe que existió alrededor de la mitad del primer siglo, Jos. *Ant.* XX 8.8; 9.2 Cp. especialmente Salmon, *Introd*, pág. 501s. Con respecto al segundo argumento, Mayor resalta que, aceptando el punto de vista de que Jesús y sus hermanos hablaron arameo usualmente, "no estamos obligados a suponer que, en pueblos como Séforis y Tiberíades en su inmediata vecindad, en Tolemaida, Escitópolis y Gadara a no gran distancia, permanecieron ignorantes del griego" *Hastings D.B.* Art. James, the General Epistle of. La idea de que Santiago fue un judaísta fanático y por lo tanto no podía sino insistir en guardar la ley mosaica, no está confirmada por la Escritura. Fue un cristiano judío y se revela a sí mismo como tal, por ejemplo, en Hechos 15:14-29; 21:20-25 y en su epístola, Cp. Santiago 2:5; 3:2;4:7, 14. Su insistencia en el espíritu de la ley, no del todo judaísta, está en perfecta armonía con la enseñanza del Señor. La dependencia literaria a la que se ha hecho referencia puede, en la medida en que realmente exista, revertirse, y la contradicción entre Santiago y Pablo solo es aparente. Cp. Las Introducciones y los comentarios más completos.

Destinatario

La epístola está dirigida a "a las doce tribus que están en la dispersión", Santiago 1:1. ¿A quiénes se indica con estas palabras? La frase adverbial, "en la dispersión", excluye la idea de que el escritor se refiere a todos los cristianos judíos, incluyendo incluso a los de Palestina (Hofmann, Thiersch), y el contenido de la carta nos prohíbe pensar que se dirige a judíos y cristianos judíos conjuntamente (Thiele, Guericke, Weiss). Sin embargo, hay dos interpretaciones que son admisibles. La expresión puede designar a los cristianos judíos que vivían fuera de Palestina (la gran mayoría de eruditos), pero también puede ser una descripción de todos los creyentes en Jesucristo que estaban dispersos entre los gentiles, según de la analogía de 1 Pedro 1:1 y Gálatas 6:16 (Koster, Hilgenfeld, Hengstenberg, Von Soden). Zahn es bastante incierto en su interpretación. Encuentra que las doce tribus mencionadas aquí forman una antítesis a las doce tribus que estaban en Palestina, y se refieren al cristianismo como un todo, o a la totalidad de los cristianos judíos; y nos recuerda el hecho de que hubo un tiempo cuando los dos fueron idénticos. Einl. I pág. 55. Preferimos pensar en los cristianos judíos de la diáspora en Siria y en tierras vecinas, los cuales probablemente fueron llamados "las doce tribus" como representantes del verdadero Israel, porque, 1) la epístola no contiene una sola referencia a los cristianos gentiles, 2) Santiago fue preeminentemente el líder de la Iglesia judía, 3) la completa naturaleza de la epístola apunta a lectores judíos.

La epístola por ser de un carácter encíclico naturalmente no hace referencia a la situación de alguna iglesia local particular, sino a las condiciones generales prevalecientes de ese tiempo. Los cristianos judíos a quienes la epístola está dirigida fueron sujetos de persecuciones y tentaciones, y los pobres fueron oprimidos por los ricos que, posiblemente, no pertenecían al círculo. No sobrellevaron esas tentaciones con la paciencia necesaria, sino que fueron movidos por la duda. Incluso miraron con envidia el brillo del mundo y favorecieron al rico a expensas del pobre. En la vida diaria no siguieron la guía de sus principios cristianos, de modo que su fe fue estéril. Puede haber habido obras muertas, porque los frutos de la justicia no fueron evidentes.

Composición

1. *Motivo y Propósito*. El motivo para escribir esta epístola se encuentra en la condición de los lectores que describimos. Santiago, la cabeza de la iglesia de Jerusalén, naturalmente estaría informado de esto, probablemente en parte por sus propios emisarios a las distintas iglesias de la diáspora, Hechos 15:22; 2 Corintios 3:1; Gálatas 2:12, y en parte por aquellos cristianos judíos que vinieron de distintos países para unirse a las grandes fiestas en Jerusalén.

El objetivo de la epístola fue ético más que didáctico; fue para consolar, reprobar y exhortar. Ya que los lectores fueron perseguidos para probar su fe, y fueron tentados en varias formas, el escritor se acerca a ellos con palabras de consuelo. Sintiendo que no soportaron sus pruebas con paciencia, sino que estuvieron inclinados a atribuir a Dios las tentaciones que los pusieron en peligro como resultado de su propia lujuria y mundanalidad; los reprende por el error de su camino. Y con respecto a las manchas en su vida cristiana, a su mundanalidad, su admiración de las personas, su vanagloria, su envidia y conflictos, los exhorta a obedecer la ley real para que puedan ser hombres perfectos.

2. *Tiempo y Lugar*. El lugar de la composición fue indudablemente Jerusalén, donde Santiago evidentemente tenía su residencia permanente. No es tan fácil determinar cuándo escribió la carta. Tenemos un *terminus ad quem* en la muerte de Santiago cerca del año 62, y un *terminus a quo* en la persecución que siguió a la muerte de Esteban cerca del 35 d.C., y que fue decisivo para la dispersión de la iglesia judía. La evidencia interna favorece la idea de que fue escrita durante este periodo, porque, 1) no hay referencia en la epístola a la destrucción de Jerusalén, ya sea como pasada o inminente; pero la expectativa de la pronta segunda venida de Cristo, que fue característica de la primera generación de cristianos, aun prevalecía, Santiago 5:7-9. 2) La imagen de los ricos incrédulos oprimiendo a los cristianos pobres y llevándolos ante tribunales está en perfecta armonía con la descripción que da Josefo del tiempo inmediatamente posterior a Cristo, cuando los saduceos ricos tiranizaban sobre los pobres a tal grado que algunos murieron de hambre. *Ant.* XX 8:8; 9:2. Esta condición terminó con la destrucción de Jerusalén. 3) La indeterminación de la línea de separación entre los judíos convertidos y no convertidos favorece la suposición de que la carta fue compuesta durante este periodo, porque hasta cerca del fin de ese tiempo estas dos clases se mezclaron libremente tanto en el culto del templo como en las sinagogas. Sin embargo, en el curso del tiempo e incluso antes de la destrucción de Jerusalén, esta condición cambió gradualmente.

Pero queda la cuestión de si podemos dar una definición más cercana del tiempo de composición. En vista del hecho de que los cristianos judíos abordados en esta carta deben haber tenido tiempo de extenderse y de establecerse en la dispersión para que ya tuvieran sus propios lugares de culto, no podemos fechar la epístola al mismo principio del periodo mencionado. Ni parece probable que fuera escrita después del año 50, cuando tuvo lugar el Concilio de Jerusalén, porque, 1) la epístola no contiene una sola alusión a la existencia de la iglesia de cristianos gentiles, y 2) no hace ninguna referencia a la gran controversia con respecto a la observancia de la ley mosaica, en la cual el Concilio emitió una decisión. Por lo tanto, estamos inclinados a fechar la epístola entre 45 y 50 D.C.

Algunos han objetado a esta fecha temprana que la epístola es evidentemente dependiente de Romanos, Gálatas, Hebreos y 1 Pedro, pero esta objeción es una suposición no probada. También se dice que los πρεσβύτεροι mencionados en Santiago 5:14 implican una fecha tardía. Sin embargo, debemos recordar que la iglesia, especialmente entre los judíos, se desarrolló por primera vez de la sinagoga, en la cual los presbíteros fueron algo normal. Además, algunos instan que el conocimiento cristiano presupuesto en los lectores, como en 1:3; 3:1, no corresponde con una fecha temprana. Nos parece que esta objeción es pueril.

De aquellos que niegan la autoría de Santiago, algunos fecharían la epístola después de la destrucción de Jerusalén, Reuss, Von Soden y Hilgenfeld en el tiempo de Domiciano (81-96), Bom en 80 d.C., Bruckner y Baljon en el tiempo de Adriano (117-138).

Importancia Canónica
Había dudas considerables en cuanto a la canonicidad de esta epístola en la iglesia primitiva. Algunas alusiones a ella habían sido señaladas en Clemente de Roma, Hermas e Ireneo, pero de hecho son muy inciertas. No podemos señalar a una sola cita en Ireneo, Clemente de Alejandría y Tertuliano, aunque algunos están inclinados a creer en la fuerza de la declaración hecha por Eusebio, *Ch. Hist.* VI 14, de que Clemente comentó sobre esta epístola, tal como lo hizo con las otras epístolas generales. Sin embargo, hay razones para dudar de la corrección de esta afirmación, cp. Wescott, *on the Canon* pág. 357. La carta es omitida por el fragmento Muratoriano, pero está contenida en la Peshitta. Eusebio la clasifi-

ca con los Antilegómena, aunque parece indeciso en cuanto a su canonicidad. Orígenes aparentemente fue el primero en citarla como Escritura. Cirilo de Jerusalén, Atanasio y Gregorio Nacianceno la reconocieron, y fue finalmente ratificada por el tercer Concilio de Cartago en 397 d.C. Durante la Edad Media no se dudó de la canonicidad de la epístola, pero Lutero por razones dogmáticas la llamó "epístola de paja". A pesar de las dudas expresadas en el curso del tiempo, la iglesia continuó honrándola como escrito canónico incluso desde finales del siglo cuarto.

El gran valor permanente de esta epístola se encuentra en el énfasis que pone en la necesidad de tener una fe vital, que da frutos de justicia. La profesión de Cristo sin una vida cristiana correspondiente no tiene valor y no salva al hombre. Los cristianos deben buscar la ley perfecta, y deben regular sus vidas en armonía con su profundo significado espiritual. Deben soportar las tentaciones, ser pacientes en las pruebas, vivir juntos en paz sin envidias o peleas, hacer justicia, ejercitar la caridad, recordarse unos a otros en oración, y en todas sus dificultades ser conscientes del hecho de que la venida del Señor está cerca.

CAPÍTULO 26
La Primera Epístola General de Pedro

··· ಬಂಡಿ ···

Contenido
El contenido de la epístola puede dividirse en cuatro partes:

I. *Introducción, 1:1-12*. Después del saludo, 1 Pedro 1:1-2, el apóstol alaba a Dios por las bendiciones de salvación, que deberían elevar a los lectores sobre todos los sufrimientos temporales, ya que son tan grandes que los profetas las indagaron, y los ángeles estaban deseosos de entender su misterio 1 Pedro 1:3-12.

II. *Exhortaciones Generales para una Conversación Cristiana Digna*, 1:13-2:10. El escritor exhorta a los lectores a estar cada vez más firmemente anclados en su esperanza cristiana. Para dicho fin, la santidad de Dios debe ser el estándar de su vida, 1 Pedro 1:13-16, deben temer a Dios, y como personas regeneradas, amar a los hermanos y buscar crecer en la vida espiritual, 1 Pedro 1:17-2:3. Sin embargo, este crecimiento no solo debe ser individual, sino también comunitario, convertirse en una unidad espiritual, 1 Pedro 2:4-10.

II. *Direcciones Particulares para las Relaciones Especiales de Vida*, 2:11-4:6. El autor insta a los lectores a ser obedientes a las autoridades, 1 Pedro 2:11-17, más particularmente exhorta a los esclavos de entre ellos a seguir el ejemplo de Cristo en el servicio abnegado, 1 Pedro 2:18-25, las esposas deben someterse a sus maridos, y los maridos amar a sus esposas y tratarlas con consideración, 1 Pedro 3:1-7. Luego amonesta a todos a hacer el bien y abstenerse del mal, para que en sus sufrimientos puedan ser como su Maestro, a quien también deben seguir en su conversación cristiana, 1 Pedro 3:8-4:6.

III. Instrucciones de Cierre para las Necesidades Actuales de los Lectores, 4:7-5:14. El apóstol exhorta a los lectores a orar, al amor fraternal, a la hospitalidad y a concientizarse en el ejercicio de sus deberes oficiales, 1 Pedro 4:7-11. Les advierte no desanimarse por las persecuciones, sino a considerar estas como necesarias para la imitación de Cristo, 1 Pedro 4:12-19. Además, exhorta a los ancianos a gobernar el rebaño de Cristo sabiamente, a los jóvenes someterse a los ancianos, y todo para humillarse y depositar su confianza en Dios, 1 Pedro 5:1-9; y termina la carta con buenos deseos y saludos, 1 Pedro 5:10-14.

Características
1. Aunque hay algunas declaraciones doctrinales en la epístola, su principal interés no es teórico sino práctico, no doctrinal sino ético. Se ha dicho que, mientras Pablo representa la fe y Juan el amor, Pedro es el apóstol de la esperanza. Esta distinción, que puede fácilmente ser malinterpretada, sin embargo, contiene un elemento de verdad. La idea básica de la epístola es que los lectores son engendrados de nuevo *a una esperanza viva*, la esperanza de una herencia incorruptible, inmaculada e imperecedera. Esta gloriosa esperanza debe ser un incentivo para que luchen por la santidad en todas las relaciones de la vida, y sobrellevar pacientemente el oprobio de Cristo, conscientes del hecho de que Él es su gran prototipo, y que ese sufrimiento es el prerrequisito de una gloria eterna.

2. La epístola tiene una impresión característica de los modos de expresión del Antiguo Testamento. No solo, comparativamente hablando, contiene más citas de y referencias al Antiguo Testamento que algún otro escrito del Nuevo Testamento, cp. 1 Pedro 1: 16, 24, 25; 2:3,4,6,7,9,10, 22-24; 3:10-

12-14; 4:8,17-18; 5:5-7, sino que la entera naturaleza de la carta muestra que el autor vive y se mueve en las concepciones del Antiguo Testamento hasta tal punto, que expresa preferiblemente sus pensamientos en el lenguaje del Antiguo Testamento.

3. Por otro lado, hay una gran similitud entre esta epístola y algunos escritos del Nuevo Testamento, notablemente las epístolas de Pablo a los Romanos, a los Efesios y a la epístola de Santiago. Y este parecido es de tal carácter que sugiere una dependencia de uno en el otro. Casi todas las ideas de Romanos 12-13 se encuentran también en esta carta, compare 1 Pedro 2:5 con Romanos 12:1, 1 Pedro 1:14 con Romanos 12:2; 1 Pedro 4:10 con Romanos 12:3-8; 1 Pedro 1:22 con Romanos 12:9; 1 Pedro 2:17 con Romanos 12:10, etc. La relación entre ella y la epístola a los Efesios es evidente no solo de pasajes sueltos, sino también de la estructura de la carta. Hay cierta similitud en las exhortaciones generales y particulares, lo que se debe probablemente al hecho de que ambas epístolas son de carácter general. Compare también los pasajes 1 Pedro 1:3 y Efesios 1:3; 1 Pedro 1:5 y Efesios 1:19; 1 Pedro 1:14 y Efesios 2:3; 1 Pedro 1:18 y Efesios 4:17; 1 Pedro2:4, 5 y Efesios 2:20-22. También hay puntos de semejanza entre esta epístola y la de Santiago, y aunque no tan numerosos, sin embargo, indican una relación de dependencia, compare 1 Pedro 1:6-7 con Santiago 1:2-3; 1 Pedro 2:1 con Santiago 1:21; 1 Pedro 5:5-9 con Santiago 4:6-7,10.

4. El griego en que está escrita esta carta es uno de los mejores que se encuentran en el Nuevo Testamento. Aunque el lenguaje es simple y directo, no carece de calidad artística. Simcox, comparándola con el lenguaje de Santiago, dice: "Donde el lenguaje de San Pedro es firme el de Santiago es débil, y más débil donde él es fuerte –es más variado, más clásico, pero menos elocuente y de menos poder literario". *The Writers of The New Testament* pág. 66. El vocabulario del

autor es muy completo y rico, y sus oraciones fluyen con gran regularidad, algunas veces llegando a la grandeza. Sin embargo, es de notarse que el escritor, aunque tiene un buen conocimiento del griego en general, estaba particularmente saturado del lenguaje de la Septuaginta.

Autoría

La autentificación externa de esta epístola es muy fuerte. Ireneo, Clemente de Alejandría, Tertuliano, Orígenes y Cipriano todos la citan por nombre y sin expresar la más ligera duda en cuanto a su canonicidad. Y Eusebio dice: "Una epístola de Pedro llamada su primera es recibida universalmente". Salmon sugiere que, en vista de lo que dice Wescott, su omisión del canon Muratoriano puede deberse al error de un escriba, que dejó fuera una oración. Cp. Westcott, *The canon of the N.T.*, Apéndice C.

Además del hecho de que la carta se autolegitima, hay muy poca evidencia interna que nos pueda ayudar a determinar quién fue el autor. No hay nada que señale definitivamente a Pedro, que en parte se debe al hecho de que no tenemos un estándar de comparación reconocido generalmente. Los discursos en Hechos pudieron no haber sido registrados literalmente por Lucas, y 2Pedro es una de las epístolas más dudosas del Nuevo Testamento, en parte porque es muy distinta a nuestra carta. Si dejamos el primer versículo fuera de consideración, solo podemos decir sobre la fuerza de la evidencia interna que el escritor fue evidentemente testigo ocular de los sufrimientos de Cristo, 1 Pedro 3:1, que el contenido central de su enseñanza es, como el de Pedro en los Hechos de los Apóstoles, la muerte y la resurrección de Cristo; y que su actitud hacia los cristianos gentiles está en perfecta armonía con la del apóstol de la circuncisión. Además, se sabe que las personas mencionadas en 1 Pedro 5:12-13, eran conocidos de Pedro, cp. Hechos 12:12; 15:22.

El apóstol Pedro, originalmente llamado Simón, fue nativo de Betsaida, Juan 1:42,44. Cuando el Señor empezó su ministerio público, Pedro estaba casado y vivía en Capernaum, Lucas 4:31,38. Fue el hijo de Jonás, Mateo 16:17, y fue, junto con su padre y su hermano, de ocupación pescador, Marcos 1:16. Lo encontramos entre los primeros que fueron llamados a seguir al Señor, Mateo 4:18-19, y pronto recibió cierta prominencia entre los discípulos de Jesús. Esto estaba en armonía con el nuevo nombre, Pedro, que le dio el Señor, Juan 1:42. Con Juan y Santiago formó el círculo íntimo de los discípulos; juntos fueron los más íntimos seguidores del Salvador y como tales disfrutaron de privilegios especiales. Solo ellos entraron con el Señor a la casa de Jairo, Lucas 8:51; nadie más que ellos presenciaron la gloria en el monte de la transfiguración, Mateo 17:1; y solo ellos lo contemplaron en su hora de gran dolor en el jardín de Getsemaní, Mateo 26:37. La prueba de Jesús también fue la hora de la caída más profunda de Pedro, porque en esa ocasión negó tres veces a su Maestro, Mateo 26:69-75. Sin embargo, verdaderamente se arrepintió de su acción y el Señor lo restauró a su antigua posición, Juan 21:15-17. Después de la ascensión, se encontró a la cabeza de los discípulos en Jerusalén, guiándolos en la elección de un apóstol en lugar de Judas, Hechos 1:15-26, y predicando el sermón de pentecostés, Hechos 2:14-36. Trabajando primero en conexión con Juan, sanó al cojo; repetidamente se dirigió a la gente en el templo, ejecutó el juicio de Ananías y Safira, y una y otra vez defendió la causa de Cristo delante del sanedrín, Hechos 3-5. Durante el tiempo de persecución que siguió a la muerte de Esteban, fueron juntos a Samaria para establecer la obra de Felipe, Hechos 8:14ss. En Lida sanó a Eneas, Hechos 9:22ss, y resucitó a Tabita en Jope, Hechos 9:36s. Mediante una visión se le enseñó que los gentiles también debían ser admitidos en la iglesia, y fue preparado para ir y predicar a Cristo a la casa de Cornelio, Hechos 10:1-48. Después Santiago, el hermano de Juan fue asesinado; Pedro fue arrojado en prisión, pero, siendo liberado por un ángel, abandonó Jerusalén, Hechos 12:1-17. Más tarde regresó ahí y estuvo presente en el Concilio de Jerusalén, Hechos 15. Nada seguro se sabe de sus movimientos después de ese tiempo. De 1 Corintios 9:5 inferimos que trabajó en varios lugares. En una ocasión, Pablo lo reprendió por su simulación, Gálatas 2:11ss. De todas las tradiciones con respecto a su vida posterior podemos recopilar solo una pieza de información fiable, en el sentido de que hacia el final de su vida llegó a Roma, donde trabajó en la propagación del evangelio y sufrió el martirio bajo Nerón.

Pedro fue un hombre de acción más que de pensamiento profundo. Siembre era ansioso e impulsivo, pero, como a menudo es el caso con tales personalidades, carecía de la necesaria estabilidad de carácter. Ardiendo de amor hacia el Salvador, siempre estaba listo para defender su causa, Mateo 17:24-25; 16:22; Lucas 22:33; Juan 18:10, y para confesar su nombre, Juan 6:68s; Mateo 16:16. Pero su acción estaba a menudo caracterizada por una precipitación indebida, como, por ejemplo, cuando reconvino a Cristo, Mateo 16:22, hirió al siervo del sumo sacerdote, Juan 18:10, y se negó a que el Salvador lavara sus pies, Juan 13:6; y por mucha confianza en su propia fuerza, como cuando caminó sobre el mar, Mateo 14:28-31, y se declaró listo para morir con el Señor, Mateo 26:35. Fue esta imprudencia y autoconfianza que lo llevó a su caída. Por esa dolorosa experiencia, Pedro tuvo que ser enseñado sobre su propia debilidad antes de que pudiera realmente convertirse en la roca entre los apóstoles. Después de su restauración lo vemos como un firme confesor, listo, si se necesitaba, para dar su vida al Salvador.

Hasta el siglo anterior, la epístola fue considerada generalmente como la obra de Pedro, e incluso ahora la gran mayoría de estudiosos del Nuevo Testamento no han llegado a otra conclusión. Aún hay muchos, especialmente desde el tiempo de Baur, que niegan su autenticidad, como Hilgenfeld, Pfleiderer, Weizsacker, Hausrath, Keim, Schurer, Von Soden y otros. Las objeciones más importantes que instan contra el punto de vista tradicional son las siguientes: 1) La epístola claramente es dependiente de las cartas paulinas, ya que contiene pocos rastros de la enseñanza del Señor. Esto no es lo que se esperaría de Pedro, que había sido tan íntimo del Señor y había tomado una posición distinta a la de Pablo, Gálatas 2:11ss. Harnack considera este argumento como decisivo; dice: "Si no fuera por la dependencia (de 1 Pedro) de las epístolas paulinas, podría, quizá, permitirme sostener su autenticidad; esa dependencia, sin embargo, no es accidental, sino que es la esencia de la epístola". Citado por Chase, *Hastings D.B.* Art. 1 Pedro. 2). Está escrita en un griego mucho mejor de lo que uno puede esperar razonablemente de un pescador galileo como Pedro, de quien sabemos que en sus viajes misioneros necesitó a Marcos como intérprete. Davidson considera como probable que jamás fue capaz de escribir griego. 3) La epístola refleja condiciones que no existieron en la vida de Pedro. Los cristianos de Asia Menor fueron evidentemente perseguidos, simplemente porque eran cristianos, perseguidos por el nombre, y esto, se dice, no tuvo lugar hasta el tiempo de Trajano, 98-117 d.C. 4) Es muy improbable que Pedro escribiera una carta a las iglesias fundadas por Pablo, mientras este último aún vivía.

En cuanto al primer argumento, no necesitamos negar con Weiss y su pupilo Kuhl que Pedro es dependiente de algunos de los escritos de Pablo, especialmente de Romanos y Efesios. Con toda probabilidad leyó ambas epístolas, o si no conoció Efesios, Pablo pudo haberle hablado sobre su contenido. Y siendo como era de carácter receptivo, era muy natural que hubiera incorporado algunos de los pensamientos de Pablo en su epístola. No había tal antagonismo entre él y Pablo que lo hiciera contrario a las enseñanzas de su colega apóstol. La idea de una evidente hostilidad entre los dos es explotada, y la teoría de Baur de que esta carta es una *Unionsschrift* (escritura de unión), carece de toda base histórica y está cargada de un gran número de improbabilidades. Además, no necesita causar sorpresa que la enseñanza de esta epístola se parezca más a la enseñanza de Pablo que a la de Cristo, porque el énfasis había cambiado con la resurrección del Señor, que ahora, en relación con su muerte, se convirtió en el elemento central de la enseñanza de los apóstoles. Compare los sermones de Pedro en Hechos de los Apóstoles.

Con respecto a la objeción de que Pedro no pudo escribir el griego como el que encontramos en esta epístola, referimos a lo que dice Mayor respecto a Santiago. Se dice que del hecho de que Marcos había sido el intérprete de Pedro, no implica que este último no sabía griego. Sin embargo, también es posible que el griego de esta epístola no es del apóstol. Zahn argumenta con gran plausibilidad de 1 Pedro 5:12, Διὰ Σιλουανοῦ, que Silvano tomó parte activa en la composición de la carta, y con toda probabilidad la escribió bajo la inmediata dirección más que bajo el dictado verbal de Pedro, *Einl.* II pág.10s, también Brown sobre 1 Pedro *in loco*, y J.H.A. Hart, *Expág.Gk. Test* IV pág. 13s. Es posible que Silvano fuera tanto amanuense de Pedro como el portador de la epístola.

El tercer argumento está abierto a dos objeciones. Por un lado, descansa en una interpretación fallida de los pasajes que hablan de los sufrimientos padecidos por los cristianos de Asia Menor, como 1 Pedro 1:6; 3:9-17; 4:4ss, y especialmente 1 Pedro 4:12-19; 5:8-12. Y por el otro, se basa en una mala interpretación de la correspondencia entre Plinio y Trajano, 112 d.C. Los pasajes referidos no implican e incluso favorecen la idea de que los cristianos fueron perseguidos por el estado, aunque sí apuntan a un incremento de la severidad de sus sufrimientos. No hay indicios de litigios judiciales, de confiscación de la propiedad, de encarcelamientos o de muertes sangrientas. La importancia de la epístola es que los lectores fueron puestos bajo la necesidad de soportar el oprobio de Cristo en una forma distinta. Como cristianos estuvieron sujetos al ridículo, a la calumnia, a los malos tratos, y al ostracismo social; fueron los parias del mundo, 4:14. Y esto, por supuesto, trajo consigo múltiples tentaciones, 1:6. Al mismo tiempo la correspondencia entre Plinio y Trajano no implica que Roma no persiguiera a los cristianos como tal hasta cerca del 112 d.C. Ramsay dice que este estado de cosas podía haber surgido tan temprano como el año 80, y Mommsen, la gran autoridad en historia romana, es de la opinión que podía haber existido ya en la época de Nerón.

La última objeción es más bien de carácter subjetivo. Pedro estaba indudablemente interesado en la obra entre los cristianos de Asia Menor, y es posible que él mismo haya trabajado ahí por algún tiempo entre los judíos y así familiarizarse con las iglesias de esa región. ¿Y no parece probable que él, estando informado de sus actuales sufrimientos, y conociendo el antagonismo de los judíos, quienes habían ocasionalmente usado su nombre para menospreciar la autoridad y subvertir la doctrina de Pablo, considerara conveniente enviarles una carta de exhortación, instándolos a permanecer en la verdad en la que se encontraban, y así indirectamente fortalecer su confianza en su colega apóstol?

Destinatario
La carta está dirigida "a los expatriados de la dispersión en el Ponto, Galacia, Capadocia, Asia y Bitinia", 1 Pedro 1:1. El uso estricto del término judío diáspora, es apto para crear la impresión de que la carta fue enviada a los cristianos judíos. Orígenes dice, presumiblemente sobre la base de este título, que parece que Pedro predicó *a los judíos en la dispersión*. Y Eusebio se siente seguro de que esta carta fue enviada *a los hebreos o a los cristianos judíos*. La gran mayoría de los Padres de la Iglesia están de acuerdo con ellos. Recientemente entre los estudiosos, Weiss y Kuhl defienden la posición de que la carta fue dirigida a las congregaciones judías fundadas en Asia Menor por Pedro. Pero la idea de que los lectores originales de esta epístola fueron cristianos de extracción judía no es favorecida por la evidencia interna. Note especialmente: 1) Los pasajes que apuntan a la condición moral pasada de los lectores, como 1 Pedro 1:14 (compare Gálatas 4:8, Efesios 4:18); 1 Pedro 1:18 (comparar Efesios 1:17); 1 Pedro 4:2-4 (comparar 1 Tesalonicenses 4:5; Efesios 2:11); y 2) el uso en-

fático de "tú" como distinto del de "nosotros" que se encuentra en el contexto, para marcar a los lectores como personas que estaban destinadas a recibir las bendiciones del evangelio y a quienes finalmente llegaron. Además, esta está en perfecto acuerdo con lo que sabemos de las iglesias de Asia Menor; ciertamente ellas consistían primeramente de cristianos gentiles. Pero surge naturalmente la pregunta de si esta opinión no se contradice con el destinatario. Y a esa pregunta respondemos que ciertamente lo hace, si la palabra διασπορᾶς debe ser tomada literalmente; pero esto también sería valido, y en armonía con el contenido de la epístola, ahora se le da una interpretación figurativa. La palabra διασπορᾶς es un GENITIVUS APPOSTITIVUS (genitivo apositivo) (para esto cp. Blass, *Grammatik* pág. 101) con παρεπιδήμοις. Tomada en sí mismo, el destinatario es una descripción figurativa de todos los creyentes, ya sean cristianos judíos o gentiles, como extranjeros en la tierra, que no tienen aquí una morada permanente, sino que buscan la ciudad celestial, y que constituyen la dispersión, porque están separados de su hogar eterno del cual la Jerusalén terrena era solo un símbolo. De acuerdo con esto, el apóstol se dirige en otro lugar a los lectores como "peregrinos y extranjeros", 1 Pedro 2:11, y los exhorta "conducíos en temor todo el tiempo de vuestra peregrinación", 1 Pedro 1:17. Cp. *the Comm.* of Huther, Brown, y Hart (*Expág.Gk. Test.*), y las *Introductions* de Zahn, Holtzmann, Davidson y Barth. Salmon admite la posibilidad de esta interpretación, pero sin embargo se inclina a tomar la palabra diáspora literalmente, y a creer que Pedro escribió su carta a los miembros de la iglesia romana que se dispersaron a través de Asia Menor como resultado de la persecución de Nerón. *Introd.* pág. 485.

En cuanto a la condición de los lectores, el hecho sobresaliente es que estaban sujetos a dificultades y persecuciones debido a su lealtad a Cristo, 1 Pedro 1:17; 2:12-19. No hay suficiente evidencia de que fueron perseguidos por el estado; sufrieron a manos de sus colegas en la vida diaria. Los gentiles los rodeaban hablando mal de ellos, porque no tomaban parte en sus parrandas e idolatría, 1 Pedro 4:2-4. Esto constituyó la prueba de su fe, y parece que algunos estuvieron en peligro de identificarse con la forma de vida pagana, 1 Pedro 2:11,12,16. Necesitaban aliento y una mano firme para guiar sus débiles pasos.

Composición
1. *Motivo y Propósito*. De forma general podemos decir que la condición que acabamos de describir llevó a Pedro a escribir esta epístola. Pudo haber recibido información con respecto al estado de cosas de Marcos o Silvano, quienes están indudablemente identificados con los nombres de los compañeros de Pablo, y que por lo tanto estaban bien familiarizados con las iglesias de Asia Menor. Probablemente la ocasión exacta para el escrito de Pedro debe ser encontrado en el viaje prospectivo de Silvano a esas iglesias.

El propósito del escritor no fue doctrinal sino práctico. No intentó dar una exposición de la verdad, sino enfatizar su relación con la vida, especialmente en la condición en la que los cristianos de Asia Menor se encontraban. Sin embargo, los críticos de Tubinga están equivocados cuando sostienen que el escritor desconocido, que se hace pasar por Pedro, deseaba hacer parecer como si no hubiera conflicto entre el apóstol de la circuncisión y el apóstol de los gentiles, y en unir a las partes discordantes de la iglesia, porque, 1) tales partidos antagónicos no existieron en el segundo siglo, y 2) la epístola no revela un solo rastro de tal tendencia. El escritor incidentalmente y en una forma general establece su objetivo, cuando dice en 1 Pedro 5:12: "Por conducto de Silvano, a quien tengo por hermano fiel, os he escrito brevemente, amonestándoos, y testificando que ésta es la verdadera gracia de Dios, en la cual estáis". El propósito principal del autor fue evidentemente exhortar a los lectores a sufrir, no como hacedores de maldad, sino como bienhechores, para asegurarse que sufran solo por Cristo; a sufrir pacientemente, permaneciendo firmes a pesar de todas las tentaciones y a soportar sus sufrimientos con una esperanza gozosa, ya que redundará en gloria que nunca se desvanece. Y porque estos sufrimientos pueden llevarlos a la duda y al desaliento, el escritor plantea testificar que la gracia en la que se encuentran, y con la que los sufrimientos de este tiempo presente están inseparablemente conectados, es ya la verdadera gracia de Dios, confirmando así la obra de Pablo.

2. *Tiempo y Lugar*. Hay especialmente tres teorías con respecto al lugar de composición, a saber: 1) que la epístola fue enviada de Babilonia en el Éufrates, 2) que fue compuesta en Roma, y 3) que fue escrita desde Babilonia cerca del Cairo en Egipto. La última hipótesis no encontró apoyo y no necesita ser considerada. La respuesta respecto a la cuestión del lugar de composición depende de la interpretación de 1 Pedro 5:13, donde leemos: "La iglesia que está en Babilonia, elegida juntamente con vosotros, y Marcos mi hijo, os saludan". La impresión "prima facie" dada por estas palabras es que el escritor estaba en la antigua Babilonia, la bien conocida ciudad en el Éufrates. Sin embargo, muchos de los antiguos Padres de la Iglesia (Papías, Clemente de Alejandría, Hipólito, Eusebio, Jerónimo) y muchos posteriores comentadores y escritores en su Introducción (Bigg, Hart, Salmon, Holtzmann, Zahn, Chase) consideran el nombre de Babilonia como una designación figurativa de Roma, tal como en Apocalipsis, 17:5; 18:2,10. En favor de la interpretación literal se argumenta, 1) que su uso figurativo es muy improbable en una declaración de hechos, y 2) que en 1:1 el orden en que se nombran las provincias de Asia Menor es de este a oeste, indica la ubicación del escritor. Sin embargo, aparte del hecho de que el último argumento necesita ser certificado, estas consideraciones no parecen estar más que compensadas por los siguientes hechos: 1) Una tradición antigua y confiable, que puede ser rastreada hasta el siglo segundo, nos informa que Pedro estaba en Roma hacia el final de su vida, y que

finalmente murió ahí como mártir. Esto debe distinguirse de la tradición del siglo cuarto al efecto de que residió en Roma por un periodo de veinticinco años como su primer obispo. Por el otro lado no existe el más leve registro de que haya estado en Babilonia. No fue hasta la Edad Media que se infirió de 5:13 que había visitado la ciudad en el Éufrates. 2) En el Apocalipsis de Juan, Roma es llamada Babilonia, una terminología que probablemente llegaría a ser de uso general, tan pronto como Babilonia dejó ver que era la verdadera contraparte de la antigua Babilonia, el representante del mundo contra la Iglesia de Dios. La persecución de Nerón comenzó ciertamente a revelar su carácter como tal. 3) El sentido simbólico está en perfecta armonía con la interpretación figurativa del destinatario, y con la designación de los lectores como "peregrinos y extranjeros en la tierra". 4) En vista de lo que Josefo dice en *Ant*. XVIII 9. Es dudoso, que Babilonia ofreciera al apóstol un campo para trabajo misionero en el momento cuando se compuso esta epístola. Consideramos muy probable que el escritor se refiera a Roma en 5:13.

Con respecto al tiempo en que esta epístola fue escrita, prevalece una gran incertidumbre. Se han sugerido fechas desde 54 a 147 d.C. De los que niegan la autoría de Pedro, la gran mayoría refieren la carta a los tiempos de Trajano después de 112 d.C., la fecha del decreto de Trajano, por las razones que ya hemos discutido. Así Baur, Keim, Lipsius, Pfleiderer, Hausrath, Weizsacker, Hilgenfeld, Davidson y otros. Al determinar la fecha de redacción debemos ser guiados por los siguientes datos: 1) La epístola no puede haber sido escrita después de 67 o 68 d.C., la fecha tradicional de la muerte de Pedro, que algunos, sin embargo, colocan en el año 64 d.C. Cp. Zahn *Einl.* II pág. 19. 2) Pedro evidentemente había leído las epístolas de Pablo a los Romanos (58) y la de Efesios (62), y por lo tanto no pudo haber escrito antes de 62 d.C. su carta. 3) La letra no hace ninguna mención de Pablo, así que presumiblemente fue escrita en el tiempo cuando este apóstol no estaba en Roma. 4) El hecho de que Pedro escribe a las iglesias paulinas favorece la idea de que Pablo se había retirado temporalmente de su campo de trabajo. Estamos inclinados a pensar que compuso la epístola, cuando Pablo estaba en su viaje a España, cerca de 64 o 65 d.C.

Importancia Canónica
La canonicidad de la carta nunca ha sido cuestionada en los primeros siglos de nuestra era. Es mencionada en 2Pedro 3:1. Papías evidentemente la usó y hay claros rastros de su lenguaje en Clemente de Roma, Hermas y Policarpo. Las versiones Siriaca y Latina Antigua la contienen, mientras que se cita en la epístola de las Iglesias de Viena y Lyon, Ireneo, Clemente de Alejandría y Tertuliano todos la citan por su nombre, y Eusebio la clasifica con los *Homologoumena*. Algunos estudiosos objetaron a esta epístola que estaba caracterizada por una falta de carácter distintivo. Pero la objeción no está bien fundamentada, ya que la carta ciertamente tiene una importancia única entre los escritos del Nuevo Testamento. Enfatiza la gran importancia que tiene la esperanza de una herencia bendita y eterna en la vida de los hijos de Dios. Vista a la luz de su gloria futura, le vida presente de los creyentes, con todas sus pruebas y sufrimientos, se desvanece en el fondo y se dan cuenta de que son peregrinos y extranjeros en la tierra. Desde ese punto de vista entienden el significado de los sufrimientos de Cristo como la apertura del camino hacia Dios, y también aprenden el valor de sus propias tribulaciones en cuanto ministran para el desarrollo de la fe y de su gloria eterna. Y luego, al vivir en la expectativa del pronto retorno de su Señor, se dan cuenta que sus sufrimientos son de corta duración y por lo tanto lo sobrellevan gozosamente. En medio de todas sus luchas la iglesia de Dios no debe olvidar mirar hacia su gloria futura– el objeto de su esperanza viva.

CAPÍTULO 27
La Segunda Epístola General de Pedro

... ଌ୬ଔ ...

Contenido

El contenido de la epístola puede ser dividido en dos partes:

I. *La Importancia del Conocimiento Cristiano*, 1:1-21. Después del saludo, 2Pedro 1:1-2, el autor recuerda a sus lectores las grandes bendiciones que recibieron a través del conocimiento de Jesucristo, y los insta a vivir dignos de ese conocimiento y así asegurar su llamamiento y elección, 2Pedro 3-11. Dice que consideró conveniente recordarles lo que ya sabían, y que se encargaría de que recordaran estas cosas después de su fallecimiento, 2Pedro 1:12-15. Este conocimiento es de gran valor, porque descansa en un fundamento seguro, 2Pedro 1:16-21.

II. *Advertencia Contra los Falsos Maestros*, 2:1-3:18. El apóstol anuncia la venida de falsos profetas que negarían la verdad y engañarían a muchos, 2Pedro 2:1-3. Luego demuestra la certeza de su castigo mediante ejemplos históricos, 2Pedro 2:4-9, y da una breve descripción de su carácter sensual, 2Pedro 2:10-22. Afirma que escribió la carta para recordarles el conocimiento que han recibido, les informa que vendrán burladores en los últimos días, que negarán la venida de Cristo, 2Pedro 3:1-4. Refuta sus argumentos, asegurando a los lectores que el Señor vendrá, y los exhorta a tener una conversación santa, 2Pedro 3:5-13. Refiriéndose a su acuerdo con Pablo en su enseñanza, termina su carta con una exhortación para que crezcan en gracia y en el conocimiento de Jesucristo, 2Pedro 3:14-18.

Características

1. Como la primera epístola, esta segunda es también una carta de advertencia práctica, exhortación y aliento. Pero mientras que en la primera la nota dominante es la esperanza cristiana, la idea dominante en la segunda es el conocimiento cristiano. "Es el ἐπίγνωσις χπιστοῦ que consiste esencialmente en el reconocimiento de la δύναμις καὶ παρουσία de Cristo. El avance en este ἐπίγνωσις, como la base y el objetivo del ejercicio de las virtudes cristianas, es la característica prominente de cada exhortación". Huther, *Comm.* pág.344. Este conocimiento, descansando sobre un fundamento seguro, debe ser el soporte de los lectores cuando las falsas doctrinas se propagan entre ellos, y debe ser su incentivo para la santidad a pesar de las influencias seductoras que los rodean.

2. Esta epístola tiene una gran afinidad con la de Judas, cp. 2Pedro 2:1-18; 3:1-3. La similitud es de tal carácter que no puede ser considerada accidental, pero claramente señala la dependencia de una sobre la otra. Aunque no se puede decir que la cuestión está completamente resuelta, la gran mayoría de los estudiosos, entre quienes están algunos que niegan la autoría de Pedro (Holtzmann, Julicher, Chase, Strachan, Barth y otros.), y otros quienes defienden la autenticidad de la epístola (Wiesinger, Bruckner, Weiss, Alford, Salmon), mantienen la prioridad de Judas. Las principales razones que los llevan a esta conclusión son las siguientes: 1) La fraseología de Judas es más simple que la de Pedro en los pasajes relacionados. El lenguaje de la carta es más laborioso y parece más una elaboración de lo que escribió primero. 2) Muchos pasajes en Pedro pueden ser completamente entendidos solo a la luz de lo que Judas dice, compare 2Pedro 2:4 con Judas 6; 2Pedro 2:11 con Judas 9; 2Pedro 3:2 con 17. 3) Aunque los pasajes similares están adaptados al tema de ambas epístolas, lucen más naturales en el contexto de Judas

que en Pedro, el curso de pensamiento es más regular en la epístola de Judas. La preferencia de Judas está bien establecida, aunque especialmente Zahn, Spitta (quien defiende la segunda epístola de Pedro a costa de la primera) y Bigg montan una buena defensa por la preferencia de Pedro.

3. El lenguaje de 2Pedro tiene alguna semejanza al de la primera epístola, cp. Weiss, *Introd.* pág. 166, pero la diferencia entre las dos es más grande que su similitud. No necesitamos poner especial atención al *hapax legomena* que se encuentra en esta carta, ya que contiene solo 48, mientras que 1 Pedro tiene 58. Pero hay otros puntos que merecen nuestra atención. Bigg dice: "El vocabulario de 1 Pedro es solemne, el de 2Pedro tiende a lo grandioso". *Comm.* pág.225. Y de acuerdo con Simcox, "vemos en esta epístola, comparada con la primera, a la vez menos familiaridad instintiva con el idioma griego y un esfuerzo más consciente en la elegante composición griega". *Writers of the N.T.* pág. 69.

Hay 361 palabras en 1 Pedro que no se encuentran en esta epístola, y 231 en 2Pedro que están ausentes de esta primera carta. Hay cierta afición por la repetición de las palabras, cp. Holtzmann, *Einl.* pág. 322, que Bigg, sin embargo, encuentra igualmente notable en 1 Pedro. Las partículas conectivas, ἵνα, ὅτι, οὖν, μέν, encontradas frecuentemente en 1 Pedro, son raras en esta epístola, donde en su lugar encontramos oraciones introducidas con τοῦτο o ταῦταχφ, 2Pedro 1:8,10; 3:11,14. Y mientras que en la primera epístola hay un libre intercambio de preposiciones, a menudo encontramos la repetición de la misma preposición en la segunda, φἴδια, se encuentra tres veces en 2Pedro 1:3-5 y ἐν siete veces en 2Pedro 1:5-7. Distintas palabras son frecuentemente usadas para expresar las mismas ideas, comparar ἀποκαλυψις, 1 Pedro 1: 7,13; 1 Pedro 4:13 con παρουσία, 2Pedro 1:16; 3:4; ῥαντισμός, 1 Pedro 1:2 con καθαρισμός, 2Pedro 1:9; κληρονομία, 1 Pedro 1:4 con αἰώνοκ βασιλεια, 2Pedro 1:11.

Autoría

Esta epístola es la más débilmente atestiguada de todos los escritos del Nuevo Testamento. Además de la declaración de Jerónimo, no encontramos una sola declaración en los Padres de los primeros cuatro siglos que explicita y positivamente atribuyan esta obra a Pedro. Sin embargo, hay algunas evidencias de su uso canónico, que testifican indirectamente de una creencia en su autenticidad. Hay algunas frases en Clemente de Roma, Hermas, las Pseudoclementinas y Teófilo que recuerdan a 2Pedro, pero las coincidencias pueden ser accidentales. Supuestos rastros de esta epístola se encuentran en Ireneo, aunque todos ellos pueden ser explicados de otra manera, cp. Salmon, *Introd.* pág.324 ss. Eusebio y Focio dicen que Clemente de Alejandría comentó nuestra epístola, y su afirmación puede ser correcta, a pesar de la duda de Casiodoro sobre ella, cp. Davidson, *Introd.* II pág. 533ss. Orígenes atestigua que el libro fue conocido en su tiempo, pero que su autenticidad estuvo en disputa. Él mismo la cita numerosas veces sin alguna expresión de duda. Sin embargo, se señala que estas citas se encuentran en aquellas partes de su obra que solo conocemos en la traducción latina de Rufino, que no es siempre confiable, aunque, según Salmon, la presunción es que Rufino no las inventó, Introd. pág. 533ss. Eusebio clasifica esta carta con los *Antilegómenos* y Jerónimo dice: "Simón Pedro escribió dos epístolas, que son llamadas católicas, la segunda de las cuales la mayoría de las personas niega ser suya, debido a su desacuerdo en estilo con la primera". Explica esta diferencia en otra parte asumiendo que Pedro empleó a un distinto intérprete. Desde ese tiempo la epístola fue recibida por Rufino, Agustín, Basilio, Gregorio, Paladio, Hilario, Ambrosio y otros. Durante la Edad Media se aceptó generalmente, pero en el tiempo de la Reforma, Erasmo y Calvino, aunque aceptaron la carta como canónica dudaron de la autoría directa de Pedro. Sin embargo, Calvino creyó que en algún sentido la autoría petrina debía ser mantenida, y supuso que un discípulo la escribió bajo las órdenes de Pedro.

La epístola misma apunta definitivamente a Pedro como su autor. En el primer versículo el escritor se autonombra, "Simón Pedro, siervo y apóstol de Jesucristo", que excluye claramente la idea de Grocio de que Simeón, el sucesor de Santiago en Jerusalén, escribió la carta. De 1:16-18 sabemos que el autor fue un testigo de la transfiguración de Cristo, y en 3:1 encontramos una referencia a su primera epístola. En lo que concierne al estilo y expresión hay una gran similitud entre esta carta y los discursos de Pedro en Hechos de los Apóstoles que entre la primera epístola y esos discursos. Además, Weiss concluye que desde un punto de vista bíblico y teológico, ninguna escritura del Nuevo Testamento es más parecido a 1 Pedro que esta epístola, *Introd.* II pág.165. Además, el espíritu general de la epístola está en contra de la idea de que es una falsificación. Calvino mantuvo su canonicidad, "porque la majestad del Espíritu de Cristo se exhibió en cada parte de la epístola".

Sin embargo, a pesar de esto, la autenticidad de la carta está sujeta a serias dudas en tiempos modernos, eruditos tales como Mayerhoff, Credner, Hilgenfeld, Von Soden, Hausrath, Mangold, Davidson, Volkmar, Holtzmann, Julicher, Harnack, Chase, Strachan y otros. niegan que la escribió Pedro. Pero la epístola no está exenta de defensores, Luthardt, Wiesinger, Guericke, Windischmann, Bruckner, Hofmann, Salmon, Alford, Zahn, Spitta, y Warfield, mantienen su autenticidad, mientras que Huther, Weiss, y Kuhl concluyen sus investigaciones con un *non liquet*.

Las principales objeciones de la autenticidad de 2Pedro son las siguientes: 1) El lenguaje de la epístola es tan distinto al de 1 Pedro que excluye la posibilidad de que proceda del mismo autor. 2) La dependencia del escritor de Judas es inconsistente con la idea de que fue Pedro, no solo porque Judas fue escrita mucho tiempo después de la vida de Pedro, sino también porque es indigno de un apóstol confiar a tal grado en alguien que no tuvo esa distinción. 3) Parece que el autor es demasiado ansioso de identificarse con el apóstol Pedro: hay una alusión triple a su muerte, 2Pedro 1:13-15, quiere que los lectores entiendan que estuvo presente en la transfiguración, 2Pedro 1:16-18, y se identifica con el autor de la primera epístola, 2Pedro 3:1. 4) En 2Pedro 3:2 donde la lectura ὑμῶν está mejor atestiguada que ἡμῶν, el escritor al usar la expresión, τῆς τῶν ἀποστόλων ὑμῶν ἐντολῆς, parece colocarse fuera del círculo apostólico. Derivando la expresión de Judas, el escritor olvidó que quería pasar por un apóstol y por lo tanto no podía usarlo con la misma propiedad. Cp. Holtzmann, *Einl.* pág.321. 5) El escritor habla de algunas de las epístolas de Pablo como Escritura en 3:16, implicando la existencia del canon del Nuevo Testamento, traicionando su segundo punto central. 6) La epístola también se refiere a las dudas respecto a la segunda venida de Cristo, 2Pedro 3:4ss, que señalan más allá de la vida de Pedro, porque tales dudas no pueden albergarse antes de la destrucción de Jerusalén. 7) Según el Dr. Abbott (en el *Expositor*) el autor de 2Pedro está en gran deuda con las antigüedades de Josefo, una obra que se publicó cerca del 93 d.C.

No podemos negar que hay fuerza en algunos de estos argumentos, pero no creemos que nos obliguen a renunciar a la autoría de Pedro. El argumento del estilo sin duda es de los más importantes, pero si aceptamos la teoría de que Silvano escribió la primera epístola bajo la dirección de Pedro, mientras que el apóstol compuso la segunda, ya sea de su propia mano o mediante otro amanuense, la dificultad se desvanece. En cuanto a la dependencia literaria de Pedro de Judas en lo que a mi concierne, es bueno tener en cuenta que no está completamente probada. Sin embargo, asumiendo que se establezca, no hay nada peyorativo en ello para Pedro, ya que Judas también fue un hombre inspirado, y porque en aquellos primeros días los préstamos no reconocidos eran vistos en una forma muy distinta a lo que es hoy día. Que el autor es extremamente solícito en mostrar que él es el apóstol Pedro no es, incluso si puede probarse, argumento en contra de la autenticidad de esta carta. En vista de que los engañadores contra los cuales advierte a los lectores, era ciertamente importante que tuvieran en cuenta su posición oficial. Pero no puede mantenerse que insista en ello demasiado. Las referencias a su muerte, su experiencia en el monte de la transfiguración, y su primera epístola se introducen de una manera perfectamente natural. Además, este argumento se neutraliza por algunos otros presentados por los críticos negativos. Si el escritor estaba realmente ansioso, ¿por qué habla de sí mismo como Simón Pedro, cp. 1 Pedro 1:1; por qué parece excluirse a sí mismo del círculo apostólico; y por qué no uso de manera estrecha el lenguaje de 1 Pedro? La dificultad creada por 2Pedro 3:2 no es tan grande como parece a algunos. Si ese pasaje realmente refuta la autoría de Pedro, ciertamente fue un trabajo muy torpe de un falsificador muy inteligente, para dejarlo ahí. Pero el escritor, hablando de los profetas como una clase, coloca junto a ellos otra clase, a saber, la de los apóstoles, que habían ministrado más especialmente a las iglesias del Nuevo Testamento, y podía por lo tanto como clase llamarse "sus apóstoles", es decir, los apóstoles que les predicaron. El escritor evidentemente no deseaba destacarse, probablemente, sino por alguna otra razón, porque otros apóstoles trabajaron más entre los lectores de lo que él lo había hecho. La referencia a las epístolas de Pablo no implica necesariamente la existencia del canon del Nuevo Testamento y es una suposición gratuita que no fueran consideradas como Escritura en el primer siglo, así que la carga de la prueba reside en los que la hacen. Lo mismo puede decirse de la afirmación de que no se podía albergar duda en cuanto a la segunda venida de Cristo antes de la destrucción de Jerusalén. Además, el autor no dice que estas ya se hayan expresado, sino que serían proferidas por burladores que vendrían en los últimos días. El intento de probar la dependencia de 2Pedro de Josefo, ha sido probada como falaz, especialmente por Salmon y por el Dr. Warfield.

El primero dice, en conclusión: "El Dr. Abbot ha fallado completamente en demostrar su teoría, pero debo agregar que tratar de establecerla era una teoría irracional". *Introd.* pág.536.

Destinatario
Los lectores son simplemente señalados como aquellos "que habéis alcanzado, por la justicia de nuestro Dios y Salvador Jesucristo, una fe igualmente preciosa que la nuestra", 2Pedro 1:1. De 2Pedro 3:1, sin embargo, deducimos que son idénticos a los lectores de la primera epístola y de 2Pedro 3:15, que también fueron destinatarios de algunas de las epístolas paulinas. Es en vano adivinar qué epístola pudo haber tenido a la vista el escritor. Zahn argumenta ampliamente que nuestra epístola fue escrita a los cristianos judíos en y alrededor de Palestina, que habían sido llevados a Cristo por Pedro y por otros de los doce apóstoles. Basa su conclusión en la diferencia general de circunstancias supuestas en las dos cartas de Pedro, y en pasajes tales como 2Pedro 1:1-4, 16-18; 3:2. Pero nos parece que las epístolas no contienen una sola pista con respecto al carácter judío de sus lectores, mientras que pasajes como 2Pedro 1:4 y 3:15 más bien implican su origen gentil. Además, para mantener su teoría, Zahn debe asumir que tanto 2Pedro 3:1 y 3:15 se refieren a cartas perdidas, cp. *Einl.* II pág. 43ss.

La condición de los supuestos lectores en esta carta es de hecho distinta de la que refleja la primera epístola. No se menciona alguna persecución; en vez de aflicción desde el exterior, ahora se ven venir peligros internos. Los lectores necesitaban ser firmemente fundamentados en la verdad, ya que tendrían pronto que contender con maestros heréticos, que teóricamente negarían el señorío de Jesucristo, 2Pedro 2:1, y su segunda venida, 2Pedro 3:4, prácticamente deshonrarían sus vidas por el libertinaje, capítulo 2. Estos herejes habían sido descritos como saduceos, como gnósticos y como nicolaítas, pero es más que dudoso que podamos identificarlos con alguna secta en particular. Ciertamente fueron antinomianos prácticos, llevaban vidas descuidadas, sin sentido y pecaminosas, simplemente porque no creían en la resurrección y en el juicio futuro. Su doctrina era, con toda probabilidad, un gnosticismo incipiente.

Ya que el autor emplea tanto el tiempo futuro como el presente al describirlos, surge la cuestión de si ya estaban presentes o si aún estaban por venir. La explicación más natural es que el autor ya sabía que tales falsos maestros estaban trabajando en algunos lugares (cp. especialmente 1 Corintios y las epístolas a los Tesalonicenses), así que en consecuencia podía dar una descripción vívida de ellos, y que esperaba que extendieran su perniciosa influencia también en las iglesias de Asia Menor.

Composición

1. *Motivo y Propósito.* El motivo que llevó a la composición de esta epístola debe encontrarse en las peligrosas herejías que estaban obrando en algunas iglesias, y que también amenazaban a los lectores.

Al determinar el objeto del escritor, la escuela de Tubinga enfatizó 2Pedro 3:15, y encontró en él la promoción de armonía y paz entre los partidos petrino y paulino, (Baur, Schwegler, Hausrath). En vista de esta finalidad, dicen, el escritor personificado como Pedro, el representante de la cristiandad judía, reconoce a Pablo, que representa la tendencia más liberal de la iglesia. Pero no es justificado poner tal énfasis en este pasaje en particular. Otros consideran la epístola primariamente como una polémica en contra del gnosticismo, contra los falsos maestros representados en la carta. Ahora bien, no se puede negar que la epístola es en parte controversial, pero solo es su carácter secundario. El objeto principal de la carta, como se indica en 2Pedro 1:16 y 3:1-2, fue recordar a los lectores la verdad que habían aprendido para que no pudieran ser extraviados por los libertinos teóricos y prácticos que pronto harían sentir su influencia, y especialmente fortalecer su fe en la parusía prometida de Jesucristo.

2. *Motivo y Lugar*. La epístola no contiene alguna información en cuanto al tiempo de su composición. Solo podemos inferir de 3:1 que fue escrita después de 1 Pedro, aunque Zahn, que no está limitado por este pasaje, la coloca antes de la primera epístola, cerca del 60-63 d.C. El hecho de que la condición de las iglesias, que se indica en esta carta, es muy distinta de la que se refleja en el primer escrito, presupone un lapso, aunque no requiere muchos años para explicar el cambio. Un corto tiempo sería suficiente para el surgimiento de los enemigos a que se refiere la epístola. ¿No podemos decir, en vista de las tendencias patentes en Corinto, que sus doctrinas ya habían germinado por algún tiempo? Además, según 2Pedro 1:14, el escritor sintió que su fin estaba cerca. Por lo tanto, preferimos fechar la carta cerca del año 66 o 67.

Aquellos que niegan la autenticidad de la epístola la colocan generalmente en algún lugar entre los años 90 y 175, por razones tales como su dependencia de Judas y del Apocalipsis de Juan, su referencia al gnosticismo y su implicación respecto a la existencia del canon del Nuevo Testamento.

Dado que una tradición confiable nos informa que Pedro paso la última parte de su vida en Roma, la epístola fue compuesta con toda probabilidad en la ciudad imperial. Zahn señala a Antioquía, y Julicher sugiere Egipto como el lugar de composición.

Importancia Canónica
Para la recepción de esta epístola en la Iglesia primitiva, referimos a lo que ya se ha dicho antes. Como todos los escritos canónicos, este también tiene una importancia permanente. Su importancia se encuentra en el hecho de que enfatiza el gran valor del correcto conocimiento cristiano, especialmente en vista de los peligros de todo tipo de falsas en-

señanzas que surgen para los creyentes, y del ejemplo resultante de una vida libertina, licenciosa e inmoral. Nos enseña que una cristiandad que no está bien fundada en la verdad como es en Cristo, es como un barco sin timón en el mar turbulento de la vida. Un cristianismo sin dogma no puede mantenerse a sí mismo contra los errores del día, sino que caerá ante las fuerzas triunfantes de la obscuridad, no tendrá éxito en cultivar una vida pura, noble y espiritual, sino que se conformará a la vida del mundo. En particular, la epístola nos recuerda el hecho de que, la fe en el regreso de Cristo, nos inspira a una conversación santa.

CAPÍTULO 28
La Primera Epístola General de Juan

... ঠাওঙ ...

Contenido
Es imposible dar una representación esquemática satisfactoria del contenido de esta carta. Después de la introducción, 1 Juan 1:1-4, en que el apóstol declara que el propósito de su ministerio es manifestar la Palabra divina dadora de vida, para que los lectores puedan tener compañerismo con él y con los otros apóstoles, y a través de ellos con Dios y con Cristo; define el carácter de esta comunión y señala que, ya que Dios es luz, los creyentes también deben ser y caminar en la luz, 1 Juan 1:5-10, es decir, deben protegerse contra el pecado y guardar los mandamientos de Dios, 1 Juan 2:1-6. Recuerda a sus lectores el gran mandamiento, que es a la vez antiguo y nuevo, que deben amar a los hermanos, 1 Juan 2:7-14, y en relación con esto les advierte no amar al mundo, y apartarse de los falsos maestros que niegan la verdad, 1 Juan 2:15-27.

La representación de Dios como luz pasa ahora a la de Dios como justo, y el escritor insiste que solo el que es justo puede ser un hijo de Dios, 1 Juan 2:28-3:6. Recuerda a sus lectores el hecho de que ser justo es hacer justicia, que a su vez es idéntico a amar a los hermanos, 1 Juan 3:7-17. Una vez más advierte a los lectores contra el amor del mundo, y señala que el mandamiento de Dios incluye dos cosas, a saber, creer en Cristo y amar a los hermanos, 1 Juan 3:18-24.

En vista de los falsos maestros luego les recuerda a los lectores que la prueba de tener el Espíritu de Dios se encuentra en la verdadera confesión de Cristo, en la adhesión a la enseñanza de los apóstoles, y en la fe en Jesús que es la condición del amor y de la verdadera vida espiritual, 1 Juan 4:1-5:12. Finalmente afirma el objeto de la epístola una vez más, y da un pequeño resumen de lo que ha escrito, 1 Juan 5:13-21.

Características

1. La forma literaria de esta epístola es distinta de las otras cartas del Nuevo Testamento; la epístola a los Hebreos y la de Santiago se parecen más en este aspecto. Como la epístola a los Hebreos, no tiene el nombre de su autor ni de sus lectores originales, y no contiene la bendición apostólica al principio; y en concordancia con la de Santiago no tiene una conclusión formal, ni saludos y salutaciones al final. Esta característica lleva a algunos a negar su carácter epistolar, sin embargo, tomando todo en consideración, la conclusión es inevitable que es una epístola en el sentido propio de la palabra, y no un tratado didáctico. "La libertad de estilo, el uso directo de términos tales como 'te escribo', 'te escribí' y la base en la cual el escritor y los lectores se unen entre sí a través de su contenido, muestra no tener una composición formal" (Salmon). Además, no revela un plan como el que se esperaría de un tratado. El orden que se encuentra en ella está determinado por asociación más que por la lógica, los pensamientos son agrupados sobre ciertas ideas dominantes, claramente relacionadas.

2. La gran afinidad de esta epístola con el evangelio de Juan llama naturalmente la atención. Las dos son muy semejantes en la concepción general de la verdad, en la forma específica de presentar las cosas y en estilo y expresión. Además, hay muchos pasajes en ambas que se explican mutuamente, como, por ejemplo:

Primera Epístola de Juan	Evangelio de Juan	Primera Epístola de Juan	Evangelio de Juan
1:1,2	1:1, 2, 4, 14	3:11, 16	15:12-13
2:1	14:6	4:6	8:47

2:2	11:51-52	5:6	19:34-35
2:8	13:34; 15:10-12	5:9	5:32, 34, 36; 8:17-18
2:10	11:9-10; 12:35	5:12	3:36
2:23	15:23-24	5:13	20:31
2:27	14:26; 16:13	5:14	14:13-14; 16:23
3:8, 15	8:44	5:20	17:3

Por lo tanto, muchos estudiosos asumen una conexión íntima de la epístola con el evangelio, considerándola como un tipo de introducción (Lightfoot), un tipo de escritura dedicatoria (Hausrath, Hofmann), o un compañero práctico (Michaelis, Storr, Eichhorn), destinado a acompañar al evangelio. Al mismo tiempo hay diferencias de este tipo entre los dos escritos, ya que parece más probable que la epístola sea una composición independiente. Cp. Holtzmann, *Einl.* pág.478, Salmond, *Hastings D.B.* Art. 1 Juan, 5.

3. La verdad es representada en esta epístola más ideal que históricamente. Este importante hecho es afirmado por Salmond concisamente como sigue: "Las ideas características de la epístola son pocas y simples, son de gran significado, y son presentadas en nuevos aspectos y relaciones tan seguido como ocurren. Pertenecen a la zona de los principios primarios, realidades de la intuición, certezas de la experiencia, *y son dadas en su carácter absoluto* (las cursivas son nuestras). El hombre regenerado es aquel *que no puede* pecar, la fe cristiana se presenta en su carácter ideal y completo, la revelación de la vida se exhibe en su finalidad, no en las etapas de su realización histórica". Cp. especialmente Weiss, *Biblical Theology of the N.T.* 11 pág.311 pág. 311. Stevens, *Johannine Theology*, pág.1.

4. El estilo de la epístola es muy similar al del evangelio. Palabras y frases fundamentales se repiten frecuentemente tales como "verdad", "amor", "luz", "en la luz", "habiendo nacido de Dios", "permaneciendo en Dios", etc.; y la construcción se caracteriza por una simplicidad total, las oraciones se coordinan en vez de subordinarse, y oraciones que se

evitan mediante la repetición de una parte de una oración previa. Hay una notable escasez de partículas de conexión, por ejemplo, γάρ ocurre solo tres veces, δέ nueve veces, μέν τε y οὖν no se encuentran en absoluto (mientras que la última aparece frecuentemente en el evangelio). Por otro lado, ὅτι es frecuentemente usada, y κάι es un conectivo regular. En muchos casos, las oraciones y cláusulas siguen una a la otra sin partículas conectivas, ejemplo, 1 Juan 2: 22-24; 4:4-6, 7-10, 11-13.

Autoría
La autoría de Juan se atestigua claramente por testimonio externo. Eusebio dice que Papías empleó esta epístola, y también que Ireneo citaba de ella a menudo. La última afirmación se ve confirmada por la obra contra los herejes, en la cual Ireneo cita repetidamente la carta y la atribuye a Juan. Clemente de Alejandría, Tertuliano, Cipriano y Orígenes todos la citan por nombre, está contenido en el fragmento Muratoriano y en las versiones Siriaca y Latina Antigua, y Eusebio la clasifica con los escritos recibidos universalmente por las iglesias. Este testimonio puede considerarse como muy fuerte, especialmente en vista del hecho de que el autor no es nombrado en la epístola.

Esa convicción de la iglesia primitiva se corrobora por la evidencia interna que tenemos. Todas las pruebas aducidas para la autoría juanina del cuarto evangelio también aplican en el caso de esta epístola. Los dos escritos son tan similares que evidentemente fueron compuestos por la misma mano. Es cierto, hay algunos puntos de diferencia, pero estas divergencias son de tal tipo que todas juntas excluyen la idea de que la epístola es el producto de un falsificador que trata de imitar a Juan. El veredicto casi general es que el que escribió uno, también escribió el otro. De 1:1-3 es evidente que el autor conoció a Cristo en la carne, y toda la epístola revela el carácter de Juan como lo conocemos del evangelio y de la tradición.

Pero la autenticidad de la carta no fue indiscutida. En el segundo siglo los Álogos y Marción la rechazaron, pero solo por razones dogmáticas. La verdad presentada en ella no encajaba en su círculo de ideas. El siguiente ataque a ella siguió en el siglo dieciséis, cuando Joseph Scaliger declaró que ninguna de las tres epístolas que llevaban el nombre de Juan, fueron escritas por él, y S.G. Lange declaró nuestra carta como indigna de un apóstol. Sin embargo, no fue hasta 1820 que un asalto crítico importante fue hecho a la epístola por Bretschneider. Fue seguido por los críticos de la escuela de Tubinga que, cualquiera sea la forma en que difieran en el detalle de sus argumentos, coinciden en negar la autoría juanina y en considerar a la epístola como una producción del segundo siglo. Algunos de ellos, tales como Kostlin, Georgii y Hilgenfeld sostienen que esta epístola y el cuarto evangelio fueron compuestos por la misma mano, mientras que otros, como Volkmar, Zeller, Davidson, Scholten y otros, los consideraron como el fruto de dos espíritus que congeniaban.

Los principales argumentos contra la autoría juanina son los siguientes: 1) La epístola está evidentemente dirigida contra el gnosticismo del segundo siglo, el cual separó en una forma dualista el conocimiento y la conducta, el Cristo divino y el Jesús humano, Cp. 1 Juan 2: 4, 9, 11; 5:6, etc. 2) La carta también parece ser una polémica contra el docetismo, otra herejía del segundo siglo, cp. 1 Juan 4:2, 3. 3). Hay referencias hacia el montanismo en esta epístola, como, por ejemplo, donde el escritor habla de la perfección moral de los creyentes, 1 Juan 3:6, 9, y distingue entre pecados de muerte y pecados que no son de muerte, 1 Juan 5:16,17, una distinción que, dice Tertuliano, fue hecha por los montanistas. 4) La diferencia entre esta epístola y el Apocalipsis es tan grande que es imposible que un hombre haya escrito ambos.

No necesitamos negar que la epístola es en parte una polémica indirecta contra el gnosticismo, pero mantenemos que este fue un gnosticismo incipiente que hizo su aparición antes del fin del primer siglo en la herejía de Cerinto, así que esto no argumenta contra la autoría de Juan. De hecho, las supuestas referencias al docetismo son muy inciertas, pero incluso si pudiera probarse no apuntarían más allá del primer siglo, porque la mayoría de los gnósticos también eran docetas, y la herejía de Cerinto puede ser llamada una especie de docetismo. La conceptualización de Juan no tiene nada en común con las de los montanistas. Cuando habla de la perfección de los creyentes, habla idealmente y no de una perfección realizada al presente en esta vida. Además, el "pecado de muerte" a que se refiere, es evidentemente un apartarse completamente de Cristo, y no debe ser identificado con los pecados a que se refiere Tertuliano, a saber, "asesinato, idolatría, fraude, negación de Cristo, blasfemia y seguramente también adulterio y fornicación". Con respecto al último argumento referimos a lo que dijimos anteriormente, y a la explicación dada de la diferencia entre el Apocalipsis y los otros escritos juaninos.

Destinatario
Hay muy poco en la carta que nos pueda ayudar a determinar la ubicación de los lectores originales. Porque no hay colorido local alguno, no es como la epístola que fue enviada a alguna iglesia individual, como Éfeso (Hug) o Corinto (Lightfoot), y ya que la carta favorece la idea de que fue escrita a los gentiles, más que a los cristianos judíos, es muy improbable que fuera destinada a los cristianos de Palestina (Benson). No hay una sola cita del Antiguo Testamento en la epístola, ni alguna referencia a la nacionalidad judía o a los principios judíos de los lectores. La afirmación de Agustín de que esta es una carta de Juan "ad Parthos" es muy obscura. Algunos, como, por ejemplo, Grocio, infieren de esto que la epístola fue escrita para los cristianos más allá del Éufrates; pero en general se considera una lectura equivocada de alguna otra expresión, la lectura πρός παρθένους, que se ve más favorecida, sugiere Gieseler, puede en cambio ser una

corrupción del título τόυ παρθένου, que fue dado a Juan en tiempos antiguos.

Con toda probabilidad, la opinión correcta respecto al destinatario de esta epístola es la que sostienen la mayoría de los eruditos, como Bleek, Huther, Davidson, Plummer, Westcott, Weiss, Zahn, Alford y otros., que fue enviada a los cristianos de Asia Menor en general, porque 1) Fue el campo de trabajo de Juan durante la última parte de su vida. 2) Las herejías mencionadas y combatidas abundaban en esa población, y 3) el evangelio fue evidentemente escrito para los cristianos de esa región, y la epístola presupone circunstancias similares.

No tenemos información definitiva que retrase la condición de los lectores originales. Ellos habían evidentemente dejado atrás las batallas de la iglesia por su existencia y ahora constituían una reconocida κοινωνία de creyentes, una comunidad que colocaba su luz contra la obscuridad del mundo, y que se distinguía de los injustos al guardar los mandamientos de Dios. Solo necesitaban que se les recordara su verdadero carácter, que los induciría a una vida digna de su comunión con Cristo. Sin embargo, hay herejías peligrosas en circulación contra las que deben ser advertidos. La doctrina perniciosa de Cerinto, de que Jesús no fue el Cristo, el Hijo de Dios, amenazaba la paz de sus almas, y el sutil error, de que uno puede ser justo sin hacer justicia, puso en peligro la fecundidad de su vida cristiana.

Composición
1. *Motivo y Propósito*. Aunque la epístola no es primaria y directamente polémica, sin embargo, lo más probable es que fue ocasionada por los peligros que ya hemos mencionado.

En cuanto al objeto de la carta, el mismo autor dice: "lo que hemos visto y oído, eso os anunciamos, para que también vosotros tengáis comunión con nosotros; y nuestra comunión verdaderamente es con el Padre, y con su Hijo Jesucristo", 1 Juan 1:3, y de nuevo en 5:13: "Estas cosas os he escrito a vosotros que creéis en el nombre del Hijo de Dios, para que sepáis que tenéis vida eterna, y para que creáis en el nombre del Hijo de Dios". El propósito directo del autor es dar a sus lectores una instrucción auténtica con respecto a la verdad y la realidad de las cosas que ellos, especialmente como creyentes en Jesucristo, aceptaron por fe, y para ayudarlos a ver los problemas naturales de la comunidad a la que se les había introducido, para que pudieran tener una medida completa de paz, gozo y vida. El propósito del escritor es por lo tanto teórico y práctico.

2. *Tiempo y Lugar*. Lo que se dijo respecto a la fecha del cuarto evangelio y el lugar de su composición, también favorece la idea de que esta epístola fue escrita en Éfeso entre los años 80-98. Es imposible reducir más estos límites de tiempo. La única cuestión que queda es si la epístola fue escrita antes que el evangelio (Bleek, Huther, Reuss, Weiss), o el evangelio antes que la epístola (DeWette, Ewald, Guericke, Alford, Plummer). Nos parece que las bases aducidas para dar prioridad a la epístola, como, por ejemplo, que un escrito de diseño momentáneo precede a uno de diseño permanente, una carta de advertencia a iglesias particulares, un escrito como el evangelio dirigido a toda la cristiandad, son muy débiles. Y los argumentos, por otro lado, son casi igualmente no concluyentes, aunque hay alguna fuerza en el razonamiento de que la epístola en muchos lugares presupone un conocimiento del evangelio. Pero incluso esto no es muy convincente.

Importancia Canónica
La canonicidad de esta carta nunca fue puesta en duda por la Iglesia. Policarpo y Papías, ambos discípulos de Juan la usaron, e Ireneo, un discípulo de Policarpo, la atribuye directamente a Juan. Clemente de Alejandría, Tertuliano, Cipriano, Orígenes y Dionisio de Alejandría todos la citan por su nombre, como un escrito del apóstol Juan. Se le menciona como de Juan en el fragmento Muratoriano, y está contenida

en las versiones Siriaca y Latina Antigua. El significado permanente de esta importante epístola es, que nos describe idealmente la comunidad de creyentes, como una comunidad de vida en comunión con Cristo, mediada por la palabra de los apóstoles, que es la Palabra de vida. Describe a esa comunidad como la esfera de la vida y de la luz, de la santidad y la justicia, del amor a Dios y a los hermanos, y como la antítesis absoluta del mundo con su obscuridad y muerte, su contaminación e injusticia, su odio y su engaño. Todos aquellos que son introducidos en esa esfera deben necesariamente ser santos y justos y llenos de amor, y deben evitar al mundo y su lujuria. Deben probar los espíritus, si son de Dios, y evitar todo error anticristiano. De este modo, la epístola describe para la iglesia de todas las edades la naturaleza y los criterios de la comunidad celestial, y advierte a los creyentes de guardarse intactos del mundo.

CAPÍTULO 29
La Segunda y Tercera Epístolas Generales de Juan

··· ⦵⦶ ···

Contenido
La Segunda Epístola. Después del destinatario y la bendición apostólica, 2 Juan 1-3, el escritor expresa su gozo al encontrar que algunos de los hijos del remitente caminan en la verdad, y reitera el gran mandamiento del amor fraternal, 4-6. Insta a los lectores a ejercitar este amor y les informa de que hay muchos engañadores, que niegan que Jesucristo haya venido en la carne, los amonesta de no recibirlos, no sea que se vuelvan partícipes de sus malas obras, 2 Juan 7-11. Expresa su intención de ir a ellos, termina su epístola con un saludo, 2 Juan 12, 13.

La Tercera Epístola. El escritor, dirigiéndose a Gayo, desea sinceramente que prospere como su alma prospera, 3 Juan 1-4. Lo elogia por recibir a los predicadores itinerantes, aunque eran extranjeros para él, 3 Juan 5-8. También informa al hermano que ha escrito a la iglesia, pero que Diótrefes resiste a su autoridad, no recibiendo a los hermanos y trata de evitar que otros los reciban, 3 Juan 9, 10. Advierte a Gayo contra ese mal ejemplo, elogia a Demetrio, menciona una visita prevista, y cierra la epístola con saludos, 3 Juan 11-14.

Características
1. Estas dos epístolas han sido llamadas correctamente epístolas gemelas, ya que revelan muchos puntos similares. El autor en ambas se hace llamar el anciano; son aproximadamente de la misma longitud, cada una a diferencia de la primera epístola, comienza con un destinatario y termina

con saludos, ambas contienen una expresión de gozo, y ambas refieren a los predicadores itinerantes y a una visita prevista del escritor.

2. Las cartas muestran una cercana afinidad a 1 Juan. Lo poco que contienen de materia doctrinal está estrechamente relacionado al contenido de la primera epístola, donde podemos fácilmente encontrar afirmaciones que corresponden a 2 Juan 4-9 y 3 Juan 11. Muchos conceptos y expresiones claramente nos recuerdan a 1 Juan, como, por ejemplo, "amor", "verdad", "mandamientos", "un nuevo mandamiento", uno "que tuvieron desde el principio", "amando la verdad", "caminando en la verdad", "permaneciendo en", "el gozo sea cumplido", etc. Además, el objetivo de estas cartas es en general el mismo que el de la primera epístola, a saber, para fortalecer a los lectores en la verdad y en el amor, y advertirles contra un incipiente gnosticismo.

Autoría
Considerando la brevedad de estas epístolas, su autoría está bien atestiguada. Clemente de Alejandría habla de la segunda epístola y, según Eusebio, también comentó sobre la tercera. Ireneo cita la segunda epístola por nombre, atribuyéndola a "Juan el discípulo del Señor". Tertuliano y Cipriano no contienen citas de ellas, pero Dionisio de Alejandría, Atanasio y Dídimo las recibieron como la obra del apóstol. El canon Muratoriano, en un pasaje más bien obscuro, menciona las dos epístolas de Juan además de la primera. La Peshitta no las contiene; y Eusebio, sin dar claramente su propia opinión, las considera con la *Antilegomena*. Después de su tiempo fueron generalmente recibidas y como tal reconocidas por los Concilios de Laodicea (363), Hipona (393) y Cartago (397).

Se puede decir que la evidencia interna favorece la autoría de Juan. Uno apenas puede leer estas cartas sin sentir que proceden de la misma mano que compuso 1 Juan. Especialmente, la segunda epístola es muy similar a la primera, una similitud que difícilmente puede ser explicada, como sugiere Baljon, de la familiaridad del autor con 1 Juan, *ml.* PÁG.237, 239. Y la tercera epístola está inseparablemente vinculada a la segunda. El uso de algunos términos paulinos, προπέμπειν, εὐδοῦσθαι y ὑγιαίνειν, y de algunas palabras peculiares, como φλυαρεῖν, φιλοπρωτεύειν ὑπολαμβάνειν, no prueban nada de lo contrario.

El gran obstáculo, que impide que muchos estudiosos acepten la autoría apostólica de estas epístolas, está en el hecho de que el autor simplemente se hace llamar ὁ πρεσβύτερος. Esta denominación llevó a algunos, como Erasmo, Grocio, Beck, Bretschneider, Hase, Renan, Reuss, Wieseler y otros, a atribuirlas a cierto bien conocido presbítero Juan, distinto del apóstol. Esta opinión se basa en un pasaje de Papías, como es interpretado por Eusebio, el pasaje dice así: "si me encontraba en algún lugar con alguno de los que habían sido seguidores de los ancianos; acostumbraba a preguntar cuáles fueron las declaraciones de los ancianos; lo dicho por Andrés, por Pedro, por Tomás o Santiago, por Juan o Mateo, o alguno de los otros discípulos de nuestro Señor; y las cosas que dijeron Aristión o Juan el presbítero, discípulos del Señor. Porque no esperaba recibir mucho beneficio del contenido de los libros como de las declaraciones de una voz viva y perdurable". De esta declaración, Eusebio infiere que entre los informantes de Papías estaba, además del apóstol Juan, un Juan el presbítero, Church Hist. III 39. Pero la exactitud de esta inferencia está sujeta a dudas. Notemos 1) Que Papías primero menciona a aquellos cuyas palabras recibió a través de otros y luego menciona a dos de quienes había también recibido instrucción personal, cp. la diferencia en tiempo, εἶπεν y λέγουσιν, 2) que parece muy extraño que para Papías, que fue él mismo un discípulo del apóstol Juan, cualquiera que no fuera el apóstol sería ὁ πρεσβύτερος, 3) que Eusebio fue el primero en descubrir a este segundo Juan en el pasaje de Papías, 4) que la historia nada sabe de un tal Juan el presbítero, de hecho es un personaje sombrío, y 5) que el historiador de la iglesia no era imparcial en su opinión; siendo contrario al supuesto milenarismo del Apocalipsis, estaba muy contento de encontrar a otro Juan a quien pudiera atribuirlo.

Pero incluso si la inferencia de Eusebio fuera correcta, no probaría que este presbítero fue el autor de nuestras epístolas. El mismo pasaje de Papías claramente establece el hecho de que los apóstoles también fueron llamados ancianos en la iglesia primitiva. ¿Y el apelativo, ὁ πρεσβύτερος, no encaja admirablemente con el último de los apóstoles, que por muchos años fue el supervisor de las iglesias de Asia Menor? Se destacó por encima de todos los demás, y al usar este título designaba a la vez su posición oficial y su edad venerable.

Destinatario

La segunda epístola está dirigida a ἐκλεκτῇ κυρίᾳ "y a sus hijos, a quienes yo amo en la verdad; y no sólo yo, sino también todos los que han conocido la verdad", 2 Juan 1:1. Hay una gran incertidumbre acerca de la interpretación de este destinatario. Sobre el supuesto de que la carta fue dirigida a un individuo, han sido propuestas las siguientes interpretaciones: 1) a una dama elegida, 2) a la Dama elegida, 3) a la elegida Kuria, 4) a la dama electa, 5) a la Kuria electa.

La primera de estas es de seguro la más simple y la más natural, pero considerada como el destinatario de una epístola, es muy indefinida. A nuestro juicio, la segunda, que parece ser gramáticamente permitida, es la mejor de todas las interpretaciones sugeridas. En cuanto a la tercera, es cierto que la palabra κυρία aparece como un nombre propio, Cp. Zahn, *Einl.* II pág. 584; pero suponiendo que este sea el caso aquí también, se afirmaría de un solo individuo, que en la Escritura solo ocurre en otra parte, en Romanos 16:13, un caso que no es del todo paralelo, y la construcción más natural sería κυρίᾳ τῇ ἐκλεκτῇ. Cp. 3 Juan 1; el caso en 1 Pedro 1:1 no ofrece un paralelo porque παρεπιδήμοις no es un nombre propio. El cuarto debe descartarse, ya que ἐκλεκτά no se sabe que ocurra como un *nomen proprium*, y si este fuera el nombre del destinatario, su hermana, versículo 13, llevaría extrañamente el mismo nombre. La última interpretación es la menos probable, imponiendo a la dama, como lo hace, dos nombres extraños. Si la carta fue dirigida a un individuo, que es favorecida por la analogía de la tercera epístola, y también por el hecho de que se habla de las hermanas de los hijos en el versículo 13, mientras que ella no se menciona, entonces con toda probabilidad el destinatario fue una dama bien conocida y altamente estimada en la iglesia primitiva, pero no nombrada en la carta. Así Salmond (*Hastings D.B.*), mientras que Alford y D. Smith consideran Kuria como el nombre de la dama.

Sin embargo, en vista del contenido de la epístola, muchos desde el tiempo de Jerónimo en adelante han considerado el título como la designación de la iglesia en general (Jerónimo, Hilgenfeld, Lunemann, Schmiedel), o de alguna iglesia en particular (Huther, Holtzmann, Weiss, Wetcott, Salmon, Zahn, Baljon). El primero de estos dos parece estar excluido por el versículo13, ya que la iglesia en general pudo difícilmente ser representada como teniendo una hermana. Pero frente al punto de vista de que la epístola fue dirigida a un individuo, la última es favorecida por: 1) el hecho de que toda naturaleza personal está ausente de la epístola, 2) los plurales que usa constantemente el apóstol, cp. 2 Juan 6,8,10,12. 3) La forma en que habla al destinatario en los versículos 5, 8. 4) La expresión "y no sólo yo, sino también todos los que han conocido la verdad", 1, que es más aplicable a la iglesia que a un solo individuo, y 5) el saludo, 2 Juan 13, que se entiende más naturalmente como el saludo de una iglesia a otra. Si este punto de vista de la epístola es correcto, y estamos inclinados a pensar que lo es, κυρία probablemente se usó como el femenino de κύριος, en armonía con la representación bíblica de que la iglesia es la novia del Cordero. Sin embargo, es inútil adivinar a qué iglesia en particular se refiere. Ya que la Iglesia de Éfeso es con toda probabilidad la hermana, es probable que se dirija a una de las otras iglesias de Asia Menor.

La tercera epístola se dirige a cierto Gayo, de quien no tenemos conocimiento más allá del que se obtiene de la epístola, donde se habla de él como de un amigo amado del apóstol, y como de un hombre hospitalario de gran corazón, que con un corazón dispuesto sirvió a la causa de Cristo. Ha habido algunos intentos de identificarlo con el Gayo que se menciona en las constituciones apostólicas por haber sido nombrado obispo de Pérgamo por Juan, o con algunas de las otras personas del mismo nombre en la Escritura, Hechos 19:29; 20:4, especialmente con el anfitrión en Corinto, Romanos 16:23; 1 Corintios 1:14, pero estos esfuerzos no han sido coronados con éxito.

Composición
1. *Motivo y Propósito*: Con toda probabilidad los falsos agitadores a quienes se refiere el apóstol en la segunda epístola, 2 Juan 7-12, le dieron ocasión para escribir esta carta. Su propósito es expresar su gozo a causa de la obediencia de algunos de los miembros de la iglesia, exhortar a todos a que se amen unos a otros, advertirles contra los engañadores que pervertirían la verdad, y anunciar su llegada.

La tercera epístola parece haber sido ocasionada por los reportes de ciertos hermanos que viajaban de un lado para otro y se ocuparon probablemente en la predicación del evangelio. Reportaron al apóstol que habían disfrutado de la hospitalidad de Gayo, pero se habían encontrado con el rechazo a manos de Diótrefes, un miembro ambicioso (probablemente, como han pensado algunos, un anciano o diácono en la iglesia) que resistió la autoridad del apóstol y rechazó recibir a los hermanos. El propósito del autor es expresar su satisfacción con el curso seguido por Gayo, condenar la actitud de Diótrefes, mencionar a Demetrio como un hermano digno, y anunciar una visita prevista.

2. *Tiempo y Lugar*. La suposición de que Juan escribió estas epístolas desde Éfeso parece perfectamente justificada, donde pasó quizá los últimos veinticinco años de su vida. No tenemos medios para determinar el tiempo cuando fueron compuestas. Sin embargo, se puede decir con seguridad que fue después de la composición de 1 Juan. Y si la suposición de Zahn y Salmon es correcta, que la carta a la que hace referencia en 3 Juan 9 es nuestra segunda epístola, fueron probablemente escritas al mismo tiempo. Esta idea se ve favorecida en parte por el hecho de que la expresión "Yo he escrito (ἐψραψά τι) algo a la iglesia", parece referirse a una carta breve, y al mencionar una visita prevista al final de cada carta. Pero por el contexto parecería que esta carta debe haber tratado de la recepción o el apoyo de los hermanos misioneros, que no es el caso con nuestra segunda epístola.

Importancia Canónica
Hubo alguna duda al principio en cuanto a la canonicidad de estas epístolas. La iglesia alejandrina las aceptó generalmente; Clemente, Dionisio y Alejandro de Alejandría todos las reconocieron como canónicas, aunque Orígenes tenía dudas. Ireneo cita un pasaje de la Segunda Epístola de Juan. Ya que ni Tertuliano ni Cipriano las citan, es incierto de si fueron aceptadas por la iglesia del norte de África. El fragmento Muratoriano menciona dos cartas de Juan en una forma bastante obscura. En la Iglesia Siria no fueron recibidas, ya que no estaban en la Peshitta, pero en el cuarto siglo Efrén cita ambas por nombre. Eusebio las clasifica con la *Antilegomena*, pero pronto después de este tiempo fueron aceptadas universalmente como canónicas.

La importancia permanente de la segunda epístola es que enfatiza la necesidad de permanecer en la verdad y así mostrar el amor de uno hacia Cristo. Permanecer en la doctrina de Cristo y obedecer sus mandamientos, es la prueba de filiación. Por lo tanto, los creyentes no deben recibir a aquellos que niegan la verdadera doctrina, y especialmente la encarnación de Cristo, para que no se conviertan en participantes de sus malas obras.

La tercera epístola también tiene su lección permanente, ya que elogia el amor generoso que se revela a sí mismo en la hospitalidad de Gayo, muestra a aquellos que trabajan en la causa de Cristo, y denuncia la actividad centrada en sí mismo de Diótrefes, porque estas dos clases de hombres siempre se encuentran en la iglesia.

CAPÍTULO 30
La Epístola General de Judas

... ⋇ ...

Contenido
El escritor comienza su epístola con el discurso habitual y la bendición apostólica, Judas 1,2. Informa a sus lectores que sintió corresponderle advertirles contra ciertos intrusos, que niegan a Cristo, llevan vidas lascivas y ciertamente serán castigados como el pueblo liberado de Egipto, los ángeles caídos y las ciudades de la planicie, Judas 3-7. Estos intrusos se describen además como profanadores de la carne y como despreciadores y blasfemos de las dignidades celestiales, se pronuncian calamidades sobre ellos, Judas 8-11. Después de dar una descripción más detallada de su libertinaje, el autor exhorta a los lectores para tener en cuenta las palabras de los apóstoles, quienes habían hablado de la aparición de tales burladores, Judas 12-19. Amonestándolos de crecer en la fe y de guardarse en el amor de Dios, y dándoles dirección en cuanto al comportamiento correcto hacia los otros, concluye su epístola con una doxología, Judas 20-25.

Características
1. La epístola está caracterizada por su cercano parecido a partes de 2Pedro. Debido a que ya hemos discutido la relación en que se encuentran una con respecto a la otra (2Pedro), ahora simplemente nos referimos a esa discusión.

2. La carta también es peculiar en que contiene citas de los libros apócrifos. La historia en el versículo 9 es tomada de la *Asunción de Moisés*, de acuerdo con el cual Miguel fue comisionado para sepultar a Moisés, pero Satanás reclamó el cuerpo, en primer lugar, porque fue el señor de la materia, y en segundo lugar porque Moisés cometió asesinato en Egip-

to. La falsedad de la primera razón es expuesta por Miguel, cuando dice: "El Señor te reprenda, porque fue el Espíritu de Dios quien creó el mundo y a toda la humanidad". No reflexiona sobre la segunda. La profecía en los versículos 14-15 es tomada del *libro de Enoc*, un libro que fue altamente estimado por la iglesia primitiva. De acuerdo con algunos, la afirmación con respecto a los ángeles caídos, versículo 6, también se deriva de él. El último editor de estos escritos, R.H. Charles, considera el primero como una obra compuesta, hecha de dos libros distintos, a saber, *el Testamento y la Asunción de Moisés*, de los cuales el primero, y probablemente también el último fue escrito en hebreo entre el 7 y el 29 d.C. Con respecto al *libro de Enoc* sostiene "que la mayor parte del libro fue escrito no después del año 160 d.C., y que ninguna parte de él es más reciente que la era cristiana". Citado por Mayor, *Expág.Gk. Test* V pág.234.

3. El lenguaje de Judas puede ser comparado con el de su hermano Santiago. Habla con un tono de autoridad incuestionable y escribe con un estilo vigoroso. Su griego, aunque tiene una naturaleza judía, es bastante correcto, y sus descripciones a menudos son tan pintorescas como las de Santiago, por ejemplo, cuando compara a los intrusos a "Estos son manchas (R.V. "rocas escondidas") en vuestros ágapes", "nubes sin agua, llevadas de acá para allá por los vientos", "árboles otoñales, sin fruto, dos veces muertos y desarraigados", "fieras ondas del mar, que espuman su propia vergüenza", etc., Judas 12, 13. Como Santiago, también emplea algunas palabras que de otra manera serían exclusivamente paulinas, como ἀΐδιος, χυριότης, οἰχητήριὸ, προγράφειν. Además, la carta contiene unas pocas ἅπαξ λεγόμενα.

Autoría
El canon Muratoriano acepta Judas, pero indica que fue dudoso para algunos. Clemente de Alejandría comentó sobre él, y Tertuliano lo cita por nombre. Orígenes reconoce que

hubo dudas en cuanto a la canonicidad de Judas, pero no parece haberlas compartido. Dídimo de Alejandría defiende la epístola contra aquellos que cuestionan su autoridad debido al uso hecho en ella de los libros apócrifos. Eusebio la consideró con los *Antilegomena*, pero fue aceptada como canónica por el tercer Concilio de Cartago en 397 d.C.

El autor se designa a sí mismo como "Judas, siervo de Jesucristo, y hermano de Jacobo". Sin embargo, hay muchas personas con ese nombre mencionadas en el Nuevo Testamento, de las cuales solo dos pueden venir a consideración aquí, a saber, Judas, el hermano del Señor, Mateo 13:55; Marcos 6:3, y Tadeo, Marcos 3:18. Nos parece a nosotros que el autor fue Judas, el hermano del Señor, porque: 1) Busca dar una clara indicación de su identidad llamándose a sí mismo "el hermano de Santiago". Este Santiago debe haber sido bien conocido, por lo tanto, no necesita más descripción, y había solo un Santiago en aquel tiempo de quien se podía decir, a saber, Santiago el hermano del Señor. 2) Es inconcebible que un apóstol, en vez de mencionar su posición oficial, se deba dar a conocer indicando su relación con otra persona, quien sea que esa persona pueda ser. 3) Aunque es posible que el escritor, incluso si era un apóstol, hablara como lo hace en el versículo 17, ese pasaje parece implicar que él estaba fuera del círculo apostólico. En favor del punto de vista de que el autor fue el apóstol Judas, algunos han apelado a Lucas 6:16, Hechos 1:13, donde el apóstol es llamado Ἰούδας Ἰακώβου pero es contrario al uso establecido de suplir la palabra hermano en tal caso.

Poco se sabe de este Judas. Si el orden en que son nombrados los hermanos del Señor es una indicación de su edad, fue el más joven o el más joven pero uno del grupo, comparar Mateo 13:55 con Marcos 6:3. Con sus hermanos no fue un creyente en Jesús durante el ministerio público del Señor, Juan 7:5, pero evidentemente lo recibieron con los brazos abiertos después de la resurrección, Hechos 1:14. Para el resto solo podemos deducir de 1 Corintios 9:5 respecto a los hermanos del Señor en general, indudablemente con excepción de Santiago, que residía en Jerusalén, que viajaron con sus esposas, trabajadores dispuestos para el reino de Dios, e incluso eran conocidos en Corinto.

La autenticidad de la epístola ha sido puesta en duda, porque: 1) El autor habla de la fe en sentido objetivo, como una *fides quae creditur*, Judas 3,20, un uso que apunta al periodo postapostólico, 2) menciona a los apóstoles como personas que vivieron en un pasado distante, Judas 17; y 3) evidentemente combate la herejía del siglo segundo de los carpocracianos. Pero de hecho estos fundamentos son muy cuestionables. La palabra fe se emplea en el sentido objetivo en otras partes del Nuevo Testamento, sin duda en las pastorales, y probablemente también en Romanos 10:8; Gálatas 1:23; Filipenses 1:27. Y no hay nada imposible en la suposición de que el significado debía de haberse hecho corriente en el tiempo de los apóstoles. La forma en que Judas menciona a los apóstoles no necesariamente implica que todos ellos habían muerto antes de que esta carta fuera compuesta. Al menos se implica la muerte de algunos. Pero estamos de acuerdo con el Dr. Chase, cuando juzga que la suposición de que los apóstoles se dispersaron de tal manera que su voz no pudo en ese tiempo haber llegado a las personas a quienes se dirige esta carta, cumple con todos los requisitos del caso. *Hastings D.B. Art.* Jude. La suposición de que los herejes mencionados fueron carpocracianos del siglo segundo, es completamente gratuita, descansa en un error de interpretación de tres pasajes, a saber, los versículos 4b,8,19.

Destinatario

Judas dirige su epístola a "a los llamados, santificados en Dios Padre, y guardados en Jesucristo". Debido al carácter muy general de esta designación, algunos, como Ewald, consideran la epístola como una carta circular, pero el contenido de la epístola está contra esta suposición. Sin embargo, se nos deja completamente conjeturar en cuanto a la localidad particular en que habitaban los lectores. Algunos eruditos, a saber, Alford y Zahn, creen que la epístola fue escrita para lectores judíos, pero estamos inclinados a pensar con Weiss, Chase, Bigg, Baljon y otros, que los destinatarios de la carta fueron cristianos gentiles, 1) porque la carta está tan estrechamente relacionada con 2Pedro, que fue enviada a los cristianos de Asia Menor, y 2) ya que se sabe que las herejías a las que refiere han surgido en las iglesias gentiles. cp. especialmente 1 Corintios y las cartas a las siete iglesias en el Apocalipsis.

Muchos expositores están inclinados a buscar a los primeros lectores en Asia Menor debido a las semejanzas de las herejías mencionadas en la epístola con las referidas en 2Pedro. Pero posiblemente es mejor sostener con Chase que la carta fue enviada a Antioquía de Siria y al distrito circundante, ya que habían recibido evidentemente instrucción oral de los apóstoles en general, y por lo tanto probablemente estaban cerca de Palestina. Además, Judas podía haber sentido alguna responsabilidad especial por la iglesia en esa vecindad desde la muerte de su hermano Santiago.

En la condición de los lectores había motivo de alarma. El peligro que vio Pedro como una nube en el horizonte distante, Judas lo vislumbró como una levadura que ya estaba trabajando en las filas de sus lectores. Falsos hermanos habían invadido a la iglesia quienes, al parecer, eran libertinos prácticos, enemigos de la cruz de Cristo, que abusaban de su libertad cristiana (Alford, Salmon, Weiss, Chase), y no al mismo tiempo maestros herejes (Zahn, Baljon). Quizá no eran maestros del todo. Su vida estaba caracterizada por la lascivia, Judas 4, especialmente fornicación, Judas 7,8,11, burla, Judas 10, impiedad, Judas 15, murmuración, quejas, orgullo y codicia, Judas 16. Su error fundamental parece haber sido que despreciaban y hablaban mal de las autoridades que fueron puesta sobre ellos. Eran antinomianos y ciertamente tenían mucho en común con los nicolaítas del Apocalipsis.

Composición

1. *Motivo y Propósito*. El peligro al que estos cristianos estaban expuestos llevó a la composición de esta epístola. Aparentemente Judas tenía la intención de escribirles de la salvación común, cuando de pronto escuchó de la grave situación y halló necesario escribir una palabra de advertencia, Judas 3. En el versículo del cual sacamos esta conclusión, el autor claramente afirma también su objetivo, cuando dice que considera imperativo escribirles para que puedan contender fervientemente por la fe que fue entregada a los santos. Para hacer esto, les dibuja el carácter desobediente e inmoral de las personas impías que se habían infiltrado en el redil y pusieron en peligro su fe y vida cristiana; les recuerda el hecho de que Dios ciertamente castigará a esos desenfrenados libertinos, tal como había castigado a los pecadores en el pasado, y los exhorta a permanecer en la fe y a luchar por la santidad.

2. *Tiempo y Lugar*. No tenemos en absoluto indicación del lugar donde esta epístola fue escrita, sin embargo, no es improbable que fuera en Jerusalén.

Con respecto al tiempo de su composición, tenemos un *terminus ad quem* en la fecha de 2Pedro, cerca del 67 d.C., ya que la epístola es evidentemente dependiente de Judas. Por otro lado, no parece probable que Judas escribiera una carta así, mientras que su hermano Santiago aún vivía, así que tenemos un *terminus a quo* en el 62 d.C. Una fecha posterior a 62 también se favorece por las palabras paulinas empleadas en esta carta, en algunas de las cuales vemos un eco de Efesios y Colosenses. Además, la gran similitud entre las condiciones descritas en esta carta y aquellas descritas en 2Pedro se explican mejor, si las fechamos en una estrecha proximidad una a la otra. No nos equivocaremos mucho al fechar la epístola cerca del año 65.

Los críticos más antiguos de la escuela de Tubinga fechan la epístola tarde en el siglo segundo, mientras que los más recientes críticos, como Pfleiderer, Holtzmann, Julicher, Harnack, Baljon, piensan que se originó cerca de la mitad o en la primera mitad del siglo segundo. Sacan esta conclusión de, 1) la forma en que el escritor habla de la fe, 3, 20; 2) la manera en que se refiere a los apóstoles, 17; 3) el uso de los libros apócrifos, y 4) la supuesta referencia a las doctrinas de los carpocracianos. Pero todos estos argumentos pueden ser enfrentados con contra argumentos, cp. arriba.

Importancia Canónica
En la iglesia primitiva había dudas considerables en cuanto a la canonicidad de esta epístola, especialmente porque no fue escrita por un apóstol y contiene pasajes de los libros apócrifos. Hay alusiones más o menos claras a la epístola en 2Pedro, Policarpo, Atenágoras y Teófilo de Antioquía. El canon Muratoriano la menciona, pero en una forma que implica que fue puesta en duda por algunos. Se encuentra en la versión Latina Antigua, pero no en la Peshitta. Clemente de Alejandría, Tertuliano y Orígenes la reconocieron, aunque Orígenes insinúa que había dudas con respecto a su canonicidad. Eusebio duda de su autoridad canónica, pero el Concilio de Cartago (397) la acepta.

En la epístola de Judas tenemos el grito de guerra cristiano, resonando a través de las edades: ¡lucha fervientemente por la fe que fue una vez dada a los santos! Esta carta, la última del Nuevo Testamento, enseña con gran énfasis que la apostasía del verdadero credo con sus verdades centrales de la expiación de Cristo y la validez perdurable de la ley como regla de vida, es perdición asegurada, y claramente revela para todas las generaciones la inseparable conexión entre una creencia correcta y un modo de vida correcto.

CAPÍTULO 31
El Apocalipsis de Juan

··· ☙◦☙ ···

Contenido
Después de la introducción y la bendición apostólica, Apocalipsis 1:1-8, el libro contiene siete visiones o series de visiones, que se extienden desde Apocalipsis 1:9-22:7, seguidas por una conclusión, Apocalipsis 22:8-21.

I. *La Primera Visión*, 1:9-3:22, es la de Cristo glorificado en medio de la iglesia, dirigiendo a Juan para escribir cartas de reprensión, de advertencia, de exhortación y de consolación a los representantes de las siete iglesias del Asia proconsular, a saber, a Éfeso, Esmirna, Pérgamo, Tiatira, Sárdis, Filadelfia y Laodicea.

II. *La Segunda Visión*, 4:1-8:1, revela a Dios como el gobernante del destino del mundo, y al Cordero tomando el libro de los decretos divinos y rompiendo los siete sellos de los cuales cada uno representa una parte del propósito de Dios, los primeros cuatro hacen referencia a la esfera terrestre, y los últimos tres a la celestial. Entre el sexto y el séptimo sello se introduce un episodio que muestra la seguridad del pueblo de Dios en medio de los juicios que son infligidos al mundo.

III. *La Tercera Visión*, 8:2-11:19, nos muestra siete ángeles, cada uno con una trompeta. Después de que un ángel ha ofrecido las oraciones de los santos de Dios, los siete ángeles soplan sus trompetas, y a cada trompeta le sigue una visión de la destrucción del mundo pecador, la destrucción de las primeras tres es más severa que las primeras cuatro. Entre la sexta y la séptima trompeta hay de nuevo un episodio que describe la preservación de la iglesia.

IV. *La Cuarta Visión*, 12:1-14:20, describe el conflicto del mundo con la iglesia de Dios. La iglesia se representa como una mujer que da a luz a Cristo, contra quien el dragón, que representa a Satanás, libra la guerra. En visiones sucesivas contemplamos a las bestias que Satanás empleará como sus agentes, la iglesia militante, y el avance de las etapas de la conquista de Cristo.

V. *La Quinta Visión*, 15:1-16:21, una vez más revela a los siete ángeles, ahora teniendo siete frascos o cuencos conteniendo las últimas plagas o juicios de Dios. Primero tenemos una descripción de la iglesia que triunfó sobre la bestia, glorificando a Dios, y a esto le sigue una imagen del juicio séptuple de Dios sobre el mundo, representado por los siete cuencos.

VI. *La Sexta Visión*, 17:1-20:15, revela la ciudad ramera Babilonia, la representante del mundo y la victoria de Cristo sobre ella y sobre los enemigos que están en alianza con ella, el gran conflicto termina en el juicio final.

VII. *La Séptima Visión*, 21:1-22:7, revela a la vista la iglesia ideal, la nueva Jerusalén, y representa en colores brillantes su belleza incomparable y la dicha eterna y trascendente de sus habitantes. El libro se cierra con un epílogo en que el vidente describe su significado e insta a los lectores a guardar las cosas que están escritas en sus páginas, Apocalipsis 22:7-21.

Características
1. El Apocalipsis de Juan es el único libro profético en el Nuevo Testamento. Es llamado profecía en Apocalipsis 1:3, 22:7, 10,18,19. Sin embargo, se da una descripción más cercana del libro en el nombre de Apocalipsis, porque hay una diferencia entre los libros proféticos de la Biblia en general y la parte de ellos que se puede decir que pertenece a la litera-

tura apocalíptica. Naturalmente los dos tienen algunos elementos en común: ambos contienen mensajes, mediados por el Espíritu Santo, del carácter, voluntad y propósitos de Dios, y uno como el otro mira al futuro del reino de Dios. Pero también hay puntos de diferencia. La profecía, mientras que también, ciertamente, hace referencia al futuro del reino de Dios, se ocupa principalmente de una divina interpretación del pasado y el presente, mientras que el interés principal yace en el futuro. La profecía de nuevo, donde revela el futuro, la muestra en su relación orgánica con los principios y las fuerzas que ya están trabajando en el presente, mientras que el Apocalipsis dibuja la imagen del futuro, no como se desarrollan a partir de las condiciones existentes, sino como se muestran directamente desde el cielo, en gran medida en formas sobrenaturales.

2. Un rasgo característico del libro es que su pensamiento está en gran parte revestido en lenguaje simbólico derivado de alguno de los libros proféticos del Antiguo Testamento. Por lo tanto, su correcto entendimiento se facilita grandemente por el estudio de las fuentes del escritor del Antiguo Testamento. Sin embargo, debemos tener constantemente en mente que no siempre emplea el lenguaje derivado en su significado original. Comparar capítulo 18 con Isaías 13, 14; Jeremías 50, 51; 21:1-22:5 con varias partes de Isaías 40-66; Ezequiel 40-48; 1:12-20 con Daniel 7, 10; Apocalipsis 4 con Isaías 6; Ezequiel 1, 10. Pero por muy dependiente que el autor sea de los profetas, no los sigue servilmente, sino que usa su lenguaje con gran libertad. Los números simbólicos 3, 4, 7, 10, 12 y sus múltiplos también juegan un papel importante en el libro.

3. El lenguaje de Apocalipsis difiere del de todo el resto del Nuevo Testamento. Es, decididamente un griego hebraísta. De acuerdo con Simcox, su vocabulario es muchos menos excéntrico que su estilo y gramática. Este autor en su, *Writers*

of the The New Testament pág.80-89 clasifica las más importantes peculiaridades del lenguaje de revelación bajo algunos encabezados: 1) Como en hebreo la cópula se omite generalmente, cp. Apocalipsis 4:1, 3; 5:2; 6:8; 9:7, 10, 16, 17; 10:1; 11:8; 19:1, 12; 21:8, 13, 19. 2) Aparentemente el escritor, al menos en varios casos, no usa los tiempos griegos en su sentido puramente temporal, sino más como el hebreo perfecto e imperfecto, cp. Apocalipsis 2:5, 22, 24; 4:10; 10:7; 12:4. 3). El uso redundante del pronombre o adverbio pronominal es muy frecuente, cp. 3:8; 7:2, 9; 12:6, 14; 13:12; 17:9; 20:8. 4) Cuando dos sustantivos están en oposición, el segundo generalmente se coloca en nominativo, cualquiera que sea el caso del primero, cp. Apocalipsis 1:5; 2:13, 20; 3:12; 7:4; 8:9; 9:14; 14:12; 17:3; 20:2. 5) Hay algunas irregularidades que, consideradas en forma abstracta son perfectamente legítimas, pero son contrarias al uso establecido del griego, como, por ejemplo, el uso del dativo en vez del doble acusativo en Apocalipsis 2:14, y el uso del plural de verbos con un sujeto en el nominativo neutro como en Apocalipsis 3:4; 4:5; 11:13. 6) Falsas concordancias en género, también se encuentran a menudo construcciones *ad sensum*, Apocalipsis 4:7, 8; 7:4, 8; 9:5, 6; etc...

Autoría

El testimonio externo para la autoría del apóstol Juan es bastante fuerte. Justino Mártir claramente testifica que el libro fue escrito por "Juan uno de los apóstoles del Señor". Ireneo cuyo maestro fue Policarpo, el discípulo de Juan, da un testimonio muy decisivo y repetido de la autoría del apóstol. El canon Muratoriano menciona a Juan como el autor del libro, y el contexto muestra que se entiende el hijo de Zebedeo. Hipólito cita el Apocalipsis muchas veces como obra de Juan, y que el Juan que tiene en mente es el apóstol, es evidente del pasaje en que habla de él como "un apóstol y discípulo del Señor". Clemente de Alejandría menciona al apóstol como el autor del libro, lo mismo hace Victorino,

Efrén el sirio, Epifanio y otros. En occidente Ambrosio y Agustín citan repetidamente el Apocalipsis como escrito por Juan el apóstol, y Jerónimo habla del apóstol Juan también como profeta.

Este fuerte testimonio externo se corrobra por la evidencia interna: 1) El autor repetidamente se llama a sí mismo Juan 1:1, 4, 9; 22:8, y no hay sino una persona que podría usar el nombre para designarse absolutamente a sí mismo sin miedo a ser malentendido, a saber, Juan el apóstol. 2) El escritor permanecía evidentemente en una relación especial con las iglesias de Asia proconsular (i.e. Misia, Lidia, Caria, y parte de Frigia), que está en perfecta armonía con el hecho de que Juan pasó los últimos años de su vida en Éfeso. 3) El autor evidentemente fue desterrado a la isla llamada Patmos en el mar Egeo, uno de las Espóradas al sur de Samos. Ahora una tradición bastante coherente que es, sin embargo, desacreditada por algunos estudiosos, dice que esto le sucedió al apóstol Juan, y hay algunos rasgos que parecen señalar esta como una tradición independiente. 4) También hay puntos de identidad entre el escritor y el autor del cuarto evangelio y 1 Juan. Como en Juan 1:1 ss. y 1 Juan 1:1, así también en Apocalipsis 19:13 se le da el nombre de ὁ λόγος a nuestro Señor. Se le llama ἀρνίον veintinueve veces en este libro, una palabra que solo es usada en otra parte en Juan 21:15, como una designación de los discípulos del Señor. Es notable también que el único lugar, donde Cristo es llamado fuera de este libro es en Juan 1:29, donde se usa la palabra ἀμνός. El término ἀληθινός, solo se encuentra una vez en Lucas, una en Pablo y tres veces en Hebreos, se empleó nueve veces en el evangelio de Juan, cuatro veces en la primera epístola, y diez veces en el Apocalipsis, aunque no siempre exactamente en el mismo sentido. Compare también con la repetida expresión ὁ νικῶν, Apocalipsis 2:7, 11, 17, etc.; Juan 16:33; 1 Juan 2:13, 14; 4:4, 5:4, 5.

Todavía ha habido voces que disienten desde el principio. Los Álogos por razones dogmáticas impugnaron la autoría de Juan y atribuyeron el libro a Cerinto. Dionisio de Alejandría por razones más críticas, pero también trabajando con un fuerte prejuicio antimilenarista, lo refirió a otro Juan de Éfeso. Eusebio vaciló en su opinión, pero, guiado por consideraciones como las de Dionisio, se inclinó a considerar a una persona sombría, Juan el presbítero, como el autor. Y Lutero tenía una fuerte aversión hacia el libro, porque, como decía, Cristo no era enseñado o reconocido en él, y porque los apóstoles no trataron en visiones, sino hablaron con palabras claras, declaró que no era ni apostólico ni profético.

La escuela de Tubinga aceptó la autoría juanina del Apocalipsis, mientras que negó que el apóstol hubiera escrito alguno de los otros libros que generalmente se le atribuyen. Sin embargo, un gran y creciente número de estudiosos críticos no creen que el apóstol haya compuesto el Apocalipsis. Algunos de ellos, como Hitzig, Weiss y Spitta, sugieren a Juan Marcos como el autor, mientras que otros, tales como Bleek, Credner, Dusterdieck, Keim, Ewald, Weizsacker y otros., lo consideraron como la obra de Juan el presbítero. Las principales objeciones instadas contra la autoría del apóstol son las siguientes: 1) Mientras que el apóstol en el evangelio y en la primera epístola no menciona su nombre, el escritor de este libro se nombra tanto en primera como en tercera persona. 2) El genio de los dos escritos es muy diferente: el primero es especulativo e introspectivo, el otro, imaginativo, mirando especialmente el curso externo de eventos; el primero se caracteriza por la mansedumbre y el amor, el otro es severo y vengativo; los puntos de vista del primero son espirituales y místicos, los del segundo son sensuales y plásticos. 3) El tipo de doctrina que se encuentra en Apocalipsis tiene un sello judío y es muy distinto al evangelio de Juan, que es idealizante y se aparta de las bases mosaicas. En este libro encontramos la concepción del Antiguo Testamento de Dios como un juez terrible, de ángeles y demonios y de la iglesia como la nueva Jerusalén. Alrededor del trono hay veinticuatro ancianos, doce mil de cada tribu están sellados, y los nombres de los apóstoles están grabados en los cimientos de la ciudad celestial. Además, se enfatiza la necesidad de buenas obras, cp. capítulos 2, 3 y también, Apocalipsis 14:13. 4) El estilo del libro es de un tipo hebreo muy distinto, diferente de todo lo que se encuentra en los otros escritos de Juan. En lugar de la construcción regular y relativamente impecable del evangelio, encontramos aquí un lenguaje lleno de irregularidades.

Pero no creemos que estas consideraciones necesiten suponer que el autor del libro no puede ser identificado con el escritor del cuarto evangelio. Está en perfecta armonía con el uso de los escritos históricos y proféticos de la Biblia a través de la cual el escritor oculta su nombre en el evangelio y lo menciona en el Apocalipsis. La distinta luz en que lo vemos en sus varios libros es el resultado natural del carácter muy distinto de esos escritos. También debemos recordar que un libro profético naturalmente refleja mucho menos el carácter personal de su autor que los escritos epistolares. El tipo judaísta supuesto de las enseñanzas que se encuentran en Apocalipsis no va en contra de la autoría de Juan. En una descripción simbólica de la futura condición de la Iglesia es perfectamente natural, y de hecho muy adecuado, que el autor derive su simbolismo de fuentes veterotestamentarias, ya que el Antiguo Testamento está simbólica y típicamente relacionado con el Nuevo. No se puede sostener que la enseñanza cristológica y soteriológica del Apocalipsis es esencialmente judía. Los judíos que se oponen a Jesús son denunciados, Apocalipsis 3:9, la Iglesia está compuesta de gente de cada nación, Apocalipsis 7:9, la salvación es un don de gracia gratuito, Apocalipsis 21:6, 22:17, y aunque se enfatiza la necesidad de buenas obras, no son consideradas como meritorias, sino como los frutos de justicia, e incluso se les llama las obras de Jesús, 2:26. El argumento más fuerte contra la autoría de Juan se deriva indudablemente del estilo y el lenguaje del libro. Ha sido por parte de algunos estudiosos, como Olshausen y Guericke, un intento de explicar las diferencias lingüísticas entre el Apocalipsis y el evangelio de Juan al suponer que el primero precede al último por cerca de 20 o 25 años, en ese tiempo el conocimiento del griego de los autores maduró gradualmente. Pero las diferencias son de tal tipo, que se puede dudar si el lapso de unos pocos años puede explicarlas. El lenguaje del cuarto evangelio no es el del Apocalipsis en una forma más desarrollada. Si bien es cuestionable, si se puede dar una explicación completamente satisfactoria con la información disponible, parece cierto que la solución se debe encontrar, al menos en parte, en la naturaleza trascendente del tema y en el carácter simbólico del libro. El hecho de que el autor a mendo viola las reglas de la gramática griega, no significa necesariamente que no las conociera, sino que también puede indicar que bajo el énfasis de ideas tan elevadas que quería expresar, recurrió naturalmente al uso arameo, que fue más fácil para él. Los hechos del caso no prueban que el griego del evangelio es superior al del Apocalipsis. En el primer escrito el autor no se esfuerza tanto como en el último; el lenguaje del primero es mucho más simple que el del otro.

Destinatario

El apóstol dirige el Apocalipsis a "a las siete iglesias que están en Asia", Apocalipsis 1:4. Indudablemente este número no es exhaustivo sino representativo de la iglesia en general, el número siete, que es el número de la completud, forma un elemento muy importante en la textura de este escrito profético. Estas iglesias son tipos que se repiten constantemente en la historia. Siempre hay iglesias que son predominantemente buenas y puras como las de Esmirna y Filadelfia, y por lo tanto no necesitan de reproche sino solo palabras de aliento, pero también hay constantemente otras como Sardis y Laodicea en que prepondera el mal, y que merecen una censura severa y una seria llamada al arrepentimiento. Sin embargo, probablemente el mayor número de iglesias siempre se parecerán a las de Éfeso, Pérgamo y Tiatira en que el bien y el mal están igualmente balanceados en su círculo, así que demandan elogios y censura, promesas y amenazas. Pero mientras que hay una gran diferencia tanto en las circunstancias externas y en la condición interna de estas iglesias, todas ellas forman parte de la iglesia militante que tiene una lucha severa en la tierra en la que debe esforzarse por vencer mediante la fe (nótese la constante repetición de ὁ νικῶν) y que puede esperar la venida del Señor para recompensarla según sus obras.

Composición

1. *Motivo y Propósito*. La condición histórica que llevó a la composición del Apocalipsis fue un incremento en las dificultades para la iglesia y la inminente lucha entre la vida y la muerte con el mundo hostil, representado por el imperio romano. La demanda por la deificación del emperador se volvió cada vez más insistente y se extendió a las provincias. Domiciano fue uno de los emperadores que se deleitó en ser llamado *dominus et deus*. Rechazar este homenaje era deslealtad y traición, y ya que los cristianos como cuerpo estaban llamados a ignorar esta demanda por la naturaleza de su religión, fueron condenados por constituir un peligro para el imperio. La persecución fue el resultado inevitable y las iglesias ya la habían sufrido, cuando este libro fue escrito, mientras que les esperaba una persecución aún mayor. Por lo tanto, necesitaban consuelo y el Señor ordenó a Juan dirigirles el Apocalipsis. Cp. especialmente Ramsay, *The Church in the Roman Empire* pág.252-319.

Por lo tanto, es natural que el contenido del libro sea principalmente de consuelo. Su objetivo es revelar a los siervos de Cristo, es decir, a los cristianos en general las cosas que debían suceder pronto (no rápidamente, sino pronto). Este tono de tiempo debe ser considerado como una fórmula profética, en relación con el hecho de que un día es para el Señor como mil años y mil años como un día. El tema central del libro es "vengo en breve", y en la elaboración de este tema Cristo es descrito como viniendo en juicio terrible sobre el mundo, y en la gran batalla final en que es el vencedor, y después de lo cual la *ecclesia militans* es transformada en la *ecclesia triumphans*.

2. *Tiempo y Lugar*. Hay especialmente dos opiniones en cuanto a la composición del Apocalipsis, a saber: 1) que fue escrito hacia el fin del reinado de Domiciano, cerca del 95 o 96 d.C., y 2) que fue compuesto entre la muerte de Nerón en el año 68 y la destrucción de Jerusalén.

1) La fecha tardía era antes el tiempo generalmente aceptado para la composición (Hengstenberg, Lange, Alford, Godet y otros.) y, aunque por un tiempo la fecha temprana se consideró con gran favor, ahora hay un notable retorno de la antigua posición (Holtzmann, Warfield, Ramsay, Porter (*Hastings D.B.*), Moffat (*Expág.Gk. Test.*) y otros. Este punto de vista es favorecido por las siguientes consideraciones: a) El testimonio de la antigüedad. Mientras que hay pocos testigos que refieren el libro a una fecha temprana, la mayoría, y entre ellos Ireneo cuyo testimonio no debe dejarse de lado a la ligera, apunta al tiempo de Domiciano. b) La antítesis del imperio romano a la iglesia presupuesta en el Apocalipsis. La persecución de Nerón fue un evento puramente local y privado. La Iglesia no se opuso al imperio como representante del mundo hasta que se aproximaba el fin del primer siglo, y el Apocalipsis ya recuerda a un periodo de persecución. Además, sabemos que el destierro fue un castigo común en el tiempo de Domiciano. c) La existencia y condición de las siete iglesias en Asia. El silencio absoluto de Hechos y de las epístolas con respecto a las iglesias de Esmirna, Filadelfia, Sardis, Pérgamo y Tiatira favorece la suposición de que fueron fundadas después de la muerte de Pablo. Y la condición de estas iglesias presupone un largo periodo de existencia del que permitiría la fecha temprana. Éfeso ya había dejado su primer amor, en Sardis y Laodicea la vida es-

piritual casi se había extinguido, los nicolaítas, que no son mencionados en otro lugar del Nuevo Testamento, ya habían hecho sentir su perniciosa influencia en las iglesias de Éfeso y Pérgamo, mientras que la mujer Jezabel ya había hecho similares trastadas en Tiatira. Además, Laodicea, que fue destruida por un terremoto en el sexto (Tácito) o décimo (Eusebio) año de Nerón, se describe aquí como jactándose de su riqueza y autosuficiencia.

2) En contra de esto y a favor de la fecha temprana defendida por Dusterdieck, Weiss, Guericke, Schaff, se insta por: a) El testimonio posterior del Apocalipsis Sirio de que Juan fue desterrado en tiempo de Nerón, y el pasaje obscuro y auto contradictorio en Epifanio que coloca el destierro en el tiempo de Claudio. Cp. Alford, *Prolegomena* Section II. 14, donde se señala la debilidad de este testimonio. b) Las supuestas referencias en el Apocalipsis de la destrucción de la ciudad santa como algo todavía futuro en Apocalipsis 11:1-2,13. Pero es muy evidente que estos pasajes deben ser entendidos simbólicamente. Consideradas como predicciones históricas de la destrucción de Jerusalén no se hicieron realidad, porque según Apocalipsis 11:2 solo el patio exterior sería abolido, y de acuerdo con el versículo 13 solamente la décima parte de la ciudad sería destruida, y no por Roma sino por un terremoto. c) Las supuestas indicaciones del reinado del emperador en Apocalipsis 13:1ss, especialmente en relación con la interpretación simbólica del número 666 como siendo equiparable a la forma hebrea de Nerón Cesar. Pero la gran diversidad de opiniones en cuanto a la correcta interpretación de estos pasajes, incluso entre los que defienden la fecha temprana, prueba que su apoyo es muy cuestionable. d) La diferencia entre el lenguaje de este libro y el evangelio de Juan se consideran a favor de una fecha temprana, pero, como ya hemos señalado, este no es necesariamente el caso. Es imposible decir, si Juan escribió el Apocalipsis mientras estuvo aun en la isla de Patmos, o después de su regreso de

ahí. La declaración en Apocalipsis 10:4 no prueba la primera teoría, ni el tiempo pasado en Apocalipsis 1:2, 9, la segunda.

3. *Método*. En los últimos tiempos se han abordado muchas teorías para explicar el origen del Apocalipsis de tal manera que expliquen satisfactoriamente las características literarias y psicológicas del libro. 1) La hipótesis de la incorporación sostiene la unidad del Apocalipsis, pero cree que muchos antiguos fragmentos de origen judío o cristiano se incorporaron en él (Weizsacker, Sabatier, Bousset, McGiffert, Moffat, Baljon). 2) La hipótesis de revisión asume que el libro ha sido sujeto de una o más revisiones (Erbes, Briggs, Barth). El último autor mencionado es de la opinión que Juan mismo, en el tiempo de Domiciano, revisó el Apocalipsis que había escrito bajo Nerón. 3) La hipótesis de compilación enseña que dos o más fuentes más o menos completas en sí mismas han sido puestas juntas por un redactor o redactores (Weyland, Spitta, Volter al menos en parte). 4) La hipótesis judía y cristiana sostiene que la obra base del Apocalipsis fue un escrito judío en lenguaje arameo, escrito cerca del 65-70, que fue más tarde traducido y editado por un cristiano (Vischer, Harnack, Martineau). En relación con estas, solo podemos decir que para nosotros estas teorías parecen innecesarias y en la mayoría de los casos muy arbitrarias. Hay muchas razones para sostener la unidad de Apocalipsis. El uso de fuentes escritas en su composición es una presuposición no probada, pero el autor estuvo evidentemente impregnado con ideas y modos de expresión veterotestamentarias, y se basó en gran medida en el almacén de su memoria en la descripción simbólica de las escenas sobrenaturales que se presentaron a su visión.

Interpretación

Se han adoptado varios principios de interpretación con respecto a este libro en el curso del tiempo:

1. Los expositores antiguos y la mayoría de los comentadores protestantes ortodoxos adoptaron la interpretación continuista (kirchengeschichtliche), que procede sobre la suposición de que el libro contiene un compendio profético de la historia de la iglesia desde el primer siglo hasta el regreso de Cristo, así que algunas de sus profecías ya se han cumplido y otras esperan aun su cumplimiento. Esta teoría no tiene en cuenta el carácter contemporáneo de las siete series de visiones y a menudo ha llevado a todo tipo de especulaciones y cálculos vanos en cuanto a los hechos históricos en los que se cumplen las profecías particulares.

2. En el curso del tiempo, la interpretación futurista (endgeschichtliche) encontró el favor de algunos, según la cual todos o casi todos los eventos descritos en Apocalipsis deben referirse al periodo inmediatamente precedente al regreso de Cristo (Zahn, Kliefoth). Algunos de los futuristas son tan extremos que niegan la existencia pasada de las siete iglesias asiáticas y declaran que debemos esperar a que surjan todavía en los últimos días. Como es natural, esta interpretación falla en hacer justicia al elemento histórico en este libro.

3. Hoy día los estudiosos críticos están generalmente inclinados en adoptar la interpretación preterista (zietgeschichtliche); sostiene que el punto de vista del vidente se limitó a las cosas dentro de su propio horizonte histórico, y que el libro refiere principalmente el triunfo del cristianismo sobre el judaísmo y el paganismo, señalado por la caída de Jerusalén y Roma. En esta visión todas o casi todas las profecías contenidas en el libro se han cumplido ya (Bleek, Duisterdieck, Davidson, F.C. Porter y otros.). Pero esta teoría no hace justicia al elemento profético en el Apocalipsis.

Aunque todos estos puntos de vista deben ser considerados como unilaterales, cada uno contiene un elemento de verdad que debe ser tomado en consideración en la interpretación del libro. Las descripciones en él tienen ciertamente un punto de contacto en el presente histórico del vidente, pero van mucho más allá de ese presente, ciertamente pertenecen a las condiciones históricas de la Iglesia de Dios, y condiciones que existirán en todas las edades, pero en vez de que surjan sucesivamente en el orden en que están descritas en el Apocalipsis, hacen su aparición contemporáneamente en cada era, y al final ciertamente se lanzaran en una terrible lucha que precede inmediatamente a la parusía de Cristo y en la gloria trascendente de la novia del cordero.

Inspiración

La forma particular de inspiración en que el escritor compartió fue la profética, como es perfectamente evidente del mismo libro. El autor, mientras estuvo en el espíritu, fue el recipiente de las revelaciones divinas, Apocalipsis 1:1,10, y recibió su información mediante visiones, en parte al menos mediada e interpretada por ángeles, Apocalipsis 1:10,19; 4:1-2; 5:1; 6:1; 17:7-18; 21:9. Recibió el mandato de escribir y profetizar de Dios mismo, Apocalipsis 1:19; 10:4,11; 14:13. Y el "Yo" que habla en el libro es en ocasiones el del mismo Señor y algunas veces el del profeta, que también es una marca característica de la inspiración profética. En los capítulos 2 y 3, por ejemplo, el Señor habla en primera persona, y de nuevo en Apocalipsis 16:15 y 22:7.

Importancia Canónica

La autoridad canónica del Apocalipsis nunca ha sido seriamente puesta en duda por la iglesia. Hermas, Papías y Melitón reconocieron su canonicidad, y según Eusebio, Teófilo citó pasajes de él. Los tres grandes testigos de finales del segundo siglo todos lo citaron por su nombre y reconocieron así su autoridad. Hipólito y Orígenes también lo consideraron canónico. Similarmente, Victorino, Ambrosio, Jerónimo y Agustín. Sin embargo, gradualmente el hecho de que los milenaristas encontraran su principal apoyo en el libro, lo hizo repulsivo para algunos Padres de la Iglesia, quienes lo consideraron inconveniente para leerlo en las iglesias. Esto explica, porque está ausente de algunos manuscritos y de algunos catálogos de los Concilios antiguos.

El libro es primariamente un libro de consolación para la iglesia militante en su lucha con el mundo hostil y con los poderes de la obscuridad. Dirige la mirada de la iglesia luchadora, sufriente, triste y a menudo perseguida hacia su futuro glorioso. Su enseñanza central es, "¡vengo en breve!" Y mientras revela la historia futura de la Iglesia como una lucha continua, desarrolla en visiones majestuosas la venida del Señor, que se traduce en la destrucción del malvado y del maligno, y en la dicha eterna de los testigos fieles de Jesucristo. Por lo tanto, el libro llega a los enemigos del reino de Dios con palabras de advertencia solemne y con amenazas de futuro castigo, mientras que anima a los seguidores del Señor a una fidelidad cada vez mayor, y les abre a brillantes visiones del futuro, inspirando así la oración constante de la Iglesia: "¡Sí, ven Señor Jesús!".

www.ingramcontent.com/pod-product-compliance
Lightning Source LLC
Chambersburg PA
CBHW070717160426
43192CB00009B/1217